元脱脱等撰

宋史

第三五册

卷三九七至卷四一四（傳）

中華書局

宋史卷三百九十七

列傳第一百五十六

徐誼 吳獵 項安世 薛叔似 劉甲 楊輔 劉光祖

徐誼字子宜，一字宏父，溫州人。乾道八年進士，累官太常丞。孝宗臨御久，事皆上決，執政惟奉旨而行，羣下多恐懼顧望。誼諫曰：「若是則人主日聖，人臣日愚，陛下誰與共功名乎？」及論樂制，誼對以「宮亂則荒，其君驕；商亂則陂，其官壞」。上遽改容曰：「卿可謂不以官自惰矣。」

知徽州，陛辭，屬光宗初受禪，誼奏：「三代聖王，有至誠而無權術，至誠不息，則可以達天德矣。」至郡，歙縣有妻殺夫繫獄，以五歲女爲證，誼疑曰：「婦人能一掌致人死乎？」緩之未覆也。會郡究實稅于庭，死者父母及弟在焉，乃言：「我子欠租久繫，饑而大叫，役者批之，墮水死矣。」然後寃者得釋，吏皆坐罪，闔郡以爲神。移提舉浙西常平，守右司郎中，遷左司。

孝宗疾浸棘，上久稽定省，誼入諫，退告宰相曰：「上慰納從容，然目瞪不瞬，意思怳惚，眞疾也。宜禱祠郊廟，進皇子嘉王參決。」丞相留正不克用。

孝宗崩，上不能喪，祭奠有祝，有司不敢攝，百官皆未成服。誼與少保吳琚議請太皇太后臨朝，扶嘉王代祭。及將禫，正憂懼，仆於殿庭而去。誼以書譙趙汝愚曰：「自古人臣爲忠則忠，爲姦則姦，忠姦雜而能濟者，未之有也。公內雖心惕，外欲坐觀，非雜之謂歟？國家安危，在此一舉。」汝愚問策安出，誼曰：「此大事，非憲聖太后命不可。而知閤門事韓侂胄，憲聖之戚也，同里蔡必勝與侂胄同在閤門，可因必勝招之。」侂胄至，汝愚以內禪議遣侂胄請于憲聖，侂胄因內侍張宗尹、關禮達汝愚意，憲聖許之。

寧宗卽位，誼遷檢正中書門下諸房公事兼權刑部侍郎，進權工部侍郎、知臨安府。侂胄恃功，以賞薄浸觖望。誼告汝愚曰：「異時必爲國患，宜飽其欲而遠之。」不聽。

汝愚雅器誼，除授建明多咨訪，誼隨事裨助，不避形迹，怨者始衆。嘗勸汝愚早退，汝愚亦自請：「名在屬籍，不宜久司揆事，願因皐陵訖事以去。」寧宗已許之。侂胄出入禁中無度，誼密啓汝愚，無計防之，乃直面諷侂胄。侂胄疑將排己，首譖誼，退束裝，冀誼還謁，留之通殷勤，誼不往。

吏部侍郎彭龜年論侂胄罪狀，侂胄疑汝愚、誼知其情，益怨恨。以御史劉德秀、胡紘疏誼，責惠州團練副使、南安軍安置，移袁州，又移婺州。久之，許自便。復官，提舉崇道觀，起守江州，加集英殿修撰，升寶謨閣待制，移知建康府，兼江、淮制置使。初，金攻廬、楚不下，留兵綴濠州以待和，時時鈔掠，與宋師遇，殺傷相當，淮人大驚，復迸流江南，在建康者以數十萬計。誼晝夜拊循，益嚴備禦，請專捍敵，勿從中御。朝廷懼生事，移知隆興府以卒。

誼嘗與紹興老將接，於行陣之法，分數奇正，皆有指授，自爲圖式。後謚忠文。

吳獵字德夫，潭州醴陵人。登進士第，初主潯州平南簿。時張栻經略廣西，檄攝靜江府教授。劉焞代栻，栻以獵薦，辟本司準備差遣。

盜李接起，陷容、雷、高、化、貴、鬱林等州，獵請賞勞誅罪，焞於是錄鬱林功，誅南流縣尉、鬱林巡檢，人人驚厲，爭死鬥，不踰時，盜悉就擒。尉，宰相王淮甥也，獵坐降官。久之，知常州無錫縣。用陳傅良薦，召試，守正字。

光宗以疾久不覲重華宮，獵上疏曰：「今慈福有八十之大母，重華有垂白之二親，陛下宜於此時問安上壽，恪共子職。」辭甚切。又白宰相留正，乞召朱熹、楊萬里。時陳傅良以言過宮事不行求去，獵責之曰：「今安危之機，判然可見，未聞有牽裾折檻之士。公不於此時有所奮發，爲士大夫倡，第潔身而去，於國奚益！」傅良爲改容謝之。

寧宗卽位，遷校書郎，除監察御史。上趣修大內，將移御，獵言：「壽皇破漢、魏以來之薄俗，服高宗三年之喪，陛下萬一輕去喪次，將無以慰在天之靈。」又言：「陛下卽位，未見上皇，宜篤厲精誠，以俟上皇和豫而祇見焉。」會僞學禁興，獵言：「陛下臨御未數月，今日出一紙去宰相，明日出一紙去諫臣，昨又聞侍講朱熹遽以御札畀祠，中外惶駭，謂事不出於中書，是謂亂政。」獵旣駁史浩謚，又請以張浚配享阜陵曰：「艱難以來，首倡大義，不以成敗利鈍異其心，精忠茂烈，貫日月、動天地，未有過於張浚也。孝宗皇帝規恢之志，一飯不忘。歷考相臣，終始此念，足以上配孝宗在天之意，亦惟浚一人耳。」議皆不合。出爲江西轉運判官，尋劾罷。

久之，黨禁弛，起爲廣西轉運判官，除戶部員外郎、總領湖廣江西京西財賦。韓侂胄議開邊，獵貽書當路，請號召義士以保邊埸，刺子弟以補軍實，增棗陽、信陽之戍以備衝突，分屯陽羅五關以扞武昌，杜越境誘竊以謹邊隙，選試良家子以衞府庫。且謂：「金人懲紹興末年之敗，今其來必出荆、襄踰湖。」乃輸湖南米於襄陽，凡五十萬石；又以湖北漕司和糴米三十萬石分輸荆、郢、安、信四郡；蓄銀帛百萬計以備進討；拔董逵、孟宗政、柴發等分列要郡，厥後皆爲名將。

召除秘書少監，首陳邊事，乞增光、鄂、江、黄四郡戍。屬江陵告饑，除秘閣修撰、主管荆湖北路安撫司公事、知江陵府。陛辭，請出大農十萬緡以振饑者。道武昌，遣人招商分糴；至郡，減價發糴，米價爲平。

獵計金攻襄陽，則荆爲重鎭，乃修成「高氏三海」，築金鸞、內湖、通濟、保安四匱，達于上海而注之中海；拱辰、長林、藥山、棗林四匱，達于下海；分高沙、東獎之流，由寸金堤外歷南紀、楚望諸門，東匯沙市爲南海。又於赤湖城西南遏走馬湖、熨斗陂之水，西北置李公匱，水勢四合，可限戎馬。

金人圍襄陽、德安，游騎迫竟陵，朝廷命獵節制本路兵馬。獵遣張榮將兵援竟陵，又招神馬陂潰卒得萬人，分援襄陽、德安。加寶謨閣待制、京湖宣撫使。

時金人再犯竟陵，張榮死之，襄陽、德安俱急。吳曦俄反于蜀，警報至，獵請魏了翁攝參議官，訪以西事，募死士入竟陵，命其將王宗廉死守，調大軍及忠義、保捷分道夾擊，金人遂去。又督董逵等援德安，董世雄、孟宗政等解襄陽之圍。

西事方殷，獵爲討叛計，請于朝，以王大才、彭輅任西事，仍分兵抗均、房諸險，漕粟歸、峽以待王師。及曦誅，除刑部侍郎，充四川宣諭使。朝廷命旌別淑慝。以敷文閣學士、四川安撫制置使兼知成都府。嘉定六年召還，卒，家無餘資。蜀人思其政，畫像祠之。

獵初從張栻學，乾道初，朱熹會栻于潭，獵又親炙，湖湘之學一出于正，獵實表率之。有畏齋文集、奏議六十卷。謚文定。

項安世字平父，其先括蒼人，後家江陵。淳熙二年進士，召試，除秘書正字。光宗以疾不過重華宮，安世上書言：「陛下仁足以覆天下，而不能施愛於庭闈之間；量足以容羣臣，而不能忍於父子之際。以一身寄於六軍、萬姓之上，有父子然後有君臣。願陛下自入思慮，父子之情，終無可斷之理；愛敬之念，必有油然之時。聖心一回，何用擇日，早往則謂之省，暮往則謂之定。即日就駕，旋乾轉坤，在返掌間爾。」疏入不報。安世遺宰相留正書求去，尋遷校書郎。

寧宗卽位，詔求言，安世應詔言：

管夷吾治齊，諸葛亮治蜀，立國之本，不過曰量地以制賦，量賦以制用而已。陛下試披輿地圖，今郡縣之數，比祖宗時孰爲多少？比秦、漢、隋、唐時孰爲多少？陛下必自知其狹且少矣。試命版曹具一歲賦入之數，祖宗盛時，東南之賦入幾何？建炎、紹興以來至乾道、淳熙，其所增取幾何？陛下試命內外羣臣有司具一歲之用，人主供奉、好賜之費幾何？御前工役、器械之費幾何？嬪嬙、宦寺廩給之費幾何？戶部、四總領養兵之費幾何？州縣公使、迎送、請給之費幾何？陛下必自知其爲侈且濫矣！用不量賦而至於侈且濫，內外上下之積不得而不空，天地山川之藏不得而不竭，非忍痛耐謗，一舉而更張之，未知其所以終也。

今天下之費最重而當省者，兵也。能用土兵則兵可省，能用屯田則兵可省。其次莫如宮掖。兵以待敵國，常畏而不敢省，故省兵難。宮掖以私一身，常愛而不忍省，故省宮掖難。不敢省者，事在他人；不忍省者，在陛下。宮中之嬙嬪、宦寺，陛下事也，宮中之器械、工役，陛下事也，陛下肯省則省之。宮中既省，則外廷之官吏，四方之州縣，從風而省，奔走不暇，簡樸成風，民志堅定，民生日厚，雖有水旱蟲蝗之災，可活也；國力日壯，雖有夷狄盜賊之變，可爲也。復祖宗之業，雪人神之憤，惟吾所爲，無不可者。

時朱熹召至闕，未幾予祠，安世率館職上書留之，言：「御筆除熹宮祠，不經宰執，不由給舍，徑使快行，直送熹家。竊揣聖意，必明知熹賢不當使去，宰相見之必執奏，給舍見之必繳駁，是以爲此駭異變常之舉也。夫人主患不知賢爾，明知其賢而明去之，是示天下以不復用賢也。人主患不聞公議爾，明知公議之不可而明犯之，是示天下以不復顧公議也。且朱熹本一庶官，在二千里外，陛下卽位未數日，卽加號召，畀以從官，俾侍經幄，天下皆以爲初政之美。供職甫四十日，卽以內批逐之，舉朝驚愕，不知所措。臣願陛下謹守紀綱，毋忽公議，復留朱熹，使輔聖學，則人主無失，公議尙存。」不報。俄爲言者劾去，通判重慶府，未拜，以僞黨罷。

安世素善吳獵，二人坐學禁久廢。開禧用兵，獵起帥荆渚，安世方丁內艱。起復，知鄂州。俄淮、漢師潰，薛叔似以怯懦爲侂胄所惡，安世因貽侂胄書，其末曰：「偶送客至江頭，飮竹光酒，半醉，書不成字。」侂胄大喜曰：「項平父乃爾閑暇。」遂除戶部員外郎、湖廣總領。

會叔似罷，金圍德安益急，諸將無所屬。安世不俟朝命，徑遣兵解圍。高悅等與金人力戰，馬雄獲萬戶，周勝獲千戶，安世第其功以聞。獵代叔似爲宣撫使，尋以宣諭使入蜀。朝命安世權宣撫使，又升太府卿。

有宣撫幕官王度者，吳獵客也。獵與安世素相友，及安世招軍，名項家軍，多不逞，好虜掠，獵斬其爲首者，安世憾之，至是斬度於大別寺。獵聞于朝，安世坐免。後以直龍圖閣爲湖南轉運判官，未上，用臺章奪職而罷。嘉定元年，卒。所著易玩辭、他書，多行于世。

薛叔似字象先，其先河東人，後徙永嘉。游太學，解褐國子錄。初登對，論：「祖宗立國之初，除二稅外，取民甚輕。自熙寧以來，賦日增而民困滋甚。」孝宗嘉納，因曰：「朕在宮中如一僧。」叔似曰：「此非所望於陛下，當論功業如何。正使海內富庶如文、景，不過江左之文、景；法度修明如明、章，不過江左之明、章。陛下卽位二十餘年，國勢未張，未免牽於苟安無事之說。」上默然。

復數日，宰執進擬朝士，上出寸紙書叔似及應孟明姓名，嘉其奏對也。遷太常博士，尋除樞密院編修官。時倣唐制，置補闕、拾遺，宰臣啓，擬令侍從、臺諫薦人，上自除叔似左補闕。叔似論事，遂劾首相王淮去位。

屬金主殂，太孫景立，叔似奏：「規模果定，則乘五單于爭立之機；規模不存，則恐成五胡迭起之勢。」光宗受禪，時傳金使入界使名未正，叔似奏：「自壽皇一正匹敵之禮，金人常有南顧之虞，使名未正而遽受之，祇以重其玩侮。」翼日復奏：「謀國者畏敵太過。」上奮然開納。

除將作監，出爲江東轉運判官。俄以諫臣論罷，主管冲佑觀，尋除湖北運判，加直祕閣，移福建，召爲太常少卿兼實錄院檢討官、守祕書監、權戶部侍郎。初，丞相周必大請擇侍從、臺諫忠直者提舉太史局，蓋用神宗朝司馬光與王安禮故事，躔度少差，豫圖銷弭，遂命叔似提舉。尋兼樞密都承旨，以劉德秀疏罷，提舉興國宮。起知贛州，移隆興府、廬州，召除在京宮觀兼侍讀，進權兵部侍郎兼同修國史兼國用司參議官。兩浙民有身丁錢，叔似請于朝，遂蠲之。

試吏部侍郎兼侍讀，充京、湖宣諭使。時韓侂胄開邊，除兵部尚書、宣撫使。叔似方乞給降官會，分撥綱運，募兵鬻馬，辟致僚佐，而皇甫斌唐州之師已敗矣。遂劾斌，南安軍安置。叔似料敵必侵光、黃，委總領陳謙按行五關，發鄂卒守三關。金果入寇，謙駐漢陽爲江左節制。

尋除叔似端明殿學士兼侍讀。時宣司兵戍襄陽，都統趙淳、副統制魏友諒與統制呂渭孫不相下，渭孫死之，叔似遂自劾委任失當。叔似夙以功業自期，逮臨事，絕無可稱。以御史王益祥論，奪職罷祠。侂胄誅，諫官葉時再論，降兩官，謫福州，以兵端之開，叔似迎合故也。久之，許自便。嘉定十四年卒，贈銀青光祿大夫，謚恭翼。

叔似雅慕朱熹，窮道德性命之旨，談天文、地理、鐘律、象數之學，有藁二十卷。

劉甲字師文，其先永靜軍東光人，元祐宰相摯之後也。父著，爲成都漕幕，葬龍游，因家焉。甲，淳熙二年進士，累官至度支郎中，遷樞密院檢詳兼國史院編修官、實錄院檢討官。

使金，至燕山，伴宴完顏者，名犯仁廟嫌諱，甲力辭，完顏更名修。自紹興後，凡出疆遇忌，俱辭設宴，皆不得免，秦檜所定也。九月三日，金宴甲，以宣仁聖烈后忌，辭。還除司農少卿，進太常，擢權工部侍郎，升同修撰，除寶謨閣待制，知江陵府，湖北安撫使。甲謂：「荆州爲吳、蜀脊，高保融分江流，瀦之以爲北海，太祖常令決去之，蓋保江陵之要害也。」郎因遺址浚築，亙四十里。移知廬州。

程松爲四川宣撫使，吳曦副之，以甲知興元府、利東安撫使。時蜀口出師敗衄，金陷西和、成州，曦焚河池縣。先是，曦已遣姚淮源獻四州於金，金鑄印立曦爲蜀王。甲時在漢嘉，未至鎭也。金人破大散關，興元都統制毋思以重兵守關，而曦陰徹藁關之戍，金自板岔谷繞出關後，思挺身免。

甲告急于朝，乞下兩宣撫司協力扞禦。松謀遁，甲固留不可，遽以便宜檄甲兼沿邊制置。曦遣後軍統制王鉞、準備將趙觀以書致甲，甲援大義拒之，因臥疾。曦又遣其弟旼邀甲相見，甲叱而去之。乃援顏眞卿河北故事，欲自拔歸朝，先募二兵持帛書遣參知政事李壁告變，且曰：「若遣吳總以右職入川，卽日可瓦解矣。」

曦僭王位，甲遂去官。朝廷久乃徵聞曦反狀，韓侂胄猶不之信，甲奏至，舉朝震駭。壁袖帛書進，上覽之，稱「忠臣」者再。召甲赴行在，命吳總以雜學士知鄂州，多賜告身、金錢，使招諭諸軍爲入蜀計。復命以帛書賜甲曰：「所乞致仕，實難允從，已降指揮，召赴行在。今朝廷已遣使與金通和，襄、漢近日大捷，北兵悉已渡江而去。恐蜀遠未知，更在審度事宜，從長區處。」二兵皆補官。

甲舟行至重慶，聞安丙等誅曦，復還漢中，上奏待罪。詔趣還任。甲奏叛臣子孫族屬及附僞罪狀，公論快之。會宣撫副使安丙以楊巨源自負倡義之功，陰欲除之，語在巨源傳。巨源既死，軍情叵測，除甲宣撫使。楊輔亦以爲請，當國者疑輔避事，李壁曰：「昔吳璘屬疾，孝宗嘗密詔汪應辰權宣撫司事，既而璘果死，應辰卽日領印，軍情遂安，此的例也。」乃以密箚命甲，甲緘藏之。未幾，金自鶻嶺關箚金崖，進屯八里山，甲分兵進守諸關，截潼川戍兵駐饒風以待之。金人知有備，引去。

侂胄誅，上念甲精忠，拜寶謨閣學士，賜衣帶、鞍馬。是歲，和議成，朝廷聞彭輅與丙不協，以書問甲；又俾諭丙減汰諸軍勿過甚，及訪蜀人才之可用者。蓋自楊輔召歸，西邊諸事，朝論多於甲取決，人無知者。

紹興中，蜀軍無見糧，創爲科糴。孝宗聞其病民，命總領李蘩以本所錢招糴，懼不給，又命勸糴其半，「勸糴」之名自此始。久之，李昌圖總計，復奏令金、梁守倅任責收糴，而勸糴遂罷。及是，宣、總司令金洋、興元三郡勸糴小麥三十萬石，甲乞下總所照李蘩成法措置，從之。

明年，罷宣撫司，合利東、西爲一帥，治興元，移甲知潼川府。安丙既同知樞密院事，董居誼爲制置使，甲進寶謨閣學士、知興元府、利路安撫使，節制本路屯駐軍馬。朝廷計居誼猶在道，命甲權四川制置司事。

先是，大臣撫蜀者，諸將事之，有所謂互送禮，實賄賂也。甲下令首罷之，凡丙所立茶鹽柴邸悉廢之。又乞以阜郊博易鋪場還隸沔戎司，復通吳氏莊，歲收租四萬斛有奇，錢十三萬，以裨總計。從之。丙增多田稅，甲命屬吏討論，由一府言之，歲減凡百六十萬緡、米麥萬七千石，邊民感泣。嘉定七年，卒于官，年七十三。

甲幼孤多難，母病，刲股以進。生平常謂：「吾無他長，惟足履實地。」晝所爲，夜必書之，名曰「自監」。爲文平澹，有奏議十卷。理宗詔謚淸惠。

楊輔字嗣勳，遂寧人。乾道二年進士甲科，召試館職，除祕書省正字，遷校書郎。出知眉州，累遷戶部郎中、總領四川財賦，升太府少卿、利西安撫使。

吳挺病，輔以吳氏世帥武興，久恐生變，密白二府，早擇人望以鎮方面。又貽書四川制置丘崈言：「統制官李奭乃吳氏腹心，緩急不可令權軍。」崈然之。挺卒，崈檄輔權帥事，輔謂：「職爲王人，若輕往，第疑軍心。」遂索印卽益昌領事。復數月，奏以權興州事楊虞仲兼權。

召守祕書監、禮部侍郎，以顯謨閣待制知江陵府，移襄陽，又移潼川。召還，除顯謨閣直學士，奉外祠，尋以敷文閣直學士知成都府、兼本路安撫使。韓侂胄決意用兵，以吳曦爲四川宣撫副使，假以節制財利之權。輔知曦有異志，貽書大臣言：「自昔兵帥與計臣不相統攝，故總領有報發覺察之權。今所在皆受節制，內憂不輕。」因託言他事，遣人以蠟書告于朝。朔日，率官屬東望拜表如常儀。上意輔能誅曦，密詔授寶謨閣學士、四川制置使，許以便宜從事。時人望輔倡義，劉光祖、李道傳皆勉之。輔自以不習兵事，且內郡無兵可用，遷延兩月，但爲去計。曦移輔知遂寧府，輔遂以印授通判韓植而去。

安丙、楊巨源密謀誅曦，以輔有人望，謂密詔自輔所來，聞者皆信。曦旣誅，丙趣輔還成都，除四川宣撫使。奏言：「臣以衰病軟懦，而居建元功者之上，徒恐牽制敗事。安丙才力強濟，賞罰明果，乞以事任付丙。」又論：「蜀中三帥，惟武興事權特重，故致今日之變。乞並置兩帥，分其營屯、隸屬。」

安丙奏乞兩宣撫分司，朝廷察丙與輔異，召輔赴闕。議者謂蜀亂初平，如輔未宜去，乃復以爲制置使兼知成都府。再被召，踰年財抵建康，復引咎不進。上召輔益堅，乃之鎮江俟命。著作佐郎楊簡言輔嘗棄成都，不當召，乃除兵部尚書兼侍讀，以龍圖閣學士知建康府兼江、淮制置使。卒于官，謚曰莊惠。

劉光祖字德修，簡州陽安人。幼出于外祖賈暉，後以暉遺澤補官。登進士第，廷對，言：「陛下睿察太精，宸斷太嚴，求治太速，喜功太甚。」又言：「陛下躬擐甲冑，閲馭毬馬，一旦有警，豈能親董六師以督戰乎？夫人主自將，危道也。臣恐毬馬之事，敵人聞之，適以貽笑；不足以示武。」除劍南東川節度推官，辟潼川提刑司檢法。

淳熙五年，召對，論恢復事，請以太祖用人爲法，且曰：「人臣獻言，不可不察：其一，不量可否，勸陛下輕出驟進，則是卽日誤國；其一，不思振立，苟且偷安，則是久遠誤國。」除太學正。召試，守正字，兼吳、益王府教授，遷校書郎，除右正言、知果州。以趙汝愚薦，召入。

光宗卽位，除軍器少監兼權侍左郎官，又兼禮部。時殿中侍御史闕，上方嚴其選，謂宰相留正曰：「卿監、郎官中有其人。」正沈思久之，曰：「得非劉光祖乎？」上曰：「是久在朕心矣。」光祖入謝，因論：

近世是非不明，則邪正互攻；公論不立，則私情交起。此固道之消長，時之否泰，而實爲國家之禍福，社稷之存亡，甚可畏也。本朝士大夫學術議論，最爲近古，初非有強國之術，而國勢尊安，根本深厚。咸平、景德之間，道臻皇極，治保太和，至於慶曆、嘉祐盛矣。不幸而壞於熙、豐之邪說，疏棄正士，招徠小人，幸而元祐君子起而救之，末流大分，事故反覆。紹聖、元符之際，羣凶得志，絕滅綱常，其論旣勝，其勢旣成，崇、觀而下，尙復何言。

臣始至時，聞有譏貶道學之說，而實未睹朋黨之分。中更外艱，去國六載，已憂兩議之各甚，而恐一旦之交攻也。逮臣復來，其事果見。因惡道學，乃生朋黨，因生朋黨，乃罪忠諫〔二〕。嗟乎，以忠諫爲罪，其去紹聖幾何！陛下履位之初，端拱而治，凡所進退，率用人言，初無好惡之私，豈以黨偏爲主。而一歲之內，逐者紛紛，中間好人固亦不少，反以人臣之私意，微累天日之清明。往往推忠之言，謂爲沽名之舉；至於潔身以退，亦曰懷懟而然。欲激怒於至尊，必加之以訐訕。事勢至此，循默乃宜，循默成風，國家安賴？

臣欲熄將來之禍，故不憚反復以陳。伏幾聖心豁然，永爲皇極之主，使是非由此而定，邪正由此而別，公論由此而明，私情由此而熄，道學之譏由此而消，朋黨之迹由此而泯，和平之福由此而集，國家之事由此而理，則生靈之幸，社稷之福也。不然，相激相勝，展轉反復，爲禍無窮，臣實未知稅駕之所。

章既下，讀之有流涕者。劾罷戶部尚書葉翥、太府卿兼中書舍人沈揆結近習，圖進用，言：「比年以來，士大夫不慕廉靖而慕奔競，不尊名節而尊爵位，不樂公正而樂軟美，不敬君子而敬庸人，既安習以成風，謂苟得爲至計。良由前輩老成，零落殆盡，後生晚進，議論無所據依，學術無所宗主，正論益衰，士風不競。幸詔大臣，妙求人物，必朝野所共屬、賢愚所同敬者一二十人，參錯立朝，國勢自壯。臣雖終歲無所奏糾，固亦未至曠官。今日之患，在於不封殖人才，臺諫但有摧殘，廟堂初無長養。臣處當言之地，豈以排擊爲能哉？」徙太府少卿。求去不已，除直祕閣、潼川運判。改江西提刑，又改夔州。

時孝宗不豫，上久不過宮，光祖致書留正、趙汝愚曰：「宜與羣賢并心一力，若上未過宮，宰執不可歸安私第。林、陳二閹，自以獲罪重華，日夜交諜其間。宜用韓魏公逐任守忠故事，以釋兩宮疑謗。大臣亦當收兵柄，密布腹心，俾緩急有可仗者。」聞孝宗崩，又貽書汝愚，勉以安國家、定社稷之事。

寧宗即位，除侍御史，改司農少卿。入對，獻謹始五箴。又論：「人主有六易：天命易恃，天位易樂，無事易安，意欲易奢，政令易怠，歲時易玩。又有六難：君子難進，小人難退，苦言難入，巧佞難遠，是非難明，取舍難決。闇主之所易，明主之所難；闇主之所難，明主之所易。」又言：「陛下以隆慈之命，踐祚於素幄，蓋有甚不得已者。宜躬自貶損，盡禮於上皇，使聖意懽然知釋位之樂，然後足以昭陛下之大孝。」上悚然嘉納。

進起居舍人。論：「政令當出中書，陛下審而行之，人主操柄，無要於此。」知閤門事韓侂胄寖擅威福，故首及之。遷起居郎。集議卜孝宗山陵，與朱熹皆謂會稽山陵，土薄水淺，乞議改卜。既而熹與祠，光祖言：「漢武帝之於汲黯，唐太宗之於魏徵，仁宗之於唐介，皆翹怒旋悔。熹明先聖之道，爲今宿儒，又非三臣比。陛下初膺大寶，招徠耆儒，比初政之最善者。今一旦無故去之，可乎？」且曰：「臣非助熹，助陛下者也。」再疏，不聽。

劉德秀劾光祖，出爲湖南運判，不就，主管玉局觀。趙汝愚既罷相，侂胄擅朝，遂目士大夫爲僞學逆黨，禁錮之。光祖撰涪州學記，謂：「學之大者，明聖人之道以脩其身，而世方以道爲僞；小者治文章以達其志，而時方以文爲病。好惡出於一時，是非定於萬世。」諫官張釜指爲謗訕，比之楊惲，奪職，謫居房州。久之，許自便。起知眉州，復職，將漕利路，以不習邊事辭。進直寶謨閣，主管冲佑觀。

吳曦叛，光祖自郡守，焚其榜通衢，且馳告帥守、監司之所素知者，仗大義，連衡以抗賊。俄聞曦誅，則以書屬宣撫使楊輔，講行營田，前日利歸吳氏者，悉收之公上，以省餉軍費；奬名節、旌死事以激忠烈之心。除潼川路提刑、權知瀘州。侂胄誅，召除右文殿修撰、知襄陽府，進寶謨閣待制、知遂寧府，改京、湖制置使，以寶謨閣直學士知潼川府。

詔以閔雨求言，光祖奏：「女直乃吾不共戴天之讎，天亡此讎，逡死于汴。陛下爲天之子，不知所以圖之，天與不取，是謂棄天，未有棄天而天不我怒也。青、鄆、蘭、會求通弗納〔三〕，陛下爲中國衣冠之主，人歸而我絕之，是謂棄人，未有棄人而人不我怨也。且金人舍其巢穴，汙我汴京，尚可使吾使人拜之於祖宗昔日朝會之廷乎？」

又請改正憲聖慈烈皇后諱日。先是，后崩以慶元三年十一月二日，郊禋期迫，或謂侂胄曰：「上親郊，不可不成禮。且有司所費既夥，奈何已之？」侂胄入其言，五日祀圜丘，六日始宣遺誥。於是光祖言：「憲聖，陛下之曾祖母，克相高宗，再造大業。侂胄敢視之如卑喪，遷就若此。賊臣就戮，盍告謝祖宗，改從本日？」從之。

升顯謨閣直學士、提舉玉隆萬壽宮。引年不許，提舉西京嵩山崇福宮。嘉定十五年卒，進華文閣學士，謚文節。趙汝愚稱光祖論諫激烈似蘇軾，懇惻似范祖禹，世以爲名言。所著後溪集十卷。子：端之、靖之、翊之、竑之。

論曰：徐誼竄逐於小人之手，身之否，道之亨也。吳獵之以學爲政，項安世之通經博古，皆一時之英才，今更定舊史，公論其少伸歟！薛叔似通儒也，不幸以開邊事累之。劉甲、楊輔蔚乎有用之才。劉光祖盛名與涪州學記並傳穹壤，世之人何憚而不爲君子也！

校勘記

〔一〕因惡道學乃生朋黨因生朋黨乃罪忠諫　眞德秀西山先生眞文忠公文集卷四三劉光祖墓誌銘作「因惡道學，力去朋黨，因去朋黨，乃罪忠諫」。

〔二〕青鄆蘭會求通弗納　「蘭」原作「藺」，據西山先生眞文忠公文集卷四三劉光祖墓誌銘改。

宋史卷三百九十八

列傳第一百五十七

余端禮 李壁 丘崈 倪思 宇文紹節 李蘩

余端禮字處恭，衢州龍游人。第進士，知湖州烏程縣。民間賦丁絹錢，率三氓出一縑，不輸絹而折其估，一縑千錢，後增至五千，民不勝病。端禮以告于府，事得上聞，又自詣中書陳便宜，歲蠲緡錢六萬。

召對，時孝宗志在恢復，端禮言：「謀敵決勝之道，有聲有實。敵弱者先聲後實，以讋其氣；敵彊者先實後聲，以俟其機。漢武乘匈奴之困，親行邊陲，威震朔方，而漠南無王庭者，讋其氣而服之，所謂先聲而後實也。越謀吳則不然，外講盟好，內修武備，陽行成以種、蠡，陰結援於齊、晉，教習之士益精，而獻遺之禮益密，用能一戰而霸者，伺其機而圖之，所謂先實而後聲也。今日之事異於漢而與越相若。願陰設其備，而密爲之謀，觀變察時，則機可投矣。古之投機者有四：有投隙之機，有擣虚之機，有乘亂之機，有承弊之機。因其內釁而擊之，若匈奴困於三國之攻而宣帝出師，此投隙之機也。因其外患而伐之，若夫差牽於黃池之役而越兵入吳，此擣虚之機也。敵國不道，因其離而舉之，若晉之降孫皓，此乘亂之機也。敵人勢窮，躡其後而蹙之，若高祖之追項羽，此乘弊之機也。機之未至，不可以先；機之已至，不可以後。以此備邊，安若太山，以此應敵，動如破竹，惟所欲爲，無不如志。

上喜曰：「卿可謂通事體矣。」後以薦爲監察御史，遷大理少卿，轉太常少卿。

詔以來歲祈穀上帝，仲春躬耕籍田，令禮官討論明道故事。端禮言：「祈穀之制，合祭天地於圜丘，前期享於太廟，視冬至郊祀之儀，此國朝故事也。若乃明道之制，則以宮中火後考室落成，故於太安殿恭謝天地，此特一時謝災之事耳。今欲祈穀而耕籍，必合祭天地於圜丘，必前期朝享於景靈宮、太廟可也。欲如明道之制，行於殿庭不可。」詔太常、禮部集議。中書有可以義起者，端禮曰：「禮固有可義起，至於大體，則不可易。古者郊而後耕，以其於郊，故謂之郊，猶祀於明堂，故謂之明堂。如明道謝災之制，則與祈穀異。今以郊而施之殿庭，亦將以明堂而施之壇壝乎？禮之失自端禮始，端禮死不敢奉詔。」上爲之止。

權兵部侍郎兼太子詹事，進吏部侍郎，出知太平州，奉祠。光宗立，召見，言：「天子之孝不與庶人同。今陛下之孝於壽皇，當如舜之於堯，行其道可也，武之於文，繼其志、述其事可也。凡壽皇容謀聖訓，仁政善教，所嘗施於天下者，願與二三大臣朝夕講求而力行之，則足以盡事親之孝矣。」授集英殿修撰、知贛州，還爲吏部侍郎、權刑部尚書兼侍講，以煥章閣直學士知建康府。召拜吏部尚書，擢同知樞密院事。

興州帥吳挺死，端禮謂樞密趙汝愚曰：「吳氏世握蜀兵，今若復令承襲，將爲後患。」汝愚是其言，合辭以奏，光宗意未決，端禮言：「汝愚所請爲蜀計，爲東南計。夫置大將而非其人，是無蜀也，無蜀，是無東南也。今軍中請帥而遲遲不報，人將生心。」不聽。後挺子曦卒以蜀叛，如端禮言。

上以疾不朝重華宮，孝宗崩，又不能發喪，人情恟然。端禮謂宰相留正曰：「公獨不見唐肅宗朝羣臣發哀太極殿故事乎？宜請太皇太后代行祭奠之禮。」於是宰執以請于太皇太后，留正懼，入臨重華宮，仆地致仕而去。

太皇太后垂簾，策皇子嘉王卽皇帝位，王流涕遜避。端禮奏：「太上違豫，大喪乏主，安危之機在於呼吸，太皇太后非爲陛下計，乃爲太上皇帝計，爲宗社計。今堅持退讓，不思國家之大計，是守匹夫之小節而昧天子之大孝也。」寧宗愯然收淚，不得已，側身就御坐之半。

端禮與汝愚再拜固請，寧宗乃正御坐，退行禫祭禮。

進端禮知樞密院事兼參知政事。汝愚去右丞相位，端禮代之。始，端禮與汝愚同心共政，汝愚嘗曰：「士論未一，非余處恭不能任。」及韓侂胄以傳道之勞，浸竊威柄，汝愚等欲疏斥之，謀泄而汝愚逐。端禮不能遏，但長吁而已。

浙西常平黃灝以放民租竄，知婺州黃度以庇屬吏褫職罷郡，二人皆侂胄所憾，端禮執奏，竟不免於罪。太府丞呂祖儉坐上書忤侂胄南遷，端禮救解不獲，公議始歸責焉。他日見上，言除從官中書不知，朝綱已紊，禍根已滋。卽丐去，不許，進左丞相。

端禮在相位期年，頗知擁護善類，然爲侂胄所制，壹鬱不愜志，稱疾求退，以觀文殿大學士提舉洞霄宮。居頃之，判潭州，移慶元，復帥潭。薨，授少保、鄖國公致仕，贈太傅，謚忠肅。子嶸，工部尚書。

李壁字季章，眉之丹稜人〔一〕。父燾，典國史。壁少英悟，日誦萬餘言，屬辭精博，周必大見其文，異之曰：「此謫仙才也。」孝宗嘗問燾：「卿諸子孰可用？」燾以壁對。以父任入官，後登進士第。召試，爲正字。

寧宗卽位，徙著作佐郎兼刑部郎、權禮部侍郎兼直學士院。時韓侂胄專國，建議恢復，宰相陳自強請以侂胄平章國事，遂召壁草制，同禮部尙書蕭達討論典禮，命侂胄三日一朝，序班丞相上。

壁受命使金，行次揚州，忠義人朱裕挾宋師襲漣水，金人憤甚，壁乞梟裕首境上，詔從其請。壁至燕，與金人言，披露肝膽，金人之疑頓釋。壁歸，侂胄用師意方銳，壁言：「進取之機，當重發而必至，毋輕出而苟沮。」既而陳景俊使北還，贊舉兵甚力，錢象祖以沮兵議忤侂胄得罪貶，壁論襄陽形勢，深以腹心爲憂，欲待敵先發，然後應之，侂胄意不懌，於是四川、荆、淮各建宣撫而師出矣。

壁度力不能回，乃入奏：「自秦檜首倡和議，使父兄百世之讎不復開於臣子之口。今廟謀未定，士氣積衰，苟非激昂，曷克丕應。臣愚以爲宜亟貶秦檜，示天下以讎恥必復之志，則宏綱舉而國論明，流俗變而人心一，君臣上下奮勵振作，拯潰民於殘虐，湔祖宗之宿憤。在今日舉而措之，無難矣。」疏奏，秦檜坐追王爵。議者謂壁不論檜之無君而但指其主和，其言雖公，特以迎合侂胄用兵之私而已。

初，侂胄召葉適直學士院，草出師詔，適不從，乃以屬壁，由是進權禮部尙書。侂胄旣喪師，始覺爲蘇師旦所誤，一夕招壁飲，酒酣，及師旦事，壁微擿其過，覘侂胄意向，乃極言：

「師旦怙勢招權，使明公負謗，非竄謫此人，不足以謝天下。」師旦坐貶官。璧又言：「郭倬、李汝翼償軍誤國之罪，宜誅之以謝淮民。」拜參知政事。

金遣使來，微示欲和意，丘崈以聞，璧貽崈書，俾遣小使致書金帥求成，金帥報書以用兵首謀指侂胄，侂胄大恚，不復以和爲意。璧言：「張浚以討賊復讎爲己任，隆興之初，事勢未集，亦權宜就和。苟利社稷，固難執一。」侂胄不聽，以張巖代崈，璧力爭，言丘崈素有人望，侂胄變色曰：「方今天下獨有一丘崈邪！」

吳曦叛，據蜀稱王，楊巨源、安丙誅之。事聞，璧議須用重臣宣撫，薦制置使楊輔爲宣撫使，而使安丙輔之。丙殺楊巨源，輔恐召變，以書舉劉甲自代，侂胄疑輔避事，璧曰：「孝宗聞吳璘病，亟詔汪應辰權宣撫使職事，蜀賴以安，此故事也。」於是命甲權宣撫使。

方信孺使北歸，言金人欲縛送侂胄，故侂胄忿甚，用兵之意益急。璧方與共政，或勸其速去，毋與侂胄分禍，璧曰：「嘻，國病矣，我去誰適謀此？」會禮部侍郎史彌遠謀誅侂胄，以密旨告璧及錢象祖，象祖欲奏審，璧言事留恐泄，侂胄迄誅，璧兼用知樞密院事。御史葉時論璧反復詭譎，削三秩，謫居撫州。後輔臣言誅侂胄事，璧實預聞，乃令自便。復官提舉洞霄宮，久之，復以御史奏削三秩，罷祠。

越四年，復除端明殿學士、知遂寧府，未至，而潰兵張福入益昌，戕王人，略閬剽果，至遂寧，壁傳檄諭之，福等讀檄泣下，約解甲降。會官軍至挑賊，賊忿，盡燔其城，顧府治曰：「李公旦夕來居，此其勿毀。」壁馳書大將張威，使調嘉定黎雅砦丁、牌手來會戰，威夜遣人叩門，來言曰：「賊壘堅不可破，將選死士，梯而登，以火攻之。」壁曰：「審爾，必多殺士卒，盍先斷賊汲路與糧道，使不得食，卽自成擒矣。」以長圍法授之，威用其謀，賊遂平。

壁尋引疾奉祠。嘉定十五年六月卒，進資政殿學士致仕，諡文懿。

壁嗜學如飢渴，羣經百氏搜抉靡遺，於典章制度尤綜練。爲文雋逸，所著有鴈湖集一百卷、涓塵錄三卷、中興戰功錄三卷、中興奏議若干卷、內外制二十卷、援毫錄八十卷、臨汝閑書百五十卷。壁父子與弟𡌴皆以文學知名，蜀人比之三蘇云。

丘崈字宗卿，江陰軍人。隆興元年進士，爲建康府觀察推官。丞相虞允文奇其才，奏除國子博士。孝宗諭允文舉自代者，允文首薦崈。有旨賜對，遂言：「恢復之志不可忘，恢復之事未易舉，宜甄拔實才，責以內治，遵養十年，乃可議北向。」

時方遣范成大使金，祈請陵寢。崈言：「泛使亟遣，無益大計，徒以驕敵。」孝宗不樂，曰：「卿家墳墓爲人所據，亦須理索否？」崈對曰：「臣但能訴之，不能請之。」孝宗怒，崈退待罪，孝宗察其忠，不譴也。

遷太常博士，出知秀州華亭縣。捍海堰廢且百年，鹹潮歲大入，壞並海田，蘇、湖皆被其害。崈至海口，訪遺址已淪沒，乃奏創築，三月堰成，三州舄鹵復爲良田。除直祕閣、知平江府，入奏內殿，因論楮幣折閱，請公私出內，並以錢會各半爲定法。詔行其言，天下便之。

知吉州，召除戶部郎中，遷樞密院檢詳文字。被命接伴金國賀生辰使。金曆九月晦，與統天曆不合，崈接使者以恩意，乃徐告以南北曆法異同，合從會慶節正日隨班上壽。金使初難之，卒屈服。孝宗喜謂崈曰：「使人聽命成禮而還，卿之力也。」

先是，王抃爲樞密，崈不少下之。方迓客時，抃排定程頓奏，上降付接伴，令沿途遵執。崈具奏，謂「不可以此啓敵疑心」，不奉詔。抃憾之，訾崈不禮金使，予祠。起知鄂州，移江西轉運判官，提點浙東刑獄，進直徽猷閣、知平江府，升龍圖閣，移帥紹興府，改兩浙轉運副使，以憂去。

光宗卽位，召對，除太常少卿兼權工部侍郎，進戶部侍郎，擢煥章閣直學士、四川安撫制置使兼知成都府。崈素以吳氏世掌兵爲慮，陛辭，奏曰：「臣入蜀後，吳挺脫至死亡，兵權不可復付其子。臣請得便宜撫定諸軍，以俟朝命。」挺死，崈卽奏「乞選他將代之」，仍置副帥，別差興州守臣，併利州西路帥司歸興元，以殺其權。挺長子曦勿令奔喪，起復知和州，屬總領楊輔就近節制諸軍，檄利路提刑楊虞仲往攝興州。」朝廷命張詔代挺，以李仁廣副之，遂革世將之患。其後郭杲繼詔復兼利西路安撫。杲死，韓侂胄復以兵權付曦，曦叛，識者乃服崈先見。

進煥章閣直學士。寧宗即位，赴召，以中丞謝深甫論罷之。居數年，復職知慶元府。既入奏，韓侂胄招以見，出奏疏幾二千言示崈，蓋北伐議也，知崈平日主復讎，冀可與共功名。崈曰：「中原淪陷且百年，在我固不可一日而忘也，然兵凶戰危，若首倡非常之舉，兵交勝負未可知，則首事之禍，其誰任之？此必有夸誕貪進之人，攘臂以僥倖萬一，宜亟斥絕，不然必誤國矣。」

進敷文閣學士，改知建康府。將行，侂胄曰：「此事姑爲遲之。」崈因贊曰：「飜然而改，誠社稷生靈之幸，惟無搖於異議，則善矣。」侂胄聞金人置平章，宜撫河南，奏以崈爲簽樞，宣撫江、淮以應之。崈手書力論「金人未必有意敗盟，中國當示大體，宜申警軍實，使吾常有勝勢。若釁自彼作，我有辭矣。」宣撫議遂寢。侂胄移書欲除崈內職，宣諭兩淮。崈報曰：「使名雖異，其爲示敵人以嫌疑之蹟則同，且僞平章宣撫既寢，尤不宜輕舉。」侂胄滋不悅。

升寶文閣學士、刑部尚書、江淮宣撫使。時宋師克泗州，進圖宿、壽，既而師潰，侂胄遣人來議招收潰卒，且求自解之計。密謂：「宜明蘇師旦、周筠等僨師之姦，正李汝翼、郭倬等喪師之罪。」密欲全淮東兵力，爲兩淮聲援，奏「泗州孤立，淮北所屯精兵幾二萬，萬一金人南出清河口及犯天長等城，則首尾中斷，墮敵計矣。莫若棄之，還軍盱眙。」從之。

金人擁衆自渦口犯淮南，或勸密棄廬、和州爲守江計，密曰：「棄淮則與敵共長江之險矣。吾當與淮南俱存亡。」益增兵爲防。

進端明殿學士、侍讀，尋拜簽書樞密院，督視江、淮軍馬。有自北來者韓元靖，自謂琦五世孫，密詰所以來之故，元靖言：「兩國交兵，北朝皆謂出韓太師意，今相州宗族墳墓皆不可保，故來依太師爾。」密使畢其說，始露講解意。密遣人護送北歸，俾扣其實。其回也，得金行省幅紙，密以聞于朝，遂遣王文采持書幣以行。文采還，金帥答書辭順，密復以聞，遂遣陳璧充小使。璧回，具言：「金人詰使介，既欲和矣，何爲出兵眞州以襲我？然仍露和意也。」密白廟堂，請自朝廷移書續前議，又謂彼既指侂胄爲元謀，若移書，宜暫免係銜。侂胄大怒，罷密，以知樞密院事張巖代之。既以臺論，提舉洞霄宮，落職。

侂胄誅，以資政殿學士知建康府，尋改江、淮制置大使兼知建康府。淮南運司招輯邊民二萬，號「雄淮軍」，月廩不繼，公肆剽劫，密乃隨「雄淮」所屯，分隸守臣節制，其西路則同轉運使張穎揀刺爲御前武定軍，以三萬人爲額，分爲六軍，餘汰歸農，自是月省錢二十八萬緡，米三萬四千石。武定既成軍伍，淮西賴其力。以病丐歸，拜同知樞密院事。卒，謚忠定。

宓儀狀魁傑，機神英悟。嘗慷慨謂人曰：「生無以報國，死願爲猛將以滅敵。」其忠義性然也。

倪思字正甫，湖州歸安人。乾道二年進士，中博學宏詞科。累遷祕書郎，除著作郎兼翰林權直。光宗卽位，典册與尤袤對掌。故事，行三制並宣學士。上欲試思能否，一夕併草除公師四制，訓詞精敏，在廷誦歎。

權侍立修注官，直前奏：「陛下方受禪，金主亦新立，欲制其命，必每事有以勝之，彼奢則以儉勝之，彼暴則以仁勝之，彼怠惰則以憂勤勝之。」又請增置諫官，專責以諫事。又乞召內外諸將訪問，以知其才否。

遷將作少監兼權直學士院，兼權中書舍人，升中書舍人兼直學士院、同修國史，尋兼侍講。

初，孝宗以戶部經費之餘，則於三省置封椿庫以待軍用，至紹熙移用始頻。會有詔發緡錢十五萬入內帑備犒軍，思謂實給他費，請毋發，且曰：「往歲所入，約四百六十四萬緡，所出之錢不及二萬，非痛加撙節，則封椿自此無儲。」遂定議犒軍歲以四十萬緡爲額，由是費用有節。又言：「唐制使諫官隨宰相入閣，今諫官月一對耳，乞許同宰執宜引，庶得從容論奏。」上稱善，除禮部侍郎。

上久不過重華宮，思疏十上，言多痛切。會上召嘉王，思言：「壽皇欲見陛下，亦猶陛下之於嘉王也。」上爲動容。時李皇后寖預政，思進講姜氏會齊侯于濼，因奏：「人主治國必自齊家始，家之不能齊者，不能防其漸也。始於褻狎，終於恣橫，卒至於陰陽易位，內外無別，甚則離間父子。漢之呂氏，唐之武、韋，幾至亂亡，不但魯莊公也。」上悚然。趙汝愚同侍經筵，退語人曰：「讜直如此，吾黨不逮也。」

兼權吏部侍郎，出知紹興府。寧宗卽位，改婺州，未上，提舉太平興國宮，召除吏部侍郎兼直學士院。御史姚愈劾思，出知太平州，歷知泉州、建寧府，皆以言者論去。久之，召還，試禮部侍郎兼直學士院。侂胄先以書致殷勤，曰：「國事如此，一世人望，豈宜專以潔己爲賢哉？」思報曰：「但恐方拙，不能徇時好耳。」

時赴召者，未引對先謁侂胄，或勸用近例，思曰：「私門不可登，矧未見君乎？」逮入見，首論言路不通：「自呂祖儉謫徙而朝士不敢輸忠，自呂祖泰編竄而布衣不敢極說。膠庠之士欲有吐露，恐之以去籍，諭之以呈藁，誰肯披肝瀝膽，觸冒威尊？近者北伐之舉，僅有一二人言其不可，如使未舉之前，相繼力爭之，更加詳審，不致輕動。」又言：「蘇師旦贓以巨萬計，胡不黥戮以謝三軍？皇甫斌喪師襄漢，李爽敗績淮甸，秦世輔潰散蜀道，皆罪大罰輕。」又言：「士大夫寡廉鮮恥，列拜於勢要之門，甚者匍匐門竇，稱門生不足，稱恩坐、恩主甚至于恩父者，諛文豐賂，又在所不論也。」侂胄聞之大怒。

思既退，謂侂胄曰：「公明有餘而聰不足：堂中剖決如流，此明有餘；爲蘇師旦蒙蔽，此聰不足也。周筠與師旦並爲姦利，師旦已敗，筠尚在，人言平章騎虎不下之勢，此李林甫、楊國忠晚節也。」侂胄悚然曰：「聞所未聞！」

司諫毛憲劾思，予祠。侂胄殛，復召，首對，乞用淳熙例，令太子開議事堂，閑習機政。又言：「侂胄擅命，凡事取內批特旨，當以爲戒。」

除權兵部尚書兼侍讀。求對，言：「大權方歸，所當防微，一有干預端倪，必且仍蹈覆轍。厥今有更化之名，無更化之實。今侂胄既誅，而國人之言猶有未靖者，蓋以樞臣猶兼宮賓，不時宣召，宰執當同班同對，樞臣亦當遠權，以息外議。」樞臣，謂史彌遠也。金人求侂胄函首，命廷臣集議，思謂有傷國體。徙禮部尚書。

史彌遠擬除兩從官，參政錢象祖不與聞。思言：「奏擬除目，宰執當同進，比專聽侂胄，權有所偏，覆轍可鑒。」既而史彌遠上章自辨，思求去，上留之。思乞對，言：「前日論樞臣獨班，恐蹈往轍，宗社堪再壞耶？宜親擢臺諫，以革權臣之弊，並任宰輔，以鑒專擅之失。」彌遠懷恚，思請去益力，以寶謨閣直學士知鎮江府，移福州。

彌遠拜右丞相，陳晦草制用「昆命元龜」語，思歎曰：「董賢爲大司馬，册文有『允執厥中』一言，蕭咸以爲堯禪舜之文，長老見之，莫不心懼。今制詞所引，此舜、禹揖遜也。天下有如蕭咸者讀之，得不大駭乎？」仍上省牘，請貼改麻制。詔下分析，彌遠遂除晦殿中侍御史，即劾思藩臣僭論麻制，鐫職而罷，自是不復起矣。

久之，除寶文閣學士，提舉嵩山崇福宮。嘉定十三年卒，謚文節。

宇文紹節字挺臣，成都廣都人。祖虛中，簽書樞密院事。父師瑗，顯謨閣待制。父子皆以使北死，無子，孝宗愍之，命其族子紹節爲之後，補官仕州縣。九年，第進士。累遷寶謨閣待制、知廬州。

時侂胄方議用兵，紹節至郡，議修築古城，創造砦栅，專爲固圉計。淮西轉運判官鄧友龍譖於侂胄，謂紹節但爲城守，徒耗財力，無益於事。侂胄以書讓紹節，紹節復書謂：「公有復讎之志，而無復讎之略；有開邊之害，而無開邊之利。不量國力，浪爲進取計，非所敢知。」侂胄得書不樂，乃以李爽代紹節，召還，爲兵部侍郎兼中書舍人兼直學士院，以寶文閣待制知鎮江府。

吳曦據蜀，趣紹節赴闕，任以西討之事。紹節至，謂大臣曰：「今進攻，則瞿唐一關，彼必固守；若駐軍荆南，徒損威望。聞隨軍轉運安丙者素懷忠義，若授以密旨，必能討賊成功。」大臣用其言，遣丙所親以帛書達上意，丙卒誅曦。

權兵部尚書，未幾，除華文閣學士、湖北京西宣撫使、知江陵府。統制官高悅在戍所，肆爲殺掠，遠近苦之。紹節召置帳前，收其部曲。俄有訴悅縱所部爲寇者，紹節杖殺之，兵民皆歡。升寶文閣學士，試吏部尚書，尋除端明殿學士、簽書樞密院事。

安丙宣撫四川，或言丙有異志，語聞，廷臣欲易丙。紹節曰：「方誅曦初，安丙一搖足，全蜀非國家有，顧不以此時爲利，今乃有他耶？紹節願以百口保丙。」丙卒不易。朝廷於蜀事多所咨訪，紹節審而後言，皆周悉事情。

嘉定六年正月甲午卒，訃聞，上嗟悼，爲改日朝享。進資政殿學士致仕，又贈七官爲少師，非常典也。謚曰忠惠。

李蘩字清叔，崇慶晉原人。第進士，爲隆州判官，攝綿州。歲侵，出義倉穀賤糶之，而以錢貸下戶，又聽民以茅秸易米，作粥及褚衣，親衣食之，活十萬人。明年又饑，邛蜀彭漢、成都盜賊蠭起，綿獨按堵。知永康軍，移利州，提點成都路刑獄兼提舉常平。歲凶，先事發廩蠲租，所活百七十萬人。知興元府、安撫利州東路。

漢中久饑，劍外和糴在州者獨多，蘩嘗匹馬行阡陌間訪求民瘼，有老嫗進曰：「民所以饑者，和糴病之也。」泣數行下。蘩感其言，奏免之，民大悅。徙倉部員外郎，總領四川賦財、軍馬錢粮，升郎中。

淳熙三年，廷臣上言：「四川歲糴軍粮，名爲和糴，實科糴也。」詔制置使范成大同蘩相度以聞，蘩奏：「諸州歲糴六十萬石，若從官糴，歲約百萬緡，如於經費之中斟酌損益，變科糴爲官糴，貴賤眂時，不使虧毫忽之價；出納眂量，勿務取圭撮之贏，則軍不乏興，民不加賦。」乃書「利民十一事」上之。前後凡三年，蘩上奏疏者十有三，而天子降詔難問者凡八，訖如其議。民既樂與官爲市，遠邇讙趨，軍餉坐給，而田里免科糴，始知有生之樂。會歲大稔，米價頓賤，父老以爲三十年所無。梁、洋間繪蘩像祠之。

范成大驛疏言："關外麥熟，倍於常年，實由罷糴，民力稍紓，得以盡於農畝。"孝宗覽之曰："免和糴一年，田間和氣若此，乃知民力不可重困也。"擢蘩守太府少卿。范成大召見，孝宗首問："糴事可久行否？"成大奏："李蘩以身任此事，臣以身保李蘩。"孝宗大悅，曰："是大不可得李蘩也。"上意方嚮用，而蘩亦欲奏蠲鹽酒和買之弊〔三〕，以盡滌民害。會有疾，卒。詔以蘩能官，致仕恩外特與遺表，擇一人庶官，前此所未有。

初，蘩宰眉山，校成都漕試，念吳氏世襲兵柄必稔蜀亂，發策云："久假人以兵柄，未有不爲患者。以武、宣之明，不能銷大臣握兵之禍；以憲、武之烈，不能收藩鎭握兵之權。危劉氏、殲唐室，鮮不由此。"吳挺以爲怨。後蘩總餉事，挺謬奏軍食燖惡，孝宗以問蘩，蘩緘其樣以進，挺之妄遂窮。踰三十年，吳曦竟以蜀叛，安丙旣誅曦，每語人云："吾等焦頭爛額耳，孰如李公先見者乎？"蘩講學臨政皆有源委，所著書十八種，有桃溪集一百卷。

論曰：余端禮平時論議剴正，及爲相，受制於韓侂冑，雖有志扶掖善類，而不得以直，遂頗不免君子之論。若李壁、丘崈皆諫侂冑以輕兵召釁之失，及其決意用師，命葉適草詔不從，而壁獨當筆焉，何其所見後先舛迕哉！附會之罪，壁固無以逭於公論矣。倪思直辭劘主，又屢觸權臣，三黜不變其風概，有可尚焉。李韶所至能舉荒政，蠲苛賦，亦庶幾古所謂惠人也。

校勘記

〔一〕丹稜　原作「丹陵」，據本書卷八九地理志、西山先生眞文忠公文集卷四一李壁神道碑改。

〔二〕而韶亦欲奏蠲鹽酒和買之弊　「鹽」原作「監」，鶴山先生大全文集卷七八李韶墓誌銘云：「其後如鹽如酒及和買布，公方欲次第奏蠲，以盡除民害。」據改。

宋史卷三百九十九

列傳第一百五十八

鄭瑴 王庭秀附 仇悆 高登 婁寅亮 宋汝爲

鄭瑴字致剛，建州人。政和八年舉進士，授安陸府教授，權信陽縣尉，監南康酒稅〔一〕。遂召爲御史臺主簿。張邦昌之僭號也，挺身見高宗于濟州。既卽位，擢監察御史，遷右司諫，升爲諫議大夫。

帝至杭州，瑴奏曰：「陛下南渡出于倉卒，省臺寺監、百司之臣獲濟者鮮，當擢吳中之秀以爲用。況天下賢俊多避地吳、越，宜令守臣體訪境內寄居待闕，及見任宮觀等京朝官以上，各具姓名以聞，簡拔任使，庶幾速得賢才以濟艱厄。」詔從之。

苗傅、劉正彥等逆亂，瑴庭立面折二凶，且謂逆賊凶燄熾甚，非請外援無可爲者。乃上章待罪求去，退見呂頤浩，議興復計，太后降詔不允。朱勝非言瑴面折二凶事，拜御史中丞。

時二凶竊威福之柄，肆行殺戮，日至都堂侵紊機政。轂言：「黃門宦者之設，本以給事內庭，供掃除而已。俾與政事，則貪暴無厭，待以兵權，則慘毒無已，皆前世已行之驗也。故宦官用事于上，則生人受禍于下，匹夫力不能勝，則羣起而攻之。是以靖康之初，羣起而攻之者庶民也；睿聖皇帝南渡，駐蹕未安，羣起而攻之者衆兵也。今當痛革前弊，並令選擇其人，曾經事任招權納寵者，屏之遠方，俾無浸淫以激衆怒，則賞罰之柄自朝廷出，國勢尊矣。仍諭軍法便宜，止行于所轄軍伍，其餘當聞之朝廷，付之有司，明正典刑，所以昭尊君之禮而全臣子忠義之節也。」疏留中不出。轂對，請付外行之。

又論：「黃潛善、汪伯彥均于誤國，而潛善之罪居多，今同以散官竄謫湖南；錢伯言與黃願皆棄城，呂源與梁揚祖皆擁兵而逃，今願罷官，揚祖落職，而源、伯言未正典刑，非所以勸懲。」詔竄削有差。

傅、正彥日至都堂議事，轂奏：「將帥之臣不可預政。」及聞以簽書樞密院召呂頤浩，以禮部尚書召張浚，分張俊兵以五百人歸陝西，而浚不受尚書之命，俊不肯分所部兵，遂謫浚居郴州，擢俊以節度知鳳翔。轂知出二凶姦謀，具章乞留頤浩知金陵，浚不當貶，不報。轂遂遣所親謝嚮變姓名，微服爲賈人，徒步如平江見浚等，具言城中事，以爲嚴設兵備，大張擊勢，持重緩進，使賊自遁，無驚動三宮，此上策也。浚聞之，皆感激奮厲爲赴難計。

俄詔睿聖皇帝爲皇太弟、天下兵馬大元帥，幼主爲皇太姪，卽與大臣進議，以爲：「在庭公卿、百司、羣吏皆昔之臣屬也，今則與之比肩事主矣。稽之于古，則無所法；行之于今，則實逆天。或者謂大元帥可以任軍旅之大事，臣竊以爲不然。昔舜之禪禹也，猶命禹徂征有苗，則禹雖受禪，而征伐之事舜猶親之也。唐睿宗傳位皇太子，以聽小事，自尊爲太上皇，以聽大事。如是無不可者，則稽之于古爲有法，行之于今爲得宜。」

太后垂簾同聽政，以安人心。退與御史王庭秀上疏力爭。太后召瑴與宰執同對簾前，瑴乞召庭秀，太后諭曰：「今欲令睿聖皇帝總領兵馬爾。」瑴奏曰：「臣不知其他，但人君位號豈容降改，聞之天下，孰不懷疑。雖前世衰亂分裂之時，固未有旬日之間易兩君，一朝降兩朝位號者也。」太后令瑴至都堂，朱勝非出朱昞等所上書以示瑴、庭秀，瑴、庭秀力言昨日詔書不可宣布，必召變。勝非與執政顏岐、王孝迪、路允迪皆在坐，尙書左丞張澂獨曰：「事勢若此，豈爭此名位耶？」澂欲出，瑴等共止之。

瑴與李邴並爲端明殿學士、同簽書樞密院事。高宗復位，進簽書，執政甫百日而卒。高宗甚悼之，謂大臣：「朕喪元子，猶能自排遣，于瑴殆不能釋也。」

庭秀字潁彥，慈溪人。與黄庭堅、楊時遊，其爲學旁搜遠紹，不苟趣時好，造詣深遠，操植堅正，發爲文辭，俊邁宏遠。登政和二年上舍第，歷官州縣。

侍御史李光薦爲御史臺檢法官。宣和、靖康時，進言皆發于忠義。御史中丞言：「僞楚時庶官中如虞謨、王庭秀者，初非疾病，毅然致爲臣而歸，願褒擢之。」拜監察御史，奏：「乞威斷當出於人主，而所遣宣諭官，當令舉廉吏。」又言：「刑名有疑慮者，令州郡法官申憲司閱實具奏，以取裁決。」遷殿中侍御史，論黄潛善賣官售寵，罷之。

既與鄭瑴力爭降封高宗事，未幾出知瑞州，右正言呂祉奏：「朝廷今日緣論大臣移一言官，明日罷一言官，則後日大臣行事有失，誰敢言者。」遂召爲吏部郎，改左司，言：「朝廷比來深疾貪吏，然州縣之間豈無廉介自將、沈於下僚者，宜命五使，所至以廉潔清修、可以師表吏民者，以名來上，參之公議，不次升擢，以厲士風。」從之。

遷檢正中書門下省諸房公事，與宰相議多不合，不自安，引疾求去。詔直祕閣、主管崇道觀而歸。

仇悆字泰然，益都人。大觀三年進士，授邠州司法，讞獄詳恕，多所全活。爲鄧城令，滿秩，耆幼遮泣不得去。徙武陟令，屬朝廷方調兵數十萬于燕山，悆餽饟畢給。時主將縱士卒過市掠物，不予直，他邑官逃避，悆先期趣備，申嚴約束，遂以不擾。已而悆送運餉于涿，值大軍潰于盧溝河，囊橐往往委以資敵，悆間關營護，無一豪棄失。

調高密丞，俗尚囂訟，悆攝縣事，剖決如流，事無淹夕，民至懷餅餌以俟決遣。猾吏楊蓋每陰疏令過，脅持爲姦，悆暴其罪黥之，無不悅服。州闕司錄，命悆攝事，既行，邑氓萬餘邀留，至擁歸縣廨，時天寒，皆然火警守，布滿後先，悆由它道得出，或追拜馬首曰：「公舍我去，我必使公復來。」它日，悆方白事郡牙，忽數千人徑奪以歸，守將弗能遏。劇寇起萊、密間，素聞悆名，戒其黨毋犯高密境，民賴以安。密卒閉關扳掠，害官吏幾盡，獨嘑曰：「無驚仇公。」

南遷，丁母憂。服除，知建昌軍，入爲考功員外。時仕者宛轉兵間，亡失告牒十常七八，而銓部無案籍，愬丐者甚多，眞僞錯亂。悆親爲考覈，其可據者悉責保識，因上聞行之。

遷右司及中書門下檢正諸房公事，俄爲沿海制置使。明守與宰相厚善，紿言士卒將爲變，致遣精兵密捕。統制官徐文覺之，初謀縱軍剽略，頃之泛海去，呼曰：「我以仇公故，不殺人，不焚屋廬。」一城晏然。猶坐削兩官，主管太平觀。

以淮西宣撫知廬州。劉豫子麟合金兵大入，民情洶懼。宣撫司統制張琦者，冀乘危爲亂，驅居民越江南走。欲先脅僉出，擁甲士數千突入，露刃登樓，揚白麾，左右驚潰，迫僉上馬。僉徐謂曰：「若輩無守土責，吾當以死徇國，寇未至而逃，人何賴焉。」堅不爲動，神色無少異。琦等錯愕，遽散其徒，人心遂定。

時金人出入近境，僉求援于宣撫司，不報。又遣其子自間道赴朝廷告急，雖旌其子以官，而援卒不至。帝方下詔親征，而詔亦不至淮甸，喧言將棄兩淮爲保江計。僉錄詔語揭之郡縣，讀者至流涕，咸思自奮。監押閻僅死于賊，餘衆來歸，州帑匱竭，無以爲賞，僉悉引班坐，犒以酒食，慰勞之，衆皆感勵。募廬、壽兵得數百，益鄉兵二千，出奇直抵壽春城下，敵三戰皆北，卻走度淮。其後麟復增兵來寇，僉復壽春，俘馘甚衆，獲旗械數千，焚糧船百餘艘，降渤海首領二人。

初，金人圍濠州，旬日未下，屬天寒，馬多僵死，乃悉衆向淮東。樞密使張浚方視師金陵，僉以策說之曰：「金重兵在淮東，師老食匱，若以精兵二萬，一自壽陽，一自漢上，徑趨舊京，當不戰而退，繼以大軍尾擊，蔑有不濟者。昔人謂『一日縱敵，數世之患。』願無失時之悔。」浚不能用。

麟復以步騎數千至合肥，諜言兀朮爲之殿，人心恟駭，不知所爲。會京西制置使遣牛皋統兵適至，僉顧左右曰：「召牛觀察來擊賊。」皋既至，以忠義撼之，皋素勇甚，以二千餘騎馳出，短兵相接，所向披靡，敵稍懾，散而復集者三。其副徐慶忽墜馬，敵競赴之，皐掖以上，手刜數人，因免冑大呼曰："我牛皐也，嘗四敗兀朮，可來決死。"寇畏其名，遂自潰。以愈克復守禦功，加徽猷閣待制。

明年，宣撫司始遣大將王德來，時寇已去，德謂其伍曰："當事急時，吾屬無一人渡江擊賊，今事平方至，何面目見仇公耶？"德麾下多女眞、渤海歸附者，見愈像，不覺以手加額。

初，宣撫司既不以一卒援諸郡，但令焚積聚，棄城退保，文移不絕于道，又請浚督行之。浚檄愈度其宜處之，愈謂："殘破之餘，兵食不給，誠不能支敵。然帥臣任一路之責，誓當死守。今若委城，使金人有淮西，治兵艦于巢湖，必貽朝廷憂。"力陳不可，浚韙其言，而卒全活數州之衆。尋詔詣闕，軍民號送之。

改浙東宣撫使、知明州，以挫豪強、奬善良爲理。吏受財，雖一錢不貸，姦猾斂迹。州罹兵火既燬，愈斥廚錢助其費，買田行鄉飲酒禮。歲饑，發官儲損其直，民無死徙。朝廷聞之，進秩一等。

再召，進對，帝親加褒諭，欲留置近密。言者以愈在郡多黥胥吏爲慘酷，請授外藩。時峒獠未息，乃進直學士，爲湖南安撫使，禁盜鑄錢者，趣使爲農，物價既平，商賈遂通。數月，召還，加寶文閣學士、陝西都轉運使。時金人無故歸侵疆，詭計叵測，愈力陳非策，固辭不行。秦檜方主和議，以爲異己，落職，以左朝奉郎、少府少監分司西京，全州居住。起知河南府，未行，金人果復陷所歸郡邑，如僉言。乃復待制，再知明州，改知平江府，陛辭，言：「我軍已習戰，非復前日，故劉錡能以少擊衆，敵大挫衄，若乘已振之勢，鼓行而前，中原可傳檄而定。」上嘉之。以言罷，提舉太平觀。積官至左朝議大夫，爵益都縣伯。卒，贈左通議大夫。

僉性至孝，母沒時，方崎嶇轉徙，居喪盡禮。沿海制置使陳彥文薦于朝，起復之，僉不就。僉端方挺特，自初官訖通顯，無所附麗。令鄧城時，丞相范宗尹方爲邑子，以文謁僉。僉他日語其父：「是子公輔器也。」宗尹旣當國，未嘗以私見。僉在明州，嘗欲薦一幕官，問曰：「君日費幾何？」對以「十口之家，日用二千」。僉驚曰：「吾爲郡守費不及此，屬僚所費倍之，安得不貪。」遂止。

高登字彥先，漳浦人。少孤，力學，持身以法度。宣和間，爲太學生。金人犯京師，登與陳東等上書乞斬六賊。廷臣復建和議，奪种師道、李綱兵柄，登與東再抱書詣闕，軍民不期而會者數萬。王時雍縱兵欲盡殲之，登與十人屹立不動。

欽宗即位，擢吳敏、張邦昌爲相，敏又雪前相李邦彥無辜，乞加恩禮起復之。登上書曰：「陛下自東宮即位，意必能爲民興除大利害。踐阼之始，兵革擾攘，朝廷政事一切未暇，人人翹足以待事息而覩惟新之政，奈何相吳敏、張邦昌？又納敏黨與之言，播告中外，將復用李邦彥，道路之人無不歛恨而去。是陛下大失天下之望，臣恐人心自此離矣。太上皇久處邦彥等于政府，紀綱紊亂，民庶愁怨，方且日以治安之言誘誤上皇，以致大禍，倉皇南幸，不獲寧居。主辱臣死，此曹當盡伏誅，今乃偃然自恣，朋比爲姦，蒙蔽天日。陛下從敏所請，天下之人將以陛下爲不明之君，人心自此離矣。」再上書曰：「臣以布衣之微賤，臣言繫宗社之存亡，未可忽也。」于是凡五上書，皆不報。因謀南歸，忽聞邦昌各與遠郡，一時小人相繼罷斥，與所言偶合者十七八，登喜曰：「是可以盡言矣。」復爲書論敏未罷，不報。

初，金人至，六館諸生將遁去，登曰：「君在可乎？」與林邁等請隨駕，隸聶山帳中，而帝不果出。金人退師，敏遂諷學官起羅織，屏斥還鄉。

紹興二年，廷對，極意盡言，無所顧避，有司惡其直，授富川主簿。憲董弅聞其名，檄讞六郡獄，復命兼賀州學事。學故有田舍，法罷歸買馬司，登請復其舊。守曰：「買馬、養士孰急？」登曰：「買馬固急矣，然學校禮義由出，一日廢，衣冠之士與堂下卒何異？」守曰：「抗長吏耶！」曰：「天下所恃以治者，禮義與法度爾，既兩棄之，尚何言！」守不能奪，卒從之。

攝獄事，有囚殺人，守欲奏裁曰：「陰德可爲。」登曰：「陰德豈可有心爲之，殺人者死，而可幸免，則被死之寃何時而銷？」

滿秩，士民丐留不獲，相率餽金五十萬，不告姓名，白于守曰：「高君貧無以養，願太守勸其咸受。」登辭之，不可，復無所歸，請置于學，買書以謝士民。歸至廣，會新興大饑，帥連南夫檄發廩振濟，復爲糜于野以食之，願貸者聽，所全活萬計。歲適大稔，而償亦及數。民投牒願留者數百輩，因奏辟終其任。

召赴都堂審察，遂上疏萬言及時議六篇，帝覽而善之，下六議中書。秦檜惡其譏己，不復以聞。

授靜江府古縣令，道湖州，守汪藻館之。藻留與修徽宗實錄，固辭，或曰：「是可以階改秩。」登曰：「但意未欲爾。」遂行。廣西帥沈晦問登何以治縣，登條十餘事告之。晦曰：「此古人之政，今人詐，疑不可行。」對曰：「忠信可行蠻貊，謂不能行，誠不至爾。」豪民秦琥武斷鄉曲，持吏短長，號「秦大蟲」，邑大夫以下爲其所屈。登至，頗革，而登喜其遷善，補處學職。它日，琥有請屬，登謝卻之，琥怒，謀中以危法。會有愬琥侵貸學錢者，登呼至，面數琥，聲氣俱厲，叱下，白郡及諸司置之法，忿而死，一郡快之。

帥胡舜陟謂登曰：「古縣，秦太師父舊治，實生太師于此，盍祠祀之？」登曰：「檜爲相亡狀，祠不可立。」舜陟大怒，摭秦琥事，移荔浦丞康寧以代登，登以母病去。舜陟遂創檜祠而自爲記，且誣以專殺之罪，詔送靜江府獄。舜陟遣健卒捕登，屬登母死舟中，藁葬水次，航海詣闕上書，求納官贖罪，帝閔之。故人有爲右司者，謂曰：「丞相云嘗識君于太學，能一見，終身事且無憂，上書徒爾爲也。」登曰：「某知有君父，不知有權臣。」既而中書奏故事無納官贖罪，仍送靜江獄。登歸葬其母，訖事詣獄，而舜陟先以事下獄死矣，事卒昭白。廣漕鄭鬲、趙不棄辟攝歸善令，遂差考試，摘經史中要語命題，策閩、浙水災所致之由。郡守李仲文即馳以達檜，檜聞震怒，坐以前事，取旨編管容州。潭州遣使臣謝大作持省符示登，登讀畢，即投大作上馬，大作曰：「少入告家人，無害也。」登曰：「君命不敢稽。」大作愕然。比夜，巡檢領百卒復至，登曰：「若朝廷賜我死，亦當拜敕而後就法。」大作感登忠義，爲泣下，奮劍叱巡檢曰：「省符在我手中，無它語也。汝欲何爲，吾當以死捍之。」鬲、不棄亦坐鐫一官。

登謫居，授徒以給，家事一不介意，惟聞朝廷所行事小失，則顰蹙不樂，大失則慟哭隨之。臨卒，所言皆天下大計。後二十年，丞相梁克家疏其事以聞。何萬守潭，言諸朝，追復迪功郎。後五十年，朱熹爲守，奏乞褒錄，贈承務郎。

登事其母至孝，舟行至封、康間，阻風，方念無以奉晨膳，忽有白魚躍于前。其學以愼獨爲本，所著家論、忠辨等篇，有東溪集行世。

婁寅亮字陟明，永嘉人。政和二年進士，爲上虞丞。建炎四年，高宗至越，寅亮上疏云：「先正有言：『太祖舍其子而立弟，此天下之大公；周王薨，章聖取宗室育之宮中，此天下之大慮也。』仁宗感悟其說，詔英祖入繼大統。文子文孫，宜君宜王，遭罹變故，不斷如帶。今有天下者，獨陛下一人而已。屬者椒寢未繁，前星不耀，孤立無助，有識寒心。天其或者深戒陛下，追念祖宗公心長慮之所及乎？崇寧以來，諛臣進說，獨推濮王子孫以爲近屬，餘皆謂之同姓，遂使昌陵之後，寂寥無聞，奔迸藍縷，僅同民庶。恐祀豐于昵，仰違天監，太祖在天莫肯顧歆，是以二聖未有回鑾之期，金人未有悔禍之意，中原未有息肩之日。臣愚不識忌諱，欲乞陛下于子行中遴選太祖諸孫有賢德者，視秩親王，俾牧九州，以待皇嗣之生，退處藩服，并選宣祖、太宗之裔，材武可稱之人，升爲南班，以備環衞。庶幾上慰在天之靈，下係人心之望。」帝讀之感悟，樞密富直柔薦之。

紹興元年，召赴行在，以其言宗社大計也。旣入見，復上疏曰：「陛下轍迹所環，六年于外，險阻艱難，備嘗之矣。然而二聖未還，金人未滅，四方未靖者，何哉？天意若曰：大祚宋德，太祖不私其子而保之，不幸姦邪誤國而壞之，將使嗣聖念祖，思危而後獲之，乃所以中其永命也。臣誠狂妄，去歲上章，請陛下取太祖諸孫之賢者，視秩親王，使牧九州，誤蒙采聽，赦而不誅。茲蓋在天之靈發悟聖心，爲社稷計，非愚臣之所及也。伏望宣告大臣行之，它日皇子之生，使之退處淸暇，不過增一節度使爾。陛下以太祖之心，行章聖之慮，自然孝弟感通，兩宮回蹕，澤流萬世。」

改合入官，擢監察御史。時相秦檜以其直柔所薦，惡之，諷言者論寅亮匿父喪不舉，下大理鞫問，無實，猶坐爲族父冒占官戶罷職，送吏部，由是坐廢。

宋汝爲字師禹，豐縣人。靖康元年，金人犯京師，闔門遇害。汝爲思報國家及父兄之讎，建炎三年，金人再至，謁部使者陳邊事，遣對行在。高宗嘉納，特補修武郎，假武功大夫、開州刺史，奉國書副京東運判杜時亮使金。

時劉豫節制東平，丞相呂頤浩因致書豫。汝爲行次壽春，遇完顏宗弼軍，不克與時亮會，獨馳入其壘，將上國書。宗弼盛怒，劫而縛之，欲加僇辱。汝爲一無懼色，曰：「死固不辭，然銜命出疆，願達書吐一辭，死未晚。」宗弼顧汝爲不屈，遂解縛延之曰：「此山東忠義之士也。」命往見豫，汝爲曰：「願伏劍爲南朝鬼，豈忍背主不忠于所事。」力拒不行，乃至京師，瀕死者數四。

豫僭號，汝爲持頤浩書與之，開陳禍福，勉以忠義，使歸朝廷。豫悚而立曰：「使人！使人！使豫自新南歸，人誰直我，獨不見張邦昌之事乎？業已至此，夫復何言。」卽拘留汝爲。然以汝爲儒士，乃授通直郎、同知曹州以誘之，固辭。遂連結先陷于北者凌唐佐、李亙、李儔爲腹心，以機密歸報朝廷。唐佐等所遣僧及卒爲邏者所獲，汝爲所遣王現、邵邦光善達，朝廷皆官之。

紹興十三年，汝爲亡歸，作恢復方略獻于朝，且曰：「今和好雖定，計必背盟，不可遽弛。」時秦檜當國，置不復問。獨禮部尚書蘇符憐之，爲言于朝，換宣教郎，添差通判處州。高宗憶其忠，特轉通直郎。

汝爲遂上丞相書，言：「用兵之道，取勝在于得勢，成功在乎投機。女眞乘釁取契丹之銳，梟視狼顧，以窺中原，一旦長驅直擣京闕，升平既久，人不知兵，故彼得投其機而速發，由是猖獗兩河，以成盜據之功。既而關右、河朔豪傑士民避地轉鬥，從歸聖朝，將士戮力，削平羣盜，破逐英雄，百戰之餘，勇氣萬倍。回思曩昔，痛自懲悔，人人扼腕切齒，願當一戰。加以金人兵老氣衰，思歸益切，是以去歲順昌孤壘，力挫其鋒。方其狼狽逃遁之際，此國家乘勝進戰之時也。惜乎王師遽旋，撫其機而不發，遂未能殄滅醜類，以成恢復之功。今聞其力圖大舉，轉輸淮北，其設意豈小哉！所慮秋冬復肆猖獗，兀朮不死，兵革不休，雖欲各保邊陲，安可得也。今當乘去歲淮上破賊之勢，特降哀痛之詔，聲言親征，約諸帥長驅直擣，某月日各到東京，協謀併力，以俘馘兀朮爲急。」

又言：「兀朮好勇妄作，再起兵端，所共謀者，叛亡羣盜而已。去夏諸帥各舉，金人奔命敗北之不暇，兀朮深以爲慮，故爲先發制人之動，所恃者不過自能聚兵合勢，料王師以諸帥分軍爾。今計其步騎不過十萬，王師雲集，其衆數倍，合勢剋期，並進戮力，何憂乎不勝？若以諸帥難相統屬，宜除川、陝一路，專當撒離喝，權合諸帥爲兩節制，公選大臣任觀軍容爲宣慰之職，往來調和諸帥，使之上下同心，左右戮力，則勢既合不爲賊所料矣。不然，分軍出陳、蔡，直擣東都，賊必首尾勢分，復以重兵急擊，然後以舟師自淮繇新河入鉅野澤，以步兵自洛渡懷、衞入太行山，以襲其內。舟師入鉅野，則齊魯搖，步兵入太行，則三晉應，賊勢雖欲合而不分，亦難乎爲計矣。」

久之，有告汝爲于金人以蠟書言其機事者，大索不獲，尋知南歸。檜將械送金人，汝爲變姓名爲趙復，徒步入蜀。汝爲身長七尺，疏眉秀目，望之如神仙。楊企道者，遇之溪上，企道曰：「必奇士也。」款留之，見其議論英發，洞貫古今，靖康間離亂事歷歷言之，企道益驚，遂定交，假僧舍居之。

檜死，汝爲曰：「朝廷除此巨蠹，中原恢復有日矣。」企道勸其理前事，汝爲慨然太息曰：「吾結髮讀書，奮身一出，志在爲國復讎，收還土宇，頗爲諸公所知。命繆數奇，輒于權臣，今老矣，新進貴人，無知我者。」汝爲能知死期，嘗祭其先，終日大慟，將終，神氣不亂。

汝爲俶儻尙氣節，博物洽聞，飲酒至斗餘，未嘗見其醉，或歌或哭，涕淚俱下。其客蜀也，史載之、邵博、宇文亮臣、李燾相得甚歡，趙沂、王京魯、關民先、楊寀、惠疇經紀其喪事。

三十二年，其妻錢莫知汝爲死，詣登聞鼓院以狀進，詔索之不得。隆興二年，其子南強以汝爲之死哀愬于朝，參知政事虞允文、錢端禮以聞，特官一子。有忠嘉集行世。

論曰：高宗播遷，復有苗、劉之變，此何時也，鄭瑴、王庭秀正色立朝，以爭君臣之義，顧不韙哉！仇悆愷悌君子，遺澤在民。易曰「王臣蹇蹇」，高登有焉。婁寅亮請立太祖後爲太子，能言人臣之所難言，而高宗亦慨然從之，君仁而臣直乎！宋汝爲歸自金國，論事切直，與寅亮俱迕秦檜，一則誣以罪譴，一則逃遁以死，於乎悕矣！

校勘記

〔一〕監南康酒稅　「南康」原作「南京」，據楊時楊龜山先生集卷三七鄭轂墓誌銘、李幼武四朝名臣言行錄別集下卷三鄭轂條改。

宋史卷四百

列傳第一百五十九

王信　汪大猷　袁燮　吳柔勝　游仲鴻　李祥　王介　宋德之　楊大全

王信字誠之，處州麗水人。既冠，入太學，登紹興三十年進士第，試中教官，授建康府學教授。丁父憂，服除，進所著唐太宗論贊及負薪論，孝宗覽之，嘉歎不已，特循兩資，授太學博士。

時須次者例徙外，添差溫州教授。郡饑疫，議遣官振救之，父老願得信任其事，守不欲以煩信，請益力，信聞之，欣然爲行，徧至病者家，全活不可勝記。

差敕令所删定官，法令有不合人情，自相牴牾，吏得以傅會出入者，悉釐正之。轉對，言：「敵情不可測，和議不可恃，今日要當先爲自備之策，以待可乘之機。」上以爲是。又論：

「太學正、錄掌規矩之官而員多，博士掌訓導之官而員少，請以正、錄兩員升爲博士。」從之。論除官脞冗之獘，乞精選監司而擇籍名，郡將代半歲乃注人。上親以其章授宰臣行。

權考功郎官。蜀人張公遷，初八年免銓，至是改秩，吏妄引言，復令柅之，信鉤考其故，吏怖服。有三蜀士實礙式，吏受賕爲地，工部尚書趙雄，蜀人也，以屬信，信持弗聽，已而轉吏部閲審成牘，撫掌愧歎，嗟激不已，以聞于上。

它日，上謂尚書蔡洸曰：「考功得王信，銓曹遂清。」邏者私相語，指爲神明。武臣給告不書年齒，磨轉蔭薦，肆爲姦欺，不可控搏，爲擿最者數事告宰相，付之大理獄。事連三衙，殿帥王友直銳爭之，上審知其非，沮之曰：「考功所言，公事也，汝將何爲？」獄具，皆伏辜。因請置籍，以柅後患。

授軍器少監，仍兼考功郎官。丁母憂，吏裒金殺牲禱神，願信服闋無再爲考功。既起，知永州。入奏事，留爲將作少監，復考功郎官，轉軍器少監兼右司郎官，升員外郎。四方有以疑獄來上者，信反復披覽，常至夜分。

升左司員外郎，轉對，論士大夫趨向之獘：「居官者逃一時之責，而後之禍患有所不恤；獻言者求一時之合，而行之可否有所不計。集事者以趣辦爲能，而不爲根本之慮；謀利者以羨餘爲事，而不究源流之實。持論尚刻薄，而寖失祖宗忠厚之意；革獘預煩碎，而不明國家寬大之體。因循玩習，恬不爲怪。願酌古之道，當時之宜，示好惡於取舍之間，使天下靡然知鄉，而無復爲目前苟且之徇。」又論：「朝廷有恤民之政，而州縣不能行恤民之實。近歲不登，陛下軫念元元，凡水旱州郡租賦，或蠲放，或倚閣住催。然倚閣住催之名可以並緣爲擾，願明與減放。」又論豫備三說：收逃亡之卒，選忠順之官，嚴訓練之職。又言屯田利害。上皆納其說。

兼玉牒所檢討官、提領戶部酒庫。久之，上諭信曰：「知朕意否？行用卿，慮書生不長於財賦，故以命卿，果能副朕所委。」

爲中書門下檢正諸房文字，遷太常少卿兼權中書舍人。假禮部尚書使于金，肆射都亭，連中其的，金人駴曰：「尙書得非黑王相公子孫耶？」謂王德用也。信得米芾書法，金人寶之。歸言金人必衰之兆有四，在我當備之策有二，上首肯之。

太史奏仲秋日月五星會于軫，信言：「休咎之徵，史策不同，然五星聚者有之，未聞七政共集也。分野在楚，願思所以順天而應之。」因條上七事。又言：「陛下卽位之初，經營中原之志甚銳，然功之所以未立者，正以所用之人不一。其人不一，故其論不一；其論不一，故其心不一。願豫求至當之論，使歸于一。鎖闥封駁，而右府所下不關中書，或斜封捷出，左於公論。統領官奴事內侍，坐謫遠州，幸蒙赦還而遽復故職。潛藩恩舊之隸徒，榷酤官而齒朝士。老禁校僥冀節鉞，詭計可得之，而奉稍恩典，與正不異。閤門多溢額祗候。妃嬪進封而冒指它姓爲甥姪。既一一塗歸，有雖書讀而徐核其不當者，續爭救之。」上曰：「事有不可不問者，第言之，朕無有不爲卿行者。」於是益抗志不回。

宦者甘昪既逐遠之矣，屬高宗崩，用治喪事，人莫敢言。昪俄提舉德壽宮，信亟執奏，舉朝皆悚。翰林學士洪邁適入，上語之曰：「王給事論甘昪事甚當。朕特白太上皇后，聖訓以爲：『今一宮之事異於向時，非我老人所能任，小黃門空多，類不習事，獨昪可任責，分吾憂。渠今已歸，居室尙不能有，豈敢蹈故態。』以是駮疏不欲行。卿見王給事，可道此意。」信聞之乃止。

信遇事剛果，論奏不避權要，繇此人多嫉之，信亦力求去，提舉崇福宮。詔求言，信條十事以獻，其目曰：法戒輕變，令貴必行，寬州郡以養民力，脩軍政以待機會，郡當分其緩急，縣當別其劇易，嚴銅錢之禁，廣積聚之備，處歸附之人，收逃亡之卒。

起知湖州，信未涉州縣，據桉剖析，敏如流泉。擢集英殿修撰、知紹興府、浙東安撫使。奏免逋官錢十四萬、絹七萬匹、緜十萬五千兩、米二千萬斛。山陰境有犭㚇犭𤢖湖，四環皆田，歲苦潦，信創啓斗門，導停瀦注之海，築十一壩，化匯浸爲上腴。民繪象以祠，更其名曰王公湖。築漁浦隄，禁民不舉子，買學田，立義冢，衆職修理。加煥章閣待制，徙知鄂州，改池州。

初，信扶其父喪歸自金陵，草屨徒行，雖疾風甚雨，弗避也，由是得寒濕疾。及聞孝宗遺詔，悲傷過甚，疾復作，至是寖劇，上章請老，以通議大夫致仕。有星隕于其居，光如炬，不及地數尺而散。數日，信卒，遺訓其子以忠孝公廉。所著有是齋集行世。

汪大猷字仲嘉，慶元府鄞縣人。紹興七年，以父恩補官，授衢州江山縣尉，曉暢吏事。登十五年進士第，授婺州金華縣丞，爭財者諭以長幼之禮，悅服而退。李椿年行經界法，約束嚴甚，檄大猷覆視龍遊縣，大猷請不實者得自陳，毋遽加罪。改建德，遷知崑山縣。丁父憂，免喪，差總領淮西、江東錢糧幹官，改幹辦行在諸司糧料院。參知政事錢端禮宣諭淮東，辟幹辦公事，充參議官，遷大宗丞兼吏部郎官，又兼戶部右曹。入對，言：「總覈名實，責任臣下。因才而任，毋違所長，量能授官，毋拘流品。」孝宗顧謂左右曰：「疏通詳雅而善議論，有用之才也。」除禮部員外郎。丞相洪适薦兼吏部侍郎，仍遷主管左選。

莊文太子初建東宮，兼太子左諭德、侍講，兩日一講孟子，多寓規戒。太子嘗出龍大淵禁中所進侍燕樂章，諭宮僚同賦，大猷曰：「鄭、衞之音，近習爲倡，非講讀官所當預。」白于太子而止。遷祕書少監，修五朝會要〔一〕。金人來賀，假吏部尚書爲接伴使。尋兼權刑部侍郎，又兼崇政殿說書，又兼給事中。

孝宗清燕，每訪政事，嘗曰：「朕每厭宦官女子之言，思與卿等款語，欲知朝政闕失，民情利病，苟有所聞，可極論之。」大猷遂陳耆長雇直隸經總制司，並緣法意使里正兼催科之役，厲民爲甚。又論：「亭戶未嘗煮鹽，居近場監，貸錢射利，隱寄田產，害及編氓，宜取二等以上充役。」又論：「賜田勳戚，豪奪相先，陵轢州縣，惟當賜金，使自求之。」又論：「沒入貲產，止可行於彊盜、贓吏，至於倉庫綱運之負陷者，惟當即其業收租以償，旣足則給還，使復故業。」轉對，言捕酒之害，及居官者不得鑄銅爲器。上嘉奬曰：「卿前後所言，皆今日可行之事。」

權刑部侍郎，升侍講，言：「有司率用新制，棄舊法，輕重舛牾，無所遵承，使舞文之吏時出，以售其姦，請明詔編纂。」書成上進，上大悅。

尚書周執羔韓元吉、樞密劉珙以彊盜率不處死，無所懲艾，右司林栗謂：「太祖朝彊盜贓滿三貫死，無首從，不問殺傷。景祐增五貫，固從寬。今設六項法，非手刃人，例奏裁黥配，何所懲艾，請從舊法，贓滿三貫者斬。」大猷曰：「此吾職也。」遂具奏曰：「彊盜烏可恕，用舊法而痛懲之，固可也。天聖以來，益用中典，寖失禁姦之意。今所議六項法，犯者以法行之，非此而但取財，惟再犯者死，可謂寬嚴適中。若皆置之死地，未必能禁其爲盜，盜知必死，將甘心於事主矣，望稍開其生路。」乃奏用六項法則死者十七人，用見行法則十四人，舊法則百七十人俱死。遂從大猷議。

借吏部尙書爲賀金國正旦使，至盱眙，得印榜云：「彊盜止用舊法，罷六項法。」還朝自劾求去，上聞之，復行六項法。

改權吏部侍郎兼權尙書。夜傳旨學士院，出唐沈旣濟論選舉事，曰：「今日有此獘，可行與否，詰旦當面對。」卽奏：「事與今異，獘雖似之，言則難行。」上曰：「卿言甚明。」旣郊，差充鹵簿使，以言去，授敷文閣待制、提舉太平興國宮。

起知泉州。毗舍邪嘗掠海濱居民，歲遣戍防之，勞費不貲。大猷作屋二百區，遣將留屯。久之，戍兵以眞臘大賈爲毗舍邪犯境，大猷曰：「毗舍邪面目黑如漆，語言不通，此豈毗舍邪耶？」遂遣之。故事蕃商與人爭鬭，非傷折罪，皆以牛贖，大猷曰：「安有中國用島夷俗者，苟在吾境，當用吾法。」三佛齊請鑄銅瓦三萬，詔泉、廣二州守臣督造付之。大猷奏：「法，銅不下海。中國方禁銷銅，奈何爲其所役？」卒不與。進敷文閣直學士，留知泉州。

踰年，提舉太平興國宮，改知隆興府、江西安撫使。以大暑討永新禾山洞寇，不利，自劾，降龍圖閣待制，落職，南康軍居住，提舉太平興國宮。復龍圖閣待制，提舉上淸太平宮。復敷文閣待制，升學士。沒，贈二官。

大猷與丞相史浩同里，又同年進士，未嘗附麗以干進，浩深歎美之。好周施，敍宗族外族爲興仁錄，率鄉人爲義莊二十餘畝以爲倡，衆皆欣勸。所著有適齋存稾、備忘、訓鑒等書。

袁燮字和叔，慶元府鄞縣人。生而端粹專靜，乳媪置槃水其前，玩視終日，夜臥常醒然。少長，讀東都黨錮傳，慨然以名節自期。入太學，登進士第，調江陰尉。

浙西大饑，常平使羅點屬任振恤。燮命每保畫一圖，田疇、山水、道路悉載之，而以居民分布其間，凡名數、治業悉書之。合保爲都，合都爲鄉，合鄉爲縣，征發、爭訟、追胥，披圖可立決，以此爲荒政首。除沿海制屬。連丁家艱，寧宗卽位，以太學正召。時朱熹諸儒相次去國，丞相趙汝愚罷，燮亦以論去，自是黨禁興矣。久之，爲浙東帥幕、福建常平屬、沿海參議。

嘉定初，召主宗正簿、樞密院編修官，權考功郎官、太常丞、知江州，改提舉江西常平、權知隆興。召爲都官郎官，遷司封。因對，言：「陛下卽位之初，委任賢相，正士鱗集，而竊威權者從旁睨之。彭龜年逆知其必亂天下，顯言其姦，龜年以罪去，而權臣遂根據，幾危社稷。陛下追思龜年，蓋嘗臨朝太息曰：『斯人猶在，必大用之。』固已深知龜年之忠矣。今正人端士不乏，願陛下常存此心，急聞剴切，崇獎朴直，一龜年雖沒，衆龜年繼進，天下何憂不治。」「臣昨勸陛下勤於好問，而聖訓有曰：『問則明。』臣退與朝士言之，莫不稱善。而側聽十旬，陛下之端拱淵默猶昔也，臣竊惑焉。夫旣知如是而明，則當知反是而闇。明則輝光旁燭，無所不通；闇則是非得失，懵然不辨矣。」

遷國子司業、祕書少監，進祭酒、祕書監。延見諸生，必迪以反躬切己，忠信篤實，是爲道本。聞者悚然有得，士氣益振。兼崇政殿說書，除禮部侍郎兼侍讀。時史彌遠主和，燮爭益力，臺論劾燮，罷之，以寶文閣待制提舉鴻慶宮。起知溫州，進直學士，奉祠以卒。

燮初入太學，陸九齡爲學錄，同里沈煥、楊簡、舒璘亦皆在學，以道義相切磨。後見九齡之弟九淵發明本心之指，乃師事焉。每言人心與天地一本，精思以得之，兢業以守之，則與天地相似。學者稱之曰絜齋先生。後謚正獻。子甫自有傳。

吳柔勝字勝之，宣州人。幼聽其父講伊、洛書，已知有持敬之學，不妄言笑。長游郡泮，人皆憚其方嚴。登淳熙八年進士第，調都昌簿。丞相趙汝愚知其賢，差嘉興府學教授，將置之館閣，會汝愚去，御史湯碩劾柔勝嘗救荒浙右，擅放田租，爲汝愚收人心，且主朱熹之學，不可爲師儒官，自是閒居十餘年。

嘉定初，主管刑、工部架閣文字，遷國子正。柔勝始以朱熹四書與諸生誦習，講義策問，皆以是爲先。又於生徒中得潘時擧、呂喬年，白于長，擢爲職事，使以文行表率，於是士知趨向，伊、洛之學，晦而復明。遷太學博士，又遷司農寺丞。

出知隨州。時再議和好，尤戒開邊隙，旁塞之民事與北界相涉，不問法輕重皆殺之。郡民梁皐有馬爲北人所盜，追之急，北人以矢拒皐，皐與其徒亦發二矢。北界以爲言，郡下七人于獄，柔勝至，立破械縱之，具始末報北界而已。收土豪孟宗政、扈再興隸帳下，後宗政、再興皆爲名將。築隨州及棗陽城，招四方亡命得千人，立軍曰「忠勇」，廩以總所闕額，營栅器械悉備。除京西提刑，領州如故。改湖北運判兼知鄂州。甫至，值歲歉，即乞糴于湖南，大講荒政，十五州被災之民，全活者不可勝計。

改知太平州，除直祕閣，主管亳州明道宮。改直華文閣，除工部郎中，力辭，除祕閣修撰，依舊宮觀以卒，謚正肅。二子淵、潛，俱登進士，各有傳。

游仲鴻字子正，果之南充人。淳熙二年進士第，初調犍爲簿。李昌圖總蜀賦，辟羅買官，奇其才，曰：「吾董餉積年，惟得一士。」昌圖召入，首薦之，擢四川制置司幹辦公事。制置使趙汝愚一見即知敬之。

敍州董蠻犯犍爲境，憲將合兵討之，仲鴻請行。詰其釁端，以州負馬直也，乃使人諭蠻曰：「歸俘則還馬直，不然大兵至矣。」蠻聽命，仲鴻受其降而歸。改秩，知中江縣，總領楊輔檄置幕下。時關外營田凡萬四千頃，畝僅輸七升。仲鴻建議，請以兵之當汰者授之田，存赤籍，遲以數年，汰者衆，耕者多，則橫斂一切之賦可次第以減。輔然之，大將吳挺沮而止。趙汝愚移帥閩，舉仲鴻自代，制置使京鏜、轉運劉光祖亦交薦于朝。

紹熙四年，赴召，趙汝愚在樞密，謂仲鴻直諒多聞，訪以蜀中利病。汝愚欲親出經略西事，仲鴻曰：「宥密之地，斡旋者易，公獨不聞呂申公『經略西事當在朝廷』之語乎？」汝愚悟而止。差幹辦諸司糧料院。

光宗以疾久不朝重華宮，仲鴻遺汝愚書，陳宗社大計，書有「伊、周、霍光」語，汝愚讀之駭，立焚之，不答。又遺書曰：「大臣事君之道，苟利社稷，死生以之。旣不死，曷不去？」

汝愚又不答。孝宗崩，仲鴻泣謂汝愚曰：「今惟有率百官哭殿庭，以請親臨。」宰相留正以病去，仲鴻亟簡汝愚曰：「禪日不決，禍必起矣。」汝愚又不答。後三日，嘉王即位于重華宮。汝愚既拜右丞相，以仲鴻久游其門，辟嫌不用。初，汝愚之定策也，知閤韓侂胄頗有勞，望節鉞，汝愚不與。侂胄方居中用事，恚甚。汝愚迹已危，方益自嚴重，選人求見者例不許。仲鴻勸以降意容接，覬遏異論，而汝愚以淮東、西總賦積弊，奏遣仲鴻覈實。仲鴻曰：「丞相之勢已孤，不憂此而顧憂彼耶？」改監登聞鼓院以行。

會侍講朱熹以論事去國，仲鴻聞之，卽上疏曰：「陛下宅憂之時，御批數出，不由中書。前日宰相留正之去，去之不以禮；諫官黄度之去，去之不以正；近臣朱熹之去，復去之不以道。自古未有舍宰相、諫官、講官而能自爲聰明者也。願亟還熹，毋使小人得志，以養成禍亂。」

監察御史胡紘希侂胄意，誣汝愚久蓄邪心，嘗語人以乘龍授鼎之夢，又謂朝士中有推其宗派，以爲裔出楚王元佐正統所在者，指仲鴻也。初，欲直書仲鴻名，同臺張孝伯見之曰：「書其名則竄矣。凡阿附宰相，本冀官爵，此人沉埋六院且二年，心迹可察。」卒不書其名。

慶元元年，汝愚罷相，仲鴻遷軍器監主簿，力丐外，除知洋州。朱熹聞其出，曰：「信蜀士之多奇也。」越三年，起知嘉定府。擢利路轉運判官，數忤宣撫副使吳曦，曦言仲鴻老病，朝命易他部。未幾，曦叛，宣撫司幕官薛紱訪仲鴻於果山，仲鴻對之泣，指案上一編書示紱曰：「開禧丁卯正月游某死。」謂家人曰：「曦逼吾死，即塡其日。」

時宣撫使程松已大棄其師遁，仲鴻以書勸成都帥楊輔討賊，輔不能用。至是松至果，仲鴻謂紱曰：「宣威肯留，則吾以積奉二萬緡犒兵，護宣威之成都。」松不顧而去。總賦劉崇之繼至，仲鴻遣其子侶往見，以告松者告之，崇之復不聽。未幾，曦誅，參政李壁〔三〕奏除利路提點刑獄，尋乞休致，予祠而歸，遷中奉大夫。

嘉定八年卒，年七十八。劉光祖表其隧道曰：「於乎，慶元黨人游公之墓。」紹定五年，謚曰忠。子侶，淳祐五年爲右丞相，自有傳。

李祥字元德，常州無錫人。隆興元年進士，爲錢塘縣主簿。時姚憲尹臨安，俾攝錄參。邏者以巧發爲能，每事下有司，必監視鍛鍊，囚服乃已。嘗誣告一武臣子謗朝政，鞫于獄，祥不使邏者入門。既而所告無實，具以白尹，尹驚曰：「上命無實乎？」祥曰：「即坐譴，自甘。」憲具論如祥意，上駭曰：「朕幾誤矣，卿吾爭臣也。」遂賜憲出身爲諫大夫，祥調濠州錄事參軍。安豐守臣冒占民田，訟屢改而不決，監司委祥，卒歸之民。未幾，其人易守濠，以嫌換司理廬州；守出改官奏留之，不可。

主管戶部架閣文字、太學博士、國子博士、司農寺丞、樞密院編脩官兼刑部郎官、大宗正丞、軍器少監。言：「忝朝蹟八年，在外賢才不勝衆，願更出迭入由臣始。」出提舉淮東常平茶鹽、淮西運判。兩淮鐵錢比不定，祥疏乞官賜錢米銷濫惡者，廢定城、興國、漢陽監，更鑄紹熙新錢，從之，淮人以安。

遷國子司業、宗正少卿、國子祭酒。丞相趙汝愚以言去國，祥上疏爭之，曰：「頃壽皇崩，兩宮隔絕，中外洶洶，留正棄印亡去，國命如髮。汝愚不畏滅族，決策立陛下，風塵不搖，天下復安，社稷之臣也。奈何無念功至意，忽體貌常典，使精忠巨節怫鬱黯闇，何以示後世？」

除直龍圖閣、湖南運副，言者劾罷之。於是太學諸生楊宏中、周端朝等六人上書留之，俱得罪。主沖佑觀，再請老，以直龍圖閣致仕。嘉泰元年八月卒，謚肅簡。

王介字元石，婺州金華人。從朱熹、呂祖謙遊。登紹熙元年進士第，廷對陳時弊，大略言：「近者罷拾遺、補闕，有遠諫之意，小人唱爲朋黨，有厭薄道學之名。」上嘉其直，擢居第三人。

簽書昭慶軍節度判官廳公事，除爲國子錄，上疏言：「壽皇親挈神器授之陛下，孝敬豈可久闕乎？」又言：「婦事舅姑如事父母，不可虧宮中之禮。」不報。孝宗崩，介又力請上過宮執喪，累疏言辭激切，人歎其忠。

寧宗卽位，介上疏言：「陛下卽位未三月，策免宰相，遷易臺諫，悉出內批，非治世事也。崇寧、大觀間事出御批，遂成北狩之禍。杜衍爲相，常積內降十數封還，今宰相不敢封納，臺諫不敢彈奏，此豈可久之道。」遷太學博士。

時韓侂胄居中潛弄威福之柄，猶未肆也，而文墨議論之士陰附之以希進，於是始無所憚矣。侂胄始疑介前封事詆己，且其弟仰胄嘗以舊識求自通，介拒絕之，侂胄怨益深。添差通判紹興府，尋知邵武軍。會學禁起，諫大夫姚愈劾介與袁燮皆僞學之黨，且附會前相汝愚，主管台州崇道觀。久之，差知廣德軍。侂胄之隸人蘇師旦忿介不通謁，目爲僞黨，併及甲寅廷對之語，以告侂胄。有勸其自明者，介曰：「吾髮已種種，豈爲鼠輩所使邪！」侂胄亦畏公議不敢發。以外艱去。

免喪，知饒州，未赴，召爲祕書郎，遷度支郎官。師旦已建節，介與同列謁政府，遇之於庭，客皆踰階而揖，介不顧。於是殿中侍御史徐柟劾介資淺立異，奉祠，除都大坑冶。侂胄誅，朝廷更化，介召還，除侍左郎官兼右司、太子舍人，改兵部郎官、國子司業、太子侍講兼國史院編修官、實錄院檢討官，除國子祭酒。會以不雨，詔百官指陳闕失，時宰相史彌遠以母喪起復，介手疏歷論時政，推本洪範僭恆暘若之證，謂：「羅日愿爲變，是下人謀上也。修好增幣，而金人猶觖望，是夷人亂華也。內批數出，是左右干政也。諫官無故出省，是小人間君子也。皆謂之僭。一僭已足以致天變，而況兼有之哉。」又言：「漢法天地降災，策免丞相，乞令彌遠終喪，擇公正無私者置左右，王、呂、蔡、秦之覆轍，可以爲戒。」接送伴金國賀生辰使還，奏：「故事兩國通廟諱、御名，而本朝止通御名，高宗至光宗皆傳名而不傳諱，紹熙初，黃裳嘗以爲言，而未及釐正。願正典禮，以尊宗廟。」

除祕書監，升太子右諭德。其在春宮，篤意輔導，每遇講讀，因事規諫。太子嘗欲索館中圖畫，卻而弗與，及張燈設樂，則諫止之；且乞選配故家以正始，絕令旨以杜請謁，宮僚分日上直，以資見聞。

遷宗正少卿兼權中書舍人，繳駁不避權貴。張允濟以閤職爲州鈐，介謂此小事而用權臣例，破祖宗制，不可不封還詞頭。丞相語介曰：「此中宮意。」介曰：「宰相而逢宮禁意向，給舍而奉宰相風旨，朝廷紀綱掃地矣。」

居數日，除起居舍人。介奏：「宰相以私請不行，而托威福於宮禁，權且下移，誰敢以忠告陛下者。」乞歸老，不許。言：「本朝循唐入閤之制，左右史不立前殿，若御後殿，則立朵殿下，何所聞見而修起居注乎？乞依歐陽脩、王存、胡銓所請，分立殿上。」

吏部侍郎許奕以言事去國，介奏曰：「陛下更化三年，而言事官去者五人，倪思、傅伯成既去，其後蔡幼學、鄒應龍相繼而出，今許奕復蹈前轍。此五臣者，四爲給事，一爲諫大夫，兩年之間，盡聽其去。或謂此皆宰相意，自古未有大臣因給舍論事而去之者，是大臣誤陛下也，將恐成孤立之勢。」疏奏，乞補外，以右文殿修撰知嘉興府。

歲餘，升集英殿修撰、知襄陽府、京西安撫使。徙知慶元府兼沿海制置使，以疾奉祠。嘉定六年八月卒，年五十六。端平三年，郡守趙汝談請于朝，特贈中大夫、寶章閣待制，謚忠簡。子埜，自有傳。

宋德之字正仲，其先京兆人。隋諫大夫遠謫彭山，子孫散居於蜀，遂爲蜀州人。德之以應舉擢慶元二年外省第一，爲山南道掌書記。召除國子正，遷武學博士。與諸生論八陣之象本乎八卦，皆動物也，奇正之變，往來相生而不窮，知此然後可以致勝。

遷編修樞密院。時兵釁有萌，會赤眚見太陰，犯權星，未浹日，內北門鴟尾災，延及三省、六部，詔求言，德之奏：「離爲火，爲日，爲甲胄；坎爲水，爲月，爲盜，爲隱伏。故火失其性，赤氣見，憂在甲兵；水失其性，太陰失度，憂在隱伏。」因疏七事，皆當今至切之患，乃曰：「人火小變不足慮，天象之變，臣竊危之。」

他日，又對曰：「今敵未動，而輕變祖宗舊制，命武臣帥邊以自遺患。晉叛將、唐藩鎮之禍基於此矣。」時吳曦在西陲，皇甫斌在襄漢，郭倪、李爽在兩淮，德之預以爲慮。

除太常丞，出知閬州。會曦變，託跌足以避僞，事平，始赴閬。擢本路提點刑獄，制帥安丙奏：「德之傲視君命，不俟代者之來，徑用觀察使印領事。」詔降一官，改潼川路轉運判官、湖南路提刑，改湖北。

召爲兵部郎官。朝論有疑安丙意，丞相史彌遠首以問德之，德之對曰：「蜀無安丙，朝廷無蜀矣，人有大功，實不敢以私嫌廢公議。」忤時相意，遂罷。安丙深感德之，嘗謂人曰：「丙不知正仲，正仲知丙；丙負正仲，正仲不負丙。」請昏於德之，不許。論者益稱德之之賢。起知眉州，監特奏名試，得疾而卒。

德之大父耕，性剛介，一朝棄官去，莫知所終。從父廉語德之曰：「吾昔至臨安府，有人言蜀有宋宣教者過浙江而去，吾適越求之，則入四明矣。」德之渡浙江尋訪，至雪竇，有蜀僧言：「聞諸耆老云：山後有爛平山，有二居士焉，其一宋宣教也。」德之躋攀至爛平，見丹竈，置祠其上而歸。

楊大全字渾甫，眉之青神人。乾道八年進士，調溫江尉，攝邑有政聲。紹熙三年，召除監登聞鼓院。五年，光宗以疾久，不克省重華宮，廷臣多論諫者。太學生汪安仁等二百餘人上書，而龔日章等百餘人以投匭上書爲緩，必欲伏闕。大全謂：「院以登聞名，實明目達聰之地也，今乃使人視爲具文，吾何顏以尸此職。」乃爲書以諫，力請過宮，書上不報。大全於是三上疏，其略曰：

臣之志於憂君者，不畏義死，不榮幸生，不以言而獲罪爲恥，而以言不聽從爲恥。自古諫之不效，其大者身膏斧鑕，其次亦流竄四裔，其小者猶罷免終身，未有若今日不勉於聽從，亦不加於黜逐，徒餌之以無所譴何之恩，使皆饕富貴，甘豢養，以消靡其風節。平居皆貪祿懷姦之士，則臨難必無仗節死義之人。

陛下自夏秋以來，執政從官之死者皆不信，卒之果然乎？不然乎？建康趙濟死，武興吳挺死，今尙不以爲然，則事有幾微於朕兆者，可諫陛下乎？萬一變起蕭牆，禍生肘腋，陛下必將以爲不信，坐受其危亡矣。

盜滿山東而高、斯弄權，二世不知也。蠻寇成都而更奏捷，明皇不知也。此猶左右壅蔽爾。今在朝之士瀝忠以告，而陛下不聽，是陛下自壅蔽其聰明也。今外間傳聞，以爲壽皇將幸越，幸吳興，此愛陛下之深，欲泯其迹也。陛下當亟圖所以解壽皇之憂。

疏入，又不報。

寧宗卽位，遷宗正寺主簿。慶元元年，易太常寺主簿，遷司農寺丞。修高宗實錄，充檢討官。先是，韓侂胄用事，私臺諫之選爲己羽翼，且欲得知名士，借其望以壓羣言，一時之好進者，恨不預此選也。會御史虛位，有力薦大全者，屬大全一往見，且曰：「公朝見，除目夕下矣。」大全笑謝，決不往，明日遂丐外。時實錄將上矣，上必推恩，大全去不少待。於是除知金州，至姑蘇，以病卒。

論曰：王信有文學，通政事。汪大猷敦厚老成。袁燮學有所本。吳柔勝、游仲鴻名在僞學。觀李祥訟趙汝愚，公論藉是以立。王介、楊大全直道而行。宋德之其知兵者歟？

校勘記

〔一〕五朝會要　原作「五禮會要」。按周必大周益國文忠公集平園續稾卷二七汪大猷神道碑："「遷祕書少監，首率館職續編國朝會要。」又據樓鑰攻媿集卷八八汪大猷行狀，職當編修神宗以來會要，「書奏，五朝之大典始備」。則「五禮會要」當是「五朝會要」之誤。葉渭青元槧宋史校記說："「五朝是神、哲、徽、欽並數高宗之稱，史文改作五禮，誤。」據改。

〔二〕李璧　原作「李壁」，據本書卷三九八李璧傳、宋中興學士院題名錄、南宋館閣續錄卷七改。

宋史卷四百一

列傳第一百六十

辛棄疾 何異 劉宰 劉爚 柴中行 李孟傳

辛棄疾字幼安，齊之歷城人。少師蔡伯堅，與党懷英同學，號辛、党。始筮仕，決以蓍，懷英遇坎，因留事金，棄疾得離，遂決意南歸。

金主亮死，中原豪傑並起。耿京聚兵山東，稱天平節度使，節制山東、河北忠義軍馬，棄疾爲掌書記，即勸京決策南向。僧義端者，喜談兵，棄疾間與之遊。及在京軍中，義端亦聚衆千餘，說下之，使隸京。義端一夕竊印以逃，京大怒，欲殺棄疾。棄疾曰：「匄我三日期，不獲，就死未晚。」揣僧必以虛實奔告金帥，急追獲之。義端曰：「我識君眞相，乃青兕也，力能殺人，幸勿殺我。」棄疾斬其首歸報，京益壯之。

紹興三十二年，京令棄疾奉表歸宋，高宗勞師建康，召見，嘉納之，授承務郎、天平節度掌書記，併以節使印告召京。會張安國、邵進已殺京降金，棄疾還至海州，與衆謀曰：「我緣主帥來歸朝，不期事變，何以復命？」乃約統制王世隆及忠義人馬全福等徑趨金營，安國方與金將酣飲，卽衆中縛之以歸，金將追之不及。獻俘行在，斬安國於市。仍授前官，改差江陰僉判。棄疾時年二十三。

乾道四年，通判建康府。六年，孝宗召對延和殿。時虞允文當國，帝銳意恢復，棄疾因論南北形勢及三國、晉、漢人才，持論勁直，不爲迎合。作九議幷應問三篇、美芹十論獻于朝，言逆順之理，消長之勢，技之長短，地之要害，甚備。以講和方定，議不行。遷司農寺主簿，出知滁州。州罹兵燼，井邑凋殘，棄疾寬征薄賦，招流散，教民兵，議屯田，乃創奠枕樓、繁雄館。辟江東安撫司參議官，留守葉衡雅重之，衡入相，力薦棄疾慷慨有大略。召見，遷倉部郎官、提點江西刑獄。平劇盜賴文政有功，加祕閣修撰。調京西轉運判官，差知江陵府兼湖北安撫。

遷知隆興府兼江西安撫，以大理少卿召，出爲湖北轉運副使，改湖南，尋知潭州兼湖南安撫。盜連起湖湘，棄疾悉討平之。遂奏疏曰：「今朝廷清明，比年李金〔一〕、賴文政、陳子明、陳峒〔二〕相繼竊發，皆能一呼嘯聚千百，殺掠吏民，死且不顧，至煩大兵翦滅。良由州以趣辦財賦爲急，吏有殘民害物之政，而州不敢問，縣以並緣科斂爲急，吏有殘民害物之狀，而縣不敢問。田野之民，郡以聚斂害之，縣以科率害之，吏以乞取害之，豪民以兼幷害之，盜賊以剽奪害之，民不爲盜，去將安之？夫民爲國本，而貪吏迫使爲盜，今年剿除，明年剗盪，譬之木焉，日刻月削，不損則折。欲望陛下深思致盜之由，講求弭盜之術，無徒恃平盜之兵。申飭州縣，以惠養元元爲意，有違法貪冒者，使諸司各揚其職，無徒按舉小吏以應故事，自爲文過之地。」詔獎諭之。

又以湖南控帶二廣，與溪峒蠻獠接連，草竊間作，豈惟風俗頑悍，抑武備空虛所致。乃復奏疏曰：「軍政之敝，統率不一，差出占破，略無已時。軍人則利於優閑窠坐，奔走公門，苟圖衣食，以故教閱廢弛，逃亡者不追，冒名者不舉。平居則姦民無所忌憚，緩急則卒伍不堪征行。至調大軍，千里討捕，勝負未決，傷威損重，爲害非細。乞依廣東摧鋒、荆南神勁、福建左翼例，別創一軍，以湖南飛虎爲名，止撥屬三牙、密院，專聽帥臣節制調度，庶使夷獠知有軍威，望風懾服。」

詔委以規畫，乃度馬殷營壘故基，起蓋砦栅，招步軍二千人，馬軍五百人，傔人在外，戰馬鐵甲皆備。先以緡錢五萬於廣西買馬五百匹，詔廣西安撫司歲帶買三十匹。時樞府有不樂之者，數沮撓之，棄疾行愈力，卒不能奪。經度費鉅萬計，棄疾善斡旋，事皆立辦。議者以聚斂聞，降御前金字牌，俾日下住罷。棄疾受而藏之，出責監辦者，期一月飛虎營栅戍，違坐軍制。如期落成，閞陳本末，繪圖繳進，上遂釋然。時秋霖幾月，所司言造瓦不易，問：「須瓦幾何？」曰：「二十萬。」棄疾曰：「勿憂。」令廂官自官舍、神祠外，應居民家取溝甌瓦二，不二日皆具，僚屬歎伏。軍成，雄鎮一方，爲江上諸軍之冠。

加右文殿修撰，差知隆興府兼江西安撫。時江右大饑，詔任責荒政。始至，榜通衢曰：「閉糴者配，彊糴者斬。」次令盡出公家官錢、銀器，召官吏、儒生、商賈、市民各舉有幹實者，量借錢物，逮其責領運糴，不取子錢，期終月至城下發糶，於是連檣而至，其直自減，民賴以濟。時信守謝源明乞米救助，幕屬不從，棄疾曰：「均爲赤子，皆王民也。」卽以米舟十之三予信。帝嘉之，進一秩，以言者落職。久之，主管沖佑觀。

紹熙二年，起福建提點刑獄。召見，遷大理少卿，加集英殿修撰、知福州兼福建安撫使。棄疾爲憲時，嘗攝帥，每歎曰：「福州前枕大海，爲賊之淵，上四郡民頑獷易亂，帥臣空竭，急緩奈何！」至是務爲鎮靜，未期歲，積鏹至五十萬緡，牓曰「備安庫」。謂閩中土狹民稠，歲儉則糴于廣，今幸連稔，宗室及軍人入倉請米，出卽糶之，候秋賈賤，以備安錢糴二萬石，則有備無患矣。又欲造萬鎧，招強壯補軍額，嚴訓練，則盜賊可以無虞。事未行，臺臣王藺劾其用錢如泥沙，殺人如草芥，旦夕望端坐「閩王殿」。遂丐祠歸。

慶元元年落職，四年，復主管沖佑觀。久之，起知紹興府兼浙東安撫使。四年，寧宗召見，言鹽法，加寶謨閣待制、提舉佑神觀，奉朝請。尋差知鎮江府，賜金帶。坐繆舉，降朝散大夫、提舉沖佑觀，差知紹興府、兩浙東路安撫使，辭免。進寶文閣待制，又進龍圖閣、知江陵府。令赴行在奏事，試兵部侍郎，辭免。進樞密都承旨，未受命而卒。賜對衣、金帶，守龍圖閣待制致仕，特贈四官。

棄疾豪爽尚氣節，識拔英俊，所交多海內知名士。嘗跋紹興間詔書曰：「使此詔出於紹興之前，可以無事讎之大恥；使此詔行於隆興之後，可以卒不世之大功。今此詔與讎敵俱存也，悲夫！」人服其警切。帥長沙時，士人或愬考試官濫取第十七名春秋卷，棄疾察之信然，索亞牓春秋卷兩易之，啓名則趙鼎也。棄疾怒曰：「佐國元勳，忠簡一人，胡爲又一趙鼎！」擲之地。次閱禮記卷，棄疾曰：「觀其議論，必豪傑士也，此不可失。」啓之，乃趙方也。嘗謂：「人生在勤，當以力田爲先。北方之人，養生之具不求於人，是以無甚富甚貧之家。南方多末作以病農，而兼并之患興，貧富斯不侔矣。」故以「稼」名軒。爲大理卿時，同僚吳交如死，無棺斂，棄疾歎曰：「身爲列卿而貧若此，是廉介之士也！」既厚賻之，復言于執政，詔賜銀絹。

棄疾嘗同朱熹遊武夷山，賦九曲櫂歌，熹書「克己復禮」、「夙興夜寐」，題其二齋室。熹歿，僞學禁方嚴，門生故舊至無送葬者。棄疾爲文往哭之曰：「所不朽者，垂萬世名。孰謂公死，凜凜猶生！」棄疾雅善長短句，悲壯激烈，有稼軒集行世。紹定六年，贈光祿大夫。咸淳間，史館校勘謝枋得過棄疾墓旁僧舍，有疾聲大呼于堂上，若鳴其不平，自昏暮至三鼓不絕聲。枋得秉燭作文，旦且祭之，文成而聲始息。德祐初，枋得請于朝，加贈少師，謚忠敏。

何異字同叔，撫州崇仁人。紹興二十四年進士，調石城主簿，歷兩任，知萍鄉縣。丞相周必大、參政留正以院轄擬異，孝宗問有無列薦，正等以萍鄉政績對，乃遷國子監主簿。遷丞，轉對，所言帝喜之，曰：「君臣一體，初不在事形迹，有所見聞，於銀臺司繳奏。」擢監察御史。異奏與丞相留正舊同官，不敢供職，御札不許引嫌，遂拜命。

遷右正言。時光宗愆于定省，異入疏諫，不報。約臺官聯名，言姦人離間父子，當明正典刑，語極峻，又不報。匄外，授湖南轉運判官。偶攝帥事，辰蠻侵擾邵陽，異募山丁捕首亂者，蒲來矢以衆來降。尋爲浙西提點刑獄。以太常少卿召，改祕書監兼實錄院檢討官，權禮部侍郎、太常寺。

太廟芝草生，韓侂胄率百官觀焉，異謂其色白，慮生兵妖，侂胄不悅。又以劉光祖於異交密，言者遂以異在言路不彈丞相留正及受趙汝愚薦，劾罷之，久乃予祠。起知夔州兼本路安撫。異以夔民土狹食少，同轉運司糴米樁積，立循環通濟倉。七月丙戌，西北有星白芒墜地，其聲如雷，異曰：「戌日酉時，火土交會，而妖星自東南衝西北，化爲天狗，蜀其將有兵乎？」匃祠，以寶謨閣待制提舉太平興國宮。後四年，吳曦果叛。起知潭州，乞閑予祠者再。

嘉定元年，召爲刑部侍郎。五月不雨，異上封事言：「近日號令或從中出，而執政不得與聞其事，臺諫不得盡行其言。陛下閔念飢民，藥病殯死，遐荒僻嶠，安得實惠？多方稱提，不如縮造楮幣；阜通商米，不如稍寬關市之征。」明年，權工部尚書。告老，抗章言：「近臣求去，類成虛文，中外相觀，指爲禮數，無以爲風俗廉恥之勸。」以寶章閣直學士知泉州，從所乞予祠，進寶章閣學士，轉一官致仕。卒，年八十有一。異高自標致，有詩名，所著月湖詩集行世。

劉宰字平國，金壇人。旣冠，入鄉校，卓然不苟於去就取舍。紹熙元年舉進士，調江寧尉。江寧巫風爲盛，宰下令保伍互相糾察，往往改業爲農。歲旱，帥守命振荒邑境，多所全活。有持妖術號「眞武法」、「穿雲子」、「寶華主」者，皆禁絶之。書其坐右曰：「毋輕出文引，毋輕事箠楚。」緣事出郊，與吏卒同疏食水飮。去官，惟篋藏主簿趙師秀酬倡詩而已。調眞州司法。詔仕者非僞學，不讀周惇頤、程頤等書，才得考試，宰喟然曰：「平生所學者何？首可斷，此狀不可得。」卒弗與。

授泰興令，有殺人獄具，謂：「禱于叢祠，以殺一人，刃忽三躍，乃殺三人，是神實教我也。」爲請之州，毀其廟，斬首以徇。鄰邑有租牛縣境者，租戶於主有連姻，因喪會，竊券而逃。它日主之子征其租，則曰牛鬻久矣。子累年訟于官，無券可質，官又以異縣置不問。至是愬于宰，宰曰：「牛失十載，安得一旦復之。」乃召二囚者勞而語之故，託以它事繫獄，鞫之，囚者自詭盜牛以賣，遣詣其所驗視。租戶曰：「吾牛因某氏所租。」囚者辭益力，因出券示之，相持以來，盜券者憮然，爲歸牛與租。富室亡金釵，惟二僕婦在，置之有司，咸以爲冤。命各持一蘆，曰：「非盜釵者，詰朝蘆當自若；果盜，則長於今二寸。」明旦視之，一自若，一去其蘆二寸矣，即訊之，果伏其罪。有姑愬婦不養者二，召二婦并姑置一室，或餉其婦而不及姑，徐伺之，一婦每以己饌饋姑，姑猶呵之，其一反之。如是累日，遂得其情。

父喪，免，至京，韓侂胄方謀用兵，宰啓鄧友龍、薛叔似極言輕挑兵端，爲國深害，迄如其言。爲浙東倉司幹官，職事修舉，亟引去，默觀時變，頓不樂仕。尋告歸，監南岳廟。江、淮制置使黄度辟之入幕，宰辭曰：「君命召不往，今剡可出耶？」嘉定四年，堂審召命且再下，不至。時相亦屢諷執政、從官貽書挽宰，宰峻辭以絕。俄題考功曆，示決不復仕。

理宗初卽位，以爲籍田令，屢辭，改添差通判建康府，又辭，乞致仕，乃以直祕閣主管仙都觀。拜改秩予祠之命，辭祕閣，不允。端平元年，升直寶謨閣，祠如故，且盡還磨勘歲月。未幾，遷太常丞，郡守以朝命趣行，不得已勉就道，至吳門，拜疏徑歸。一時譽望，收召略盡，所不能致者，宰與崔與之耳。帝側席以問侍御史王遂，且俾宣撫。遷將作少監，又以直敷文閣知寧國府，皆不拜。進直顯謨閣、主管玉局觀，帝猶冀宰一來也。召奏事，訖不爲起。尋卒，鄉人罷市走送，袂相屬者五十里，人人如哭其私親。

宰剛大正直，明敏仁恕，施惠鄉邦，其烈實多。置義倉，創義役，三爲粥以與餓者，自冬徂夏，日食凡萬餘人，薪粟、衣纊、藥餌、棺衾之須，靡謁不獲。某無田可耕，某無廬可居，某之子女長矣而未昏嫁，皆汲汲經理，如己實任其責。橋有病涉，路有險阻，雖巨役必捐貲先倡而程其事。宰生理素薄，見義必爲，旣竭其力，藉貸以繼之無倦。若定折麥錢額，更縣斗斛如制，毁淫祠八十四所，凡可以白于有司、利于鄉人者，無不爲也。

宰隱居三十年，平生無嗜好，惟書靡所不讀。旣竭日力，猶坐以待，雖博考訓注，而自得之爲貴。有漫塘文集、語錄行世。

劉爚字晦伯，建陽人。與弟韜仲受學于朱熹、呂祖謙。乾道八年舉進士，調山陰主簿。爚正版籍，吏不容姦。調饒州錄事，通判黃奕將以事汙爚，而已自以贓抵罪去。都大坑冶耿某閔遺骸暴露，議用浮屠法葬之水火，爚貽書曰：「使死者有知，禍亦慘矣。」請擇高阜爲叢冢以葬。

調蓮城令〔三〕，罷添給錢及綱運例錢，免上供銀錢及綱本、二稅甲葉、鈔鹽、軍期米等錢，大修學校，乞行經界。改知閩縣，治以清簡，庭無滯訟，興利去害，知無不爲。差通判潭州，未上，丁父憂。僞學禁興，爚從熹武夷山講道讀書，怡然自適。築雲莊山房，爲終老隱居之計。調贛州坑冶司主管文字，差知德慶府，大修學校，奏便民五事，又奏罷兩縣無名租錢，糾集武勇民兵。入奏言：「前者北伐之役，執事者不度事勢，貽陛下憂。今雖從和議，願益恐懼修省，必開言路以廣忠益，必振公道以進人才，必飭邊備以防敵患。」

提舉廣東常平。令守臣歲以一半易新，春末支，及冬復償，存其半以備緩急。逋欠亭戶錢十萬，轉運司五萬，爚以公使、公用二庫贏錢補之。奏義倉之敝、客丁錢之敝、小官奉給之敝、舉留守令之敝、吏商之敝。召入奏事，首論：「公道明，則人心自一，朝廷自尊，雖危可安也；公道廢，則人心自貳，朝廷自輕，雖安易危也。」帝嘉獎。遷尙左郎官，請節內外冗費以收楮幣。轉對言：「願於經筵講讀、大臣奏對，反復問難，以求義理之當否，與政事之得失，則聖學進而治道隆矣。」乞收拾人才及修明軍政。遷浙西提點刑獄，巡按不避寒暑，多所平反。有殺人而匿權家者，吏弗敢捕，爚竟獲之。

遷國子司業，言於丞相史彌遠，請以熹所著論語、中庸、大學、孟子之說以備勸講，正君定國，慰天下學士大夫之心。奏言：「宋興，六經微旨，孔、孟遺言，發明於千載之後，以事父則孝，以事君則忠，而世之所謂道學也。慶元以來，權佞當國，惡人議己，指道爲僞，屛其人，禁其書，學者無所依鄉，義利不明，趨向汚下，人欲橫流，廉恥日喪。追惟前日禁絕道學之事，不得不任其咎。望其旣仕之後，職業修，名節立，不可得也。乞罷僞學之詔，息邪說，正人心，宗社之福。」又請以熹白鹿洞規頒示太學，取熹四書集注刊行之。又言：「浙西根本之地，宜詔長吏、監司禁戢強暴，撫柔善良，務儲積以備凶荒，禁科斂以紓民力。」

兼國史院編修官、實錄院檢討官。接伴金使于盱眙軍。還，言：「兩淮之地，藩蔽江南，干戈盜賊之後，宜加經理，必於招集流散之中，就爲足食足兵之計。臣觀淮東，其地平博膏腴，有陂澤水泉之利，而荒蕪實多。其民勁悍勇敢，習邊鄙戰鬥之事，而安集者少。誠能經畫郊野，招集散亡，約頃畝以授田，使毋廣占拋荒之患，列溝洫以儲水，且備戎馬馳突之虞。

爲之具田器，貸種糧，相其險易，聚爲室廬，使相保護，聯以什伍，教以擊刺，使相糾率。或鄉爲一團，里爲一隊，建其長，立其副。平居則耕，有警則守，有餘力則戰。」帝嘉納之。

進國子祭酒兼侍立修注官。論貢舉五敝。兼權兵部侍郎，改兼權刑部侍郎，封建陽縣開國男，賜食邑。權刑部侍郎兼國子祭酒，兼太子左諭德，升同修國史、實錄院同修撰。時廷臣爭務容默，有論事稍切者，衆輒指以爲異。爚奏：「願明詔大臣，崇獎忠讜以作士氣，深戒諛佞以肅具僚。乞擇州縣獄官。」多雷，上恐懼，爚奏：「遴選監司以考察貪吏爲先，訪求民瘼，有澤未下流、令未便民者，悉以實上，變而通之，則民心悅而天意解矣。」又請擇沿邊諸將。

兼工部侍郎。奏「乞使沿邊之民，各自什伍，教閱于鄉，有急則相救援，無事則耕稼自若，軍政隱然寓於田里之間，此非止一時之利也。」請城沿邊州郡、罷遣賀正使。試刑部侍郎，兼職依舊，賜對衣、金帶，辭，不允。兩請致仕，不允。奏絕金人歲幣，建制置司於歷陽以援兩淮。夏旱，應詔上封事，曰：「言語方壅而導之使言，人心方鬱而疏之使通，上既開不諱之門，下必有盡言之士，指陳政事之闕失，明言朝廷之是非。或者以爲好名要譽，而陛下聽之，則苦言之藥，至言之實，陛下棄之而不恤矣，甘言之疾，華言之腴，陛下受之而不覺矣。」乞罷瑞慶聖節，謝絕金使。

進封子爵。權工部尚書，賜衣帶、鞍馬。兼太子右庶子，仍兼左諭德。每講讀至經史所陳聲色嗜欲之戒，輒懇切再三敷陳之。進讀詩之說，詹事戴溪讀之爲之吐舌。卒，贈光祿大夫，官其後，賜謚文簡。所著有奏議、史稿、經筵故事、東宮詩解、禮記解、講堂故事、雲莊外稿。

柴中行字與之，餘干人。紹熙元年進士，授撫州軍事推官。權臣韓侂胄禁道學，校文，轉運司移檄，令自言非僞學，中行奮筆曰：「自幼讀程頤書以收科第，如以爲僞，不願考校。」調江州學教授，母喪，免，廣西轉運司辟爲幹官，帥將薦之，使其客嘗中行，中行正色曰：「身爲大帥，而稱人爲恩王、恩相，心竊恥之。毋汙我！」攝昭州郡事，蠲丁錢，減苗斛，賑飢羸。轉運司委中行代行部，由桂林屬邑歷柳、象、賓入邕管，問民疾苦，先行而後聞，捐鹽息以惠遠民。嘉定初，差主管尚書吏部架閣文字，遷太學正，升博士。轉對，首論主威奪而國勢輕；次論士大夫寡廉隅、乏骨鯁，宜養天下剛毅果敢之氣；末論權臣用事，包苴成風，今舊習猶在，宜舉行先朝痛繩贓吏之法。謂太學風化首，童子科覆試胄子舍選，有挾勢者，中行力言于長，守法無秋豪私。遷太常主簿，轉軍器監丞。

出知光州，嚴保伍，精閱習，增闢屯田，城壕營砦、器械糗糧，百爾具備，治行爲淮右最。又條畫極邊、次邊緩急事宜上之朝廷，大槩謂：「邊兵宜如蛇勢，首尾相應。草寇合兵大入，則鄰道援之；分兵輕襲，則鄰郡援之。援兵既多，雖危不敗。」又言：「淮、襄土豪丁壯，往者用兵，傾貲效力者，朝廷吝賞失信，宜亟加收拾，亦可激昂得其死力。」

遷西京〔四〕轉運使兼提點刑獄。中行謂襄陽乃自古必爭之地，備禦尤宜周密。時任邊寄者政令煩苛，日夜與民爭利，中行諷之，不聽。天方旱，盡捐酒稅，斥征官，黜務吏，甘澍隨至。官取鹽鈔贏過重，課日增，入中日寡，鈔日壅。中行揭示通衢，一錢不增，商賈大集。改直祕閣、知襄陽兼京西帥，仍領漕事。江陵戎司移屯襄州，兵政久弛。中行白于朝，考覈軍實，舊額二萬二千人，存者纔半，亟招補虛籍。自是朝廷以節制之權歸帥司。重劾李珙不法以懲貪守，明扈再興有功以厲宿將，上關朝廷，下關制閫。

遷江東轉運司判官，旋改湖南提點刑獄。豪家習殺人，或收養亡命，橫行江湖，一繩以法。華亭令貪虐，法從交疏薦之，中行笑曰：「此欲斷吾按章也。」卒發其辜。入爲吏部郎官。以立志啓迪君心，言好進、好同、好欺，士大夫風俗三敝。選曹法大壞，吏緣爲姦，中行遇事持正，不爲勢屈，由是銓綜平允。

擢宗正少卿。上疏謂：「陛下初政則以剛德立治本，更化則以剛德除權姦，今者顧乃垂拱仰成，安於無爲。夫剛德實人主之大權，不可以久出而不收，覆轍在前，良可鑒也。」又曰：「朝廷用人，外示涵洪而陰掩其迹，內用牢籠而微見其機，觀聽雖美，實無以大服天下之心。曩者更化，元氣復挽回矣。比年欲求安靜，頗厭人言，於是臣下納說，非觀望則希合，非回緩則畏避，而面折廷諍之風未之多見，此任事大臣之責也。」

兼國史編修、實錄檢討。孟春，大雨震電，雷雹交作，邊烽告急，至失地喪師，淮甸震洶。中行亟奏內外二失，朝廷十憂，大要言：「今日之事，人主盡委天下以任一相，一相盡以天下謀之三數腹心，而舉朝之士相視以目，噤不敢言。甚至邊庭申請，久不卽報，脫有闕誤，咎當誰執？」

調祕書監、崇政殿說書。極論「往年以道學爲僞學者，欲加遠竄，杜絕言語，使忠義士箝口結舌，天下之氣豈堪再沮壞如此耶？」又謂：「欲結人心，莫若去貪吏；欲去貪吏，莫若清朝廷。大臣法則小臣廉，在高位者以身率下，則州縣小吏何恃而敢爲？」又論內治外患，辨君子小人，大略謂：「執政、侍從、臺諫、給舍之選，與三衙、京尹之除，皆朝廷大綱所在，故其人必出人主之親擢，則權不下移。今或私謁，或請見，或數月之前先定，或舉朝之人不識。附會者進，爭爲妾婦之道，則天下國家之利害安危，非惟己不敢言，亦且併絕人言矣。大臣爲附會之說所誤，邊境之臣實遁者掩以爲誣，眞怯者譽以爲勇，金帛滿前，是非交亂，以欺廟堂，以欺陛下。願明詔大臣，絕私意，布公道。」

進祕閣修撰、知贛州。治盜有方，境內清肅。匄祠得請，以言罷。理宗卽位，以右文殿修撰主管南京鴻慶宮，賜金帶。卒。所著有易繫集傳、書集傳、詩講義、論語童蒙說。

李孟傳字文授，資政殿學士光季子也。光謫嶺海，孟傳才六歲，奉母居鄉，刻志于學。賀允中、徐度皆奇之，而曾幾妻以其孫。龍大淵黜爲浙東總管，知孟傳爲名門子，解后必就語，孟傳正色辭之。幹辦江東提刑司，易浙東常平司。

母喪，免，調江山縣丞，棄去，監南岳廟、行在編估局，未上，改楚州司戶參軍，單車赴官。公退，閉戶讀易。郡守、部使者不敢待以屬吏。徐積墓在境內，蕪沒既久，加葺之。修復陳公塘，有灌漑之利。知象山縣，守薦爲邑最，從官多合薦之，主管官告院，與同列上封事，請詣北宮，又移書宰相。

遷將作監主簿。丞相趙汝愚初當國，適大侵，遣孟傳按視江、池、鄂三大軍所屯積粟，道除太府丞。既復命，汝愚去國，黨論起，而孟傳奉使無失指，面對言：「比以使事往返四千里，所過民生困窮，衣食不贍。國之安危，以民爲本，今根本旣虛，形勢俱見，保邦之慮，宜勸聖念。」時韓侂胄逐留正及汝愚，太府簿吳璹與侂胄有連姻，因言臺諫將論朱熹，孟傳奮然曰：「如此則士大夫爭之，鼎鑊且不避。」

兼考功郎。復因對言：「國家長育人才，猶天地之於植物，滋液滲漉，待其既成而後足以供大廈之用。今士大夫皆有苟進之心，治功未優，功能尚薄，而意已馳騖於臺閣，不稍有以扶持正飭之，其弊將甚。」又言：「武舉及軍士比試，專取其力，臨敵難以必勝。唐世取人由步射、弓弩以至馬射，各以其中之多寡爲等級，宜采取行之。」韓侂胄與孟傳故，嘗致侂胄意〔三〕，孟傳謝曰：「行年六十，去意已決。」侂胄慙而退。請外，知江州，獄訟止息。侂胄不悅。勾歸，復知處州。

遷廣西提點刑獄，改江東提舉常平，移福建。詔入對，首論用人宜先氣節後才能，益招徠忠讜以扶正論。故人有在政府者，折簡問勞勤甚，孟傳逆知其意，即謝曰：「孤蹤久不造朝，獲一望清光而去，幸矣。」對畢即出關。至閩，大饑，發廩勸分，民無流莩。侂胄誅，就遷提點刑獄，移江東，又辭。丞相史彌遠，其親故也，人謂進用其時矣，卒歸使節，角巾還第。再奉祠，以倉部郎召，又辭。

遷浙東提點刑獄，未數月，申前請，章再上，加直祕閣，移江東，不赴，主管明道宮。進直寶謨閣，致仕，卒，年八十四。常誡其子孫曰：「安身莫若無競，修己莫若自保。守道則福至，求祿則辱來。」有磐溪集、宏詞類稿、左氏說、讀史〔六〕、雜志、記善、記異等書行世。

論曰：古之君子，出處不齊，同歸于是而已。辛棄疾知大義而歸宋。何異篤實君子，而切諫光宗朝重華宮。柴中行寧不校臨川之試，終不肯自言非程頤僞學。劉爚表章朱熹四書以備勸講，衞道之功莫大焉。李孟傳所立不愧其父。至於劉宰飄然遠引，屢徵不起，所謂鴻飛冥冥者耶。

校勘記

〔一〕李金　原作「李全」，據本書卷三三孝宗紀、歷代名臣奏議卷三一九弭盜門湖南諸州安撫辛棄疾上疏、朝野雜記甲集卷一五市舶司本息條改。

〔二〕陳峒　原作「李峒」，據歷代名臣奏議卷三一九弭盜門湖南諸州安撫辛棄疾上疏、本書卷三五孝宗紀、渭南文集卷三四王佐墓誌銘改。

〔三〕蓮城令　「蓮城」原作「連城」，據眞德秀西山先生眞文忠公文集卷四一劉文簡神道碑、本書卷八九地理志改。

〔四〕西京　按宋有京西路而無「西京路」，下文又有「知襄陽兼京西帥，仍領漕事」語，此當爲「京西」之誤。

〔五〕嘗致侂胄意　按文義應爲侂胄致意孟傳，本書卷三六三李光傳附李孟傳傳作「韓侂胄願見之」。此語當有誤。

〔六〕讀史　原作「續史」，據本書卷二〇三藝文志、卷三六三李光傳附李孟傳傳改。

宋史卷四百二

列傳第一百六十一

陳敏　張詔　畢再遇　安丙　楊巨源　李好義

陳敏字元功，贛之石城人。父皓，有才武，建炎末，以破贛賊李仁功，補官至承信郎。敏身長六尺餘，精騎射，積官至忠靖郎〔一〕。以楊存中薦，擢閤門祗候。時閩地多寇，殿司兵往戍，率不習水土。至是，始募三千兵置左翼軍，以敏爲統制，漳州駐箚。敏按諸郡要害，凡十有三處，悉分兵扼之，盜發輒獲。贛州齊述據城叛，嘯聚數萬，將棄城南寇。敏聞之曰：「贛兵精勁，善走嶮，若朝廷發兵未至，萬一奔衝，江、湖、閩、廣騷動矣。」不俟命，領所部馳七日，徑抵贛圍其城。踰月，朝廷命李耕以諸路兵至，破之。累功授右武大夫，封武功縣男，領興州刺史。召赴闕，高宗見其狀貌魁岸，除破敵軍統制。尋丁母憂，詔起復，以所部駐太平州。

紹興三十一年，金主亮來攻，成閔爲京湖路招討使〔三〕，以敏軍隸之，升馬司統制，軍于荆、漢間。敏說閔曰：「金人精騎悉在淮，汴都必無守備，若由陳、蔡徑擣大梁，潰其腹心，此救江、淮之術也。」不聽。從閔還駐廣陵，時金兵尚未渡淮，敏又說閔邀其歸師，復不聽。敏遂移疾歸姑孰。

孝宗卽位，張浚宣撫江、淮，奏敏爲神勁軍統制。浚視師，改都督府武鋒軍都統制。朝廷遣李顯忠北伐，浚欲以敏偕行，敏曰：「盛夏興師非時，且金人重兵皆在大梁，我客彼主，勝負之勢先形矣。願少緩。」浚不聽，令敏屯盱眙。顯忠至符離，果失律，敏遂入泗州守之。金人議和，詔敏退守滁陽。敏請於朝，謂滁非受敵之所，改戍高郵，兼知軍事。與金人戰射陽湖，敗之，焚其舟，追至沛城，復敗之。

乾道元年，遷宣州觀察使，召除主管侍衞步軍司公事。居歲餘，敏抗章曰：「久任周廬，無以効鷹犬，况敵情多詐，和不足恃。今兩淮無備，臣乞以故部之兵，再戍高郵。」仍請更築其城。乃落常階，除光州觀察使，分武鋒爲四軍，升敏爲都統制兼知高郵軍事，仍賜築城屯田之費。敏至郡，板築高厚皆增舊制。自寶應至高郵，按其舊作石䃮十二所，自是運河通泄，無衝突患。

四年，北界人侍旺叛于漣水軍，密款本朝，稱結約山東十二州豪傑起義，以復中原。上以問敏，敏曰：「旺欲假吾國威以行刼爾，必不能成事，願勿聽。」適屯田統領官與旺交通，旺敗，金有間言，上知非敏罪，乃召敏爲左驍衞上將軍。

言事者議欲戍守淸河口，敏言：「金兵每出淸河，必遣人馬先自上流潛渡，今欲必守其地，宜先修楚州城池，蓋楚州爲南北襟喉，彼此必爭之地。長淮二千餘里，河道通北方者五，淸、汴、渦、潁、蔡是也；通南方以入江者，惟楚州運河耳。北人舟艦自五河而下，將謀渡江，非得楚州運河，無緣自達。昔周世宗自楚州北神堰鑿老鸛河，通戰艦以入大江，南唐遂失兩淮之地。由此言之，楚州實爲南朝司命，願朝廷留意。」及是，再出守高郵，乃詔與楚州守臣左祐同城楚州，祐卒，遂移守楚州。北使過者觀其雉堞堅新，號「銀鑄城」。

以歸正人二百家逃歸，降授忠州團練使，罷爲福建路總管，改江西路總管，贛州駐劄。月餘，朝廷命往福州揀軍，又命還豫章敎閱江西團結諸郡人馬。俄提舉佑神觀，仍奉朝請，繼復蘄州防禦使，再除武鋒軍都統制兼知楚州，復光州觀察使，以疾卒。特贈慶遠軍承宣使。

張詔字君卿，成州人。少隸張俊帳下，積功守和州。嘗被旨介聘，一日金人持所繪祐、獻二陵像至館中，皆北地服，詔向之再拜。館者問之，答曰：「詔雖不識其人，但龍鳳之姿，天日之表，疑非北朝祖宗也，敢不拜！」孝宗聞而喜之，由是驟用。

紹熙五年，除興州都統制兼知興州，代吳挺。慶元二年，趙彥逾帥蜀，以關外去興元遠，緩急恐失事機，復請分東西爲二帥，詔遂兼西路安撫司公事。先是，趙汝愚爲從官時，每奏吳氏世掌蜀兵，非國家之利，請以張詔代領武興之軍。蓋汝愚之意欲以吳曦爲文臣帥，以杜他日握兵之漸，而未及行也。汝愚既知樞密院，力辭不拜，白於光宗曰：「若武興朝除帥，則臣夕拜命。」上許之，乃以詔爲成州團練使、興州諸軍都統制。詔在興州，甚得士心。六年卒，郭杲代之。

畢再遇字德卿，兗州人也。父進，建炎間從岳飛護衞八陵，轉戰江、淮間，積階至武義大夫。再遇以恩補官，隸侍衞馬司，武藝絕人，挽弓至二石七斗，背挽一石八斗，步射二石，馬射一石五斗。孝宗召見，大悅，賜戰袍、金錢。

開禧二年，下詔北伐，以殿帥郭倪招撫山東、京東，遣再遇與統制陳孝慶取泗州。再遇請選新刺敢死軍爲前鋒，倪以八十七人付之。招撫司尅日進兵，金人聞之，閉榷場、塞城門爲備。再遇曰：「敵已知吾濟師之日矣，兵以奇勝，當先一日出其不意。」孝慶從之。再遇饗士卒，激以忠義，進兵薄泗州。泗有東西兩城，再遇令陳戈旗舟楫於石屯下，如欲攻西城者，乃自以麾下兵從陡山徑趨東城南角，先登，殺敵數百，金人大潰，守城者開北門遁。西城猶堅守，再遇立大將旗，呼曰：「大宋畢將軍在此，爾等中原遺民也，可速降。」旋有淮平知縣縋城而下乞降，於是兩城皆定。郭倪來饗士，出御寶刺史牙牌授再遇，辭曰：「國家河南八十有一州，今下泗兩城卽得一刺史，繼此何以賞之？且招撫得朝廷幾牙牌來？」固辭不受。尋除環衞官。

倪調李汝翼、郭倬取宿州，復遣孝慶等繼之。命再遇以四百八十騎爲先鋒取徐州，至虹，遇郭、李兵裹創旋，問之，則曰：「宿州城下大水，我師不利，統制田俊邁已爲敵擒矣。」再遇督兵疾趨，次靈壁，遇孝慶駐兵于鳳凰山，將引還，再遇曰：「宿州雖不捷，然兵家勝負不常，豈宜遽自挫！吾奉招撫命取徐州，假道於此，寧死靈壁北門外，不死南門外也。」會倪以書抵孝慶，令班師，再遇曰：「郭、李軍潰，賊必追躡，吾當自禦之。」金果以五千餘騎分兩道來，再遇令敢死二十人守靈壁北門，自領兵衝敵陣。金人見其旗，呼曰「畢將軍來也」，遂遁。再遇手揮雙刀，絕水追擊，殺敵甚衆，甲裳盡赤，逐北三十里。金將有持雙鐵簡躍馬而前，再遇以左刀格其簡，右刀斫其脇，金將墮馬死。諸軍發靈壓，再遇獨留未動，度軍行二十餘里，乃火靈壓。諸將問：「夜不火，火今日，何也？」再遇曰：「夜則照見虛實，晝則煙埃莫覩，彼已敗不敢迫，諸軍乃可安行無虞。汝輩安知兵易進而難退邪？」

還泗州，以功第一，自武節郎超授武功大夫，除左驍衞將軍。於是丘崈代鄧友龍爲宣撫使，檄倪還惟揚，尋棄泗州。命再遇還盱眙，遂知盱眙軍，尋改鎭江中軍統制，兼守如故。以鳳凰山功，授達州刺史。其冬，金人以騎步數萬、戰船五百餘艘渡淮，泊楚州、淮陰間，宣撫司檄再遇援楚，遣段政、張貴代之。再遇既去盱眙，政等驚潰，金人入盱眙；再遇復定盱眙，除鎭江副都統制。

金兵七萬在楚州城下，三千守淮陰糧，又載糧三千艘泊大清河。再遇諜知之，曰：「敵衆十倍，難以力勝，可計破也。」乃遣統領許俊間道趨淮陰，夜二鼓銜枚至敵營，各攜火潛入，伏糧車間五十餘所，聞哨聲舉火，敵驚擾奔竄，生擒烏古倫師勒、蒲察元奴等二十三人。

金人復自黃狗灘渡淮，渦口戍將望風遁，濠、滁相繼失守，又破安豐。再遇謂諸將曰：「楚城堅兵多，敵糧草已空，所慮獨淮西耳。六合最要害，彼必并力攻之。」乃引兵赴六合。尋命節制淮東軍馬。金人至竹鎭，距六合二十五里。再遇登城，偃旗鼓，伏兵南土門，列弩手土城上，敵方臨濠，衆弩俱發，宋師出戰，聞鼓聲，城上旗幟並舉，金人驚遁，追擊大敗之。金萬戶完顏蒲辣都、千戶泥厖古等以十萬騎駐成家橋、馬鞍山，進兵圍城數重，欲燒埧木，決壕水，再遇令勁弩射退之。既而紇石烈都統合兵進攻益急，城中矢盡，再遇令人張青蓋往來城上，金人意其主兵官也，爭射之，須臾矢集樓牆如蝟，獲矢二十餘萬。紇石烈引兵退，已乃益增兵，環城四面營帳亙三十里。再遇令臨門作樂以示閑暇，而間出奇兵擊之。敵晝夜不得休，乃引退。再遇料其且復來，乃自提兵奪城東野新橋，出敵之背，金人遂遁去，追至滁，大雨雪，乃旋。獲騾馬一千五百三十一、鞍六百，衣甲旗幟稱是。授忠州團練使。

三年，除鎭江都統制兼權山東、京東招撫司事。還至揚州，除驍衞大將軍。金圍楚州已三月，列屯六十餘里。再遇遣將分道撓擊，軍聲大振，楚圍解。兼知揚州、淮東安撫使。揚州有北軍二千五百人，再遇請分隸建康、鎭江軍，每隊不過數人，使不得爲變。更造輕甲，長不過膝，披不過肘，兜鍪亦殺重爲輕，馬甲易以皮，車牌易以木而設轉軸其下，使一人之力可推可擊，務便捷不使重遲。敢死一軍，本烏合亡命，再遇能駕馭得其用。陳世雄、許俊等皆再遇所薦。張健雄恃勇桀驁，再遇狀其罪于朝，命以軍法戮之，諸將懾服。

嘉定元年，除左驍衞上將軍。和好成，累疏乞歸田里，賜詔不允，除保康軍承宣使，降詔獎諭，尋令帶職奏事，提舉佑神觀。六年，提舉太平興國宮，十年，以武信軍節度使致仕。卒，年七十。贈太尉，累贈太師，謚忠毅。

再遇姿貌雄傑，早以拳力聞，屬時寢兵，無所自見。一旦邊事起，諸將望風奔衄，再遇威聲始著，遂爲名將云。

安丙字子文，廣安人。淳熙間進士，調大足縣主簿。秩滿詣闕，陳蜀利病十五事，言皆剴切。丁外艱，服除，辟利西安撫司幹辦公事，調曲水丞。吳挺爲帥，知其才，邀致之。改秩，知新繁縣。丁內艱，服除，知小溪縣。通判隆慶府，嘉泰三年，郡大水，丙白守張鼎，發常平粟振之。尋又鑿石徙溪，自是無水患。知大安軍，歲旱，民艱食，丙以家財即下流糴米數萬石以振。事聞，詔加一秩。

開禧二年，邊事方興，程松爲四川宣撫使，吳曦副之，丙陳十可憂於松。繼而松開府漢中，道三泉，夜延丙議。丙又爲松言曦必誤國，松不省。蓋丙嘗爲其父客，素知曦。既而曦奏丙爲隨軍轉運司，居河池。時梁、洋義士方襲取和尚原，旋爲金人所奪，守將棄甲而走。十一月戊子，金人攻湫池堡，破天水，繇西和入成州，師潰，曦置不問。金人肆掠關外四州，如踐虛邑，軍民莫知死所。曦已潛遣其客姚淮源交金人，至是曦還興州，留丙魚關，已而檄還武興。十二月丙寅，金人持其詔及金印至置口，曦密受之，宣言使者欲得四州以和，馳書諷崧去。癸酉，曦受金詔稱蜀王，牓諭四川。三年正月甲午，曦僭號建官，稱臣於金，以其月爲元年，改興州爲興德府，以丙爲中大夫、丞相長史、權行都省事。

先是，從事郎錢鞏之從曦在河池，嘗夢曦禱神祠，以銀杯爲珓擲之，神起立謂曦曰：「公何疑？公何疑？後政事已分付安子文矣。」曦未省，神又曰：「安子文有才，足能辦此。」鞏之覺，心異其事，具以語曦。事既熾，丙不得脫，度徒死無益，陽與而陰圖之。遂與楊巨源、李好義等謀誅曦，語見巨源、好義傳。徐景望在利州，逐王人，擅財賦。丙遣弟焕往約諸將，相與拊定，及景望伏誅，軍民無敢譁者。於是傳檄諸道，按堵如故。曦僭位凡四十一日。三月戊寅，陳曦所以反及矯制平賊便宜賞功狀，自劾待罪，函曦首級、違制法物與曦所受金人詔印及所匿庚牌附驛。

朝廷初聞變，莫知所爲。韓侂胄與曦書，亦謂「嗣頌茅土之封」，亟召知鎭江府宇文紹節問之，紹節曰：「安丙非附逆者，必能討賊。」於是密降帛書曰：「安丙素推才具，有志事功，今聞曦謀不軌，爾爲所脅，諒以凶焰方張，恐重爲蜀禍，故權且從之爾，豈一日忘君父者？如能圖曦報國，以明本心，卽當不次推賞，雖二府之崇亦無所吝，更宜審度機便，務在成事，以副委屬之意。」帛書未至，露布已聞，上下動色交慶。辛丑，加丙端明殿學士、中大夫、知興州、安撫使兼四川宣撫副使〔三〕，詔獎諭，恩數視執政，如帛書旨也。

時都統孫忠銳由鳳州進攻大散關不克，統領強德等出奇道由松林堡破金砦，四月癸丑，克之。忠銳貪功吝財，賞罰迷繆，大失軍心，且速還鳳州，以關鑰付庸將陳顯。癸酉，大散關復陷。巨源自請收復，丙遣朱邦寧佐之。丙深惡忠銳，檄赴司議事，欲廢之。巨源至鳳，斬忠銳及其子揆，丙遂以忠銳附僞進表之罪聞于朝。先是，以誅曦功，巨源補朝奉郎，與通判差遣。巨源遣其親校傅檜愬功于朝，語見巨源傳。於是丙拜疏丐閑。至是，金人揭示境上，得丙首者與銀絹二萬匹兩，卽授四川宣撫。

時方議和，丙獨戒飭將士，恫疑虛喝，以攻爲守，威聲甚著。詔以蜀平，遣吳獵撫諭四川。時沿邊關隘悉爲金毀，丙遺時相書，謂：「西和一面，已修仇池，聚糧積芻，使軍民可守。若敵至，則堅壁不戰，彼欲攻則不可，欲越則不敢。若西和可守，成州之境自不敢犯。成州黑谷、南谷亦皆頓重兵。天水雖不可守，距天水十里所，見創白環堡，與西和相爲掎角，又增堡雞頭山，咸以民卒守之，及修黃牛堡，築興趙原，屯千餘人。鳳州秋防原尤爲險絕，紹興初，州治于此，宣撫吳玠嘗作家計砦，前卽馬嶺堡，正扼鳳州之後。凡此數堡旣堅，金人決不敢近。而河池、殺金平、魚關皆大軍屯聚，其他徑路，雖關之裏如大安，亦陰招民卒，授以器械，爲掩擊之備矣。」又云：「見於關表廣結義士，月給以糧，俾各保田廬墳墓，逮事定，則係之尺籍而勸之耕，庶可經久。以丙所見，直爲守計，則精選五萬人亦爲有餘。」

好義守西和，謂四州兵後，民不聊生，請蠲租以惠創痍。丙請于朝。又以沔州都統司所統十軍權太重，故自吳璘至挺、曦皆有尾大不掉之憂，乃請分置副都統制，各不相隸，以前右中左後五軍隸都統司，踏白、摧鋒、選鋒、策鋒、遊奕五軍隸副司。詔皆從之。

時方信孺使還，金人和意未決，且欲得首議興師之人，侂胄大怒。上手書賜丙，謂：「金人必再至，當激勵將士，戮力赴功。」侂胄既誅，賜丙金器百二十兩、細幣二十匹，進資政殿學士。和議成，還大散、隔牙關。丙分遣僚吏，經量洋、沔、興元、大安民田，別定租稅。

右丞相史彌遠起復，丙移書曰：「昔仁宗起復富鄭公、文潞公，孝宗起復蔣丞相，皆力辭，名教所係，人言可畏，望閤下速辭成命，以息議者之口。」論者韙之。升大學士、四川制置大使兼知興元府。諜知金人遷汴，關輔豪傑款塞願降者衆。丙以爲此正冉閔告晉之時，乃與宰臣書，謂當興問罪之師。朝論憂丙輕舉，乃詔丙益修守備。

七年春，丙使所愛吏安蕃、何九齡合官軍夜襲秦州，敗歸。王大才執九齡等七人斬之，而訟丙於朝。三月，詔丙同知樞密院事兼太子賓客，賜手書召之。行次廣德軍，進觀文殿學士、知潭州、湖南安撫使。至官，留意學校，請于太常創大成樂。而政尚嚴酷，轉運判官章徠勠丙，不報。御史李安行併徠勠之，徠罷，丙授崇信軍節度使、開府儀同三司、萬壽觀使。遣閤門舍人聞人璵錫命，賜旌節、金印、衣帶、鞍馬。三辭，還蜀。

董居誼帥蜀，大失士心。金人乘之，破赤丹、黃牛堡，入武休關，直擣梁、洋〔四〕，至大安，宋師所至輒潰，散入巴山。十二年，聶子述代之。時丙之子癸仲知果州，子述卽檄兼參議官。四月，紅巾賊張福、莫簡叛，入利州，子述遁去。總領財賦楊九鼎與賊遇，走匿民舍，賊追九鼎殺之。子述退保劍門，檄癸仲兼節制軍馬，任討賊之責。癸仲召戎帥張威等軍來會，賊自閬趨遂寧，所過無不殘滅。丙欲自持十萬緡借子述往益昌募士，子述曰：「大臣非得上旨，未可輕出。」丙遂如果州。

時四川大震，甚於曦之變。張方首奏，勳望如丙，今猶可用。魏了翁移書宰執，謂安丙不起，則賊未卽平，蜀未可定，雖賊亦曰：「須安相公作宣撫，事乃定耳。」李壁、李埴時並鎭潼、遂，亦皆以國事勉丙。五月乙未，丙至果州，是日賊焚蓬溪縣。

己酉，詔起丙爲四川宣撫使，予便宜，尋降制授保寧軍節度使兼知興元府、利東安撫使。丙奏：「臣不辭老以報國，但事不任怨，難以圖成，將恐騰謗交攻，使臣獨抱赤心，無從上白。昔秦使甘茂攻宜陽，至質之以『息壤在彼』，魏使樂羊攻中山，至示之以謗書一篋。君臣之間，似不必爾。然自古及今，謗以疑間而成，禍以忌嫉而得；況臣已傷弓於旣往，豈容不懲沸於方來。」詔曰：「昔唐太宗以西寇未平，詔起李靖，靖慷慨請行，不以老疾爲解。代宗有朔方之難，圖任郭子儀，聞命引道，亦不以讒甚自疑。皆能乘時立功，焜燿竹帛，朕甚慕之。今蜀道俶擾，未寬顧憂，朕起卿燕閒，付以方面，而卿忠於報國，誼不辭難，朕之用人庶幾於唐宗，卿之事朕無愧於李、郭矣。勉圖雋功，以濟國事！」尋命丁焴改知興元府。

甲申，發果州。丙戌，至遂寧，賊猶負固于普州之茗山。丙下令諸軍合圍，絕其樵汲之路以困之。未幾，張威、李貴俘獲張福等十七人以獻，丙命爨王大才以祭九鼎。七月庚子，盡俘餘黨千餘人，皆斬之。庚戌班師，迺移治利州，賜保寧軍節度使印。癸仲亦加三秩，進直華文閣，起復，主管宣撫司機宜文字。明年，進丙少保，賜衣帶鞍馬。

丙以關表營田多遺利，命官括之。有文垓者方持母喪，以便宜起復，幹辦魚關糧料院，俾之措置，且以宣撫副使印假之。而馮安世者，又即利州置根括局。於是了翁遺丙書，謂：「幕府舉辟，當用經術信厚之士，不可用冒喪之人。且公八年鎭蜀，有恩則有怨，豈可人人而校，事事而理，自處甚狹，恐貽子孫賓客無窮之累。雖今日理財難拘故常，然告絕產、首白契、訐隱田、伺富民過失、糾鹽酒戶虧額，報怨挾憤、招權納賄者，必且紛然，而公任其怨。」丙復書曰：「關外糴買當用四百萬緡，而總所見緡止二十五萬，多方措置，非得已而不已。儻皆清流，何由辦事？蜀士中如令弟嘉父、李成之輩，淸則淸、高則高矣，其肯辦錢穀俗務乎。劉德修嘗雅責楊嗣勳不能舉義誅叛，嗣勳云：『德修特未當局耳。』丙於華父亦云。」其後，安世不法滋甚，近臣有以書抵丙，而安世之徒亦發其事，丙械送大安窮治之。

先是，夏人來乞師併兵攻金人，丙且奏且行，分遣將士趨秦、鞏、鳳翔，委丁焴節制，師次于鞏。夏人以樞密使甯子寧衆二十餘萬，約以夏兵野戰，宋師攻城。既而攻鞏不克，乃已。

丙卒。訃聞，以少傅致仕，輟視朝二日，贈少師，賻銀絹千計，賜沔州祠額爲英惠廟。理宗親札賜謚忠定。丙所著有晶然集。

楊巨源字子淵，其先成都人。父信臣，客益昌，因家焉。巨源倜儻有大志，善騎射，涉獵諸子百家之書。應進士不中，武舉又不中。劉光祖見而異之，薦之總領錢糧陳曄，以右職舉爲鳳州堡子原倉官，馳騁射獵，傾財養士，沿邊忠義，咸服其才。分差魚關糧料院，移監興州合江贍軍倉。

吳曦叛，巨源陰有討賊志，結義士三百人，給其錢糧。有遊奕軍統領張林者，力能挽兩石弓，隊將朱邦寧身長六尺，勇力過人，皆爲曦所忌，雖屢戰有功亦不加賞，林等憾之。時林在罝口，邦寧在合江，巨源因與深相締結，并集忠義人朱福、陳安、傅檜之徒。

曦脅安丙爲丞相長史，丙稱疾，眉士程夢錫見丙，丙歎曰：「世事如此，世無豪傑！」夢錫因及巨源之謀。丙曰：「肯見我乎？」乃囑夢錫以書致巨源，延之卧所。巨源曰：「先生而爲逆賊丞相長史耶？」丙號哭曰：「目前兵將，我所知，不能奮起。必得豪傑，乃滅此賊，則丙無復憂。」巨源曰：「先生之意決乎？」丙指天誓曰：「若誅此賊，雖死爲忠鬼，夫復何恨！」巨源大喜，曰：「非先生不足以主此事，非巨源不足以了此事。」

當是時，李好義、好問亦結李貴、楊君玉、李坤辰凡數十人，坤辰邀巨源與好義會。巨源又大喜曰：「吾與安長史議以三月六日邀曦謁廟，合勇士刺之。」好義曰：「彼出則䡩衛且千人，事必難濟。聞熟食日祭東園，圖之此其時也。」巨源然之。好義願一見長史以爲信。巨源曰：「吾今先爲長史言之，來日僞宮，令長史問君先世是已。」巨源以告丙，明日，好義在僞宮見丙，揖之。丙曰：「鄉與尊父同僚，楊省幹盛談才略，旦夕以職事相委。」其謀乃決。

君玉先屬其鄉人白子申擬詔，文不雅馴，巨源更爲之，例用合江倉朱記。巨源、好義憂事寖泄，遂以二月乙亥未明，好義率其徒入僞宮，巨源持詔乘馬，自稱奉使，入內戶，曦啓戶欲逸，李貴執殺之。衞者始拒鬭，聞有詔皆卻。巨源、好義迎丙宣詔，以曦首徇。三軍推丙權四川宣撫使，巨源權參贊軍事。丙奏功于朝，以巨源第一，詔補承事郎。

巨源謂丙曰：「曦死，賊膽以破，關外四州爲蜀要害，盍乘勢復取。」好義亦以爲言。丙慮軍無見糧，巨源力言四州不取，必有後患，自請爲隨軍措置糧運。於是分遣好義復西和州，張林、李簡復成州，劉昌國復階州，孫忠鋭復散關。俄詔巨源轉朝奉郎，與通判差遣，兼四川宣撫使司參議官。丙素惡忠鋭，聞忠鋭失守散關，檄其還，欲廢之，先命巨源偕邦寧以沔兵二千策應。巨源至鳳州，因忠鋭出迎，伏壯士於幕後，突出斬之，并其子揆。丙遂以忠鋭附僞賀表聞于朝，且待罪。

先是，獎諭誅叛詔書至沔州，巨源謂人曰：「詔命一字不及巨源，疑有以蔽其功者。」俄報王喜授節度使，巨源彌不平。時趙彥吶以在夔誅祿禧得州通判，巨源曰：「殺祿禧與通判，殺吳曦亦與通判耶？」以啓謝丙曰：「飛矢以下聊城，深慕魯仲連之高誼；解印而去彭澤，庶幾陶靖節之清風。」又遺愬功于朝，而從興元都統制彭輅乞書遺韓侂胄，輅陽許而陰以白丙。或言巨源與其徒米福、車彥威謀爲亂，丙命喜鞫之，福、彥威皆抵罪。正將陳安復告巨源結死士入關，欲焚沔州州治，俟丙出則殺之。丙積前事，因欲去巨源，然未有以發也。

會巨源在鳳州以檄書遺金鳳翔都統使，其辭若用間者，且自稱宣撫副使而以參議官印印之。金以檄至丙。巨源方與金戰，敗於長橋，丙乃移書召巨源，巨源疑焉。有梁泉主簿高岳成者，巨源薦爲隨軍撥運，來見巨源，贊其歸，巨源信之。

時輅已至沔，六月壬申，巨源還幕府，丙密命輅收巨源。巨源殊不知，以爲謁己也，語畢，輅起，巨源送之賓次。武士就挽其裾，巨源猶叱之，則已爲驅至庭下。巨源大呼曰：「我何罪？」丙隔屛遣人謂之曰：「若爲詐稱宣撫副使？」命械送閬州獄。巨源曰：「我一時用間，異時必有爲我明其事。」丙餉以肴酒，巨源曰：「一身無媿，死且無憾；惟有妹未嫁，宣撫念之。」癸酉，巨源舟抵大安龍尾灘，將校樊世顯者呼於岸，巨源知將見殺，指其地而語之曰：「此好一片葬地。」世顯曰：「安有是？」舟行數步，謂曰：「宣參久渴，莫進杯酒？」巨源辭以不飮。又曰：「宣參荷械已久，盍少蘇？」巨源未及答，左右遽取利刀斷其頭，不絕者踰寸，遂以巨源自殪聞宣撫司。後數日，丙命瘞之。

巨源死，忠義之士爲之扼腕，聞者流涕，劍外士人張伯威爲文以弔，其辭尤悲切。巨源之屬吏也，李壁在政府，聞之曰：「嘻，巨源其死矣！」丙以人情洶洶，封章求免。楊輔亦謂丙殺巨源必召變，請以劉甲代之。初，巨源與好義結官軍，而丙密爲反正之計，各未相知，合巨源於好義者李坤辰，而合好義於丙者巨源也。巨源遺光祖書，述丙酬答之語，錄梓競傳之，丙已弗樂，浸潤不已，積成此禍。

成忠郎李珙投匭，獻所作巨源傳爲之訟冤，朝廷亦念其功，賜廟褒忠，贈寶謨閣待制，官其二子。制置使崔與之請官給其葬，加贈寶謨閣直學士、太中大夫。嘉熙元年，理宗特賜謚忠愍。子履正終大理卿、四川制置副使。

李好義，下邽人。祖師中，建炎間以白丁守華州，積官忠州團練使。父定一，興州中軍統制。好義弱冠從軍，善騎射，西邊第一。初以準備將討文州蕃部有功，開禧初，韓侂胄開邊，吳曦主師，好義爲興州正將，數請出精兵襲金人，曦蓄異謀，不納。未幾，關外四州俱陷，金人長驅入散關，曦受金人說，以蜀叛。好義自青坊聞變亟歸，與其兄對哭，謀誅之。

會曦遣李貴追殺宣撫程松，貴語其徒曰：「程宣撫朝廷重臣，不可殺。」好義知其赤心，可以所謀告之。貴遂約李彪、張淵、陳立、劉虎、張海等，好義又密結親衞軍黃術、趙亮、吳政等。女弟夫楊君玉亦與知，好義戒言曰：「此事誓死報國，救四蜀生靈，愼毋泄。」留其母以質。好義兄弟謀曰：「今日人皆可殺曦，皆可爲曦，曦死後，若無威望者鎭撫，恐一變未息，一變復生。」欲至期立長史安丙以主事，蓋曦嘗授丙僞丞相，而丙託疾不往，故兄弟有是謀也。

既而君玉與李坤辰者來，坤辰因言丙亦與合江倉楊巨源陰結忠義欲圖曦。好義遂遣君玉偕坤辰約亘源以報丙。丙大喜曰：「非統制李定一之子乎？此人旣來，斷曦之臂矣。」遂與好義約二月晦舉事，見亘源傳。乃約彪、術、貴等七十有四人及士人路良弼、王芾。好義夜饗士，麾衆受甲，與好古、好仁及子姓拜決于家廟，囑妻馬氏曰：「日出無耗，當自爲計，死生從此決矣。」馬氏叱之曰：「汝爲朝廷誅賊，何以家爲？我決不辱李家門戶。」馬氏之母亦曰：「行矣，勉之！汝兄弟生爲壯夫，死爲英鬼。」好義喜曰：「婦人女子尙念朝廷不愛性命，我輩當如何？」衆皆踴躍。旣行，小將祿禕引十卒來助，各以黃帛爲號。好義誓於衆曰：「入宮妄殺人、掠財物者死。」

時僞宮門洞開，好義大呼而入曰：「奉朝廷密詔，安長史爲宣撫，令我誅反賊，敢抗者夷其族。」曦護衞千兵皆棄梃而走，遂至僞殿東角小門，入世美堂，近曦寢室。曦聞外閧，倉皇而起，露頂徒跣，開寢戶欲遁，見貴復止，以手捍內戶，貴前爭戶，戶紐折。曦走，貴追及，手執其髻，舉刃中曦頰，曦素勇有力，撲貴仆于地不能起。好義急呼王換斧其腰者二，曦負痛手縱，貴起遂斫其首。引衆擁曦首出僞宮，亟馳告丙宣詔，軍民拜舞，歡聲動天地，持曦首撫定城中，市不改肆。

好義請乘時取關外四州，亘源贊之，丙大喜。亘源輔行，王喜忌其能，沮之。好義曰：「西和乃腹心之地，西和下，則三州可不戰而復矣。今不圖，後悔無及。願得馬步千人，死士二百，齎十日糧可濟。」丙從其請，忠義響應，次獨頭嶺，進士王榮仲兄弟率民兵會合夾擊，金人死者蔽路。十戰至山砦高堡，七日至西和。好義率衆攻城，親犯矢石，人人樂死，以少擊衆，前無留敵。金西和節使完顏欽奔遁，好義整衆而入，軍民歡呼迎拜，籍府庫以歸于官。

好義初欲乘勝徑取秦、隴以牽制淮寇，而宣撫司令謹守故疆，不得侵越，士氣皆沮。好義以中軍統制知西和州，卒。丙以勞績上于朝，特贈檢校少保，仍給田以贍其家。後吳獵爲請謚曰忠壯。好義喜誦孟子及左傳，以爲終身行此足矣。誅曦時，惟幼子植留家。迄事，人爭冒功賞，君玉欲注植名，好義指心曰：「惟此物不可欺。」

曦既誅，好義集于丙家，王喜後至，心懷邪謀，欲刃好義，丙力救解，然日以殺好義爲心。及好義守西和，喜遣其死黨劉昌國聽節制，好義與之酬酢，歡飲達旦，好義心腹暴痛洞瀉，而昌國遁矣。旣殮，口鼻爪指皆青黑，居民莫不寃之，號慟如私親，摧鋒一軍幾至於變。旣而昌國白日見好義持刃刺之，驚怖仆地，疽發而殂。

喜，曦大將也，貪淫狠愎，誅曦之日不肯拜詔，遣其徒入僞宮虜掠殆盡，又取曦姬妾數人。其後欲戕好義爲曦復讎，丙不能止，便宜處以節度使知興州，而恨猶未已。嘗出兵於船棚嶺，鋒未及交，棄軍先遁，金人遂由黑谷長驅入境。朝廷慮喜爲變，授節度使移荆鄂都統制而死。

論曰：陳敏善守，畢再遇善戰。張詔出使不辱國，爲將得士心，趙汝愚薦爲武興帥，以其才足以制曦也。曦之畔，向非安丙、楊巨源、李好義之謀，西方之憂莫大焉。然丙卒以是殺巨源，何其娼疾而殘賊也？李好義失於周防，竟爲王喜所圖。宋知喜爲曦黨，既不能罪，又以節鎭賞之，幾何而不爲唐末之姑息以成藩鎭之禍乎？

校勘記

〔一〕忠靖郎　按本書卷一六九職官志、通考卷六四職官考，紹興以後階官，武階無「忠靖郎」，疑此有誤。

〔二〕京湖路招討使　按本書卷三二高宗紀、繫年要錄卷一九三，都作湖北京西制置使兼京西河北西路招討使。

〔三〕端明殿學士中大夫知興州安撫使兼四川宣撫副使　按魏了翁鶴山先生大全集卷四〇廣安軍和溪縣安少保生祠記，「安撫使」作「利州西路安撫使」。

〔四〕梁洋　原作「梁澤」。按梁、洋兩州，宋屬利州路，「澤」字誤，據上文及兩朝綱目卷一六改。

宋史卷四百三

列傳第一百六十二

趙方 賈涉 扈再興 孟宗政 張威

趙方字彥直，衡山人。父棠，少從胡宏學，慷慨有大志。嘗見張浚於督府，浚雅敬其才，欲以右選官之，棠不爲屈。累以策言兵事，浚奇之，命子栻與棠交，方遂從栻學。淳熙八年舉進士，調蒲圻尉，疑獄多所委決。授大寧監教授，俗陋甚，方擇可教者親訓誘之，人皆感勵，自是始有進士。知青陽縣，告其守史彌遠曰：「催科不擾，是催科中撫字；刑罰無差，是刑罰中教化。」人以爲名言。

主管江西安撫司機宜文字，京湖帥李大性辟知隨州。南北初講和，旱蝗相仍，方親走四郊以禱，一夕大雨，蝗盡死，歲大熟。適和議成，諸郡寖弛備，方獨招兵擇將，拔土豪孟宗政等補以官。提舉京西常平兼轉運判官、提點刑獄。時劉光祖以耆德爲帥，方事以師禮，自言：「吾性太剛，每見劉公，使人更和緩。」嘗請光祖書「勤謹和緩」四字，揭坐隅以爲戒。以金部員外郎召，尋加直祕閣，改湖北轉運判官兼知鄂州。升直煥章閣兼權江陵府，增修三海八匱，以壯形勢。進祕閣修撰、知江陵府、主管湖北安撫司事兼權荆湖置司。

時金偪於兵，計其必南徙，日夜爲備。荆門有東西兩山險要，方築堡其上，增戍兵以遏其衝。進右文殿修撰。金樊快明謀歸宋，追兵至襄陽，方遣孟宗政、扈再興以百騎邀之，殺千餘人，金人遁去。權工部侍郎、寶謨閣待制、京湖制置使兼知襄陽府。諜知金人決意犯境，乃下防夏之令。金相高琪及其樞密烏古倫慶壽犯陳、光化、隨、棗陽、信陽、均州，方夜半呼其子范、葵曰：「朝廷和戰之說未定，觀此益亂人意，吾策決矣，惟有提兵臨邊決戰以報國耳。」遂抗疏主戰，親往襄陽。

金人圍棗陽急，方遣宗政、再興等援棗陽，仍增戍光化、信陽、均州，以聯聲勢。已而棗陽守趙觀敗金人於城外，再興、宗政至，與觀夾擊，又敗之，棗陽圍解。方申飭諸將，當遏於境上，不可使之入而後拒之于城下。時麥正熟，方遣兵護民刈之，令淸野以俟。再疏力陳不可和者七，戰議遂定。

金將完顏賽不入境，兵號十萬。方部分諸將，金人犯棗陽者，宗政敗之于倘家川；犯隨州者，劉世興敗之于磨子平。相持踰年，方調世興移師，與許國、再興援棗陽；張興、李雄韜援隨州。隨州圍解，再興等轉戰入棗陽。時宗政守城，伏兵城東，金人遇伏敗走。未幾再至，再興又敗之，自是無日不戰。金人三面來攻，宗政出東門，再興出南門，世興出北門，大合戰敗之。金人朝進莫退，力不能捍；諸將表裏合謀，國自南山進，張威自瀼河進，世興、李琪出城與國會，再興出城與威會，掎角追擊，金人遂潰。光化守潘景伯亦設伏敗金人于趙家橋，孟宗德〔一〕又破之于隨州鴨兒山，擒賽不妻弟王醜漢，金人遂誅賽不。方以功遷龍圖閣待制，封長沙縣男，賜食邑。

金人復大舉，命訛可圍棗陽，塹其外，繞以土城。方計其空巢穴而來，若擣其虛，則棗陽之圍自解。乃命國東向唐州，再興西向鄧州，又命子范監軍，葵後殿。時宗政在城中，日夜鏖戰，焚其攻具，金人不敢近城。西師由光化境出，砦于三尖山，拔順陽縣，金人率衆仰攻，大敗。再興與國兩道並進，掠唐、鄧境，焚其城柵糧儲。棗陽城堅，金頓兵八十餘日，方知其氣已竭，乃召國、再興還，併東師隸于再興，尅期合戰。再興敗金人于瀼河，又敗之城南，宗政自城中出夾擊，殺其衆三萬，金人大潰，訛可單騎遁，獲其輜糧、器甲不可勝計。進方煥章閣直學士。奏乞均官軍民兵廩給，自備馬者倍之。又奏：「使民兵夏歸，以省月給，秋復詣屯守禦。」從之。

方料金人數不得志于棗陽，必將同時並攻諸城，當先發以制之。命國、宗政出師向唐，再興向鄧，戒之曰：「毋深入，毋攻城，第潰其保甲，燬其城砦，空其貲糧而已。」宗政進破湖陽縣，擒其千戶趙興兒；國遣部將耶律均與金人戰于比陽，戮其將李提控；再興破高頭城，大敗金兵，遂薄鄧州。唐州兵來援，迎敗之，降者踵至。已而金兵至樊城，方命再興陣以待之，方視其師；金人三日不敢動，遂遁。

金將駙馬阿海犯淮西，樞密完顏小驢屯唐州爲後繼。方先攻唐伐其謀，及使再興發棗陽兵擊其西，國發桐栢兵擊其東。再興敗金人于唐城，斬小驢，圍其城五匝，垂下。會蘄、黃繼陷，詔趣方遣救，方亟命國保鄂，再興援淮西。國還鄂州保江；再興軍至蘄之靈山，伺金人歸而擊之，土豪祝文蔚橫突入陣，金人大敗，國遣張寶將兵來會，李全等兵亦至，金人遂潰，再興追逐六十里，擒其監軍合答。進方顯謨閣直學士、太中大夫、權刑部尚書。

俄得疾，進徽猷閣學士、京湖制置大使　歸還，力疾犒師，第其功上之。病革，曰：「未死一日，當立一日紀綱。」引再興臥內，勉以協心報國。貽書宰相，論疆場大計。尋卒。是夕有大星隕于襄陽。以端明殿學士、正議大夫致仕，贈銀青光祿大夫，累贈太師，謚忠肅。

方起自儒生，帥邊十年，以戰爲守，合官民兵爲一體，通制總司爲一家。持軍嚴，每令諸將飲酒勿醉，當使日日可戰。淮、蜀沿邊屢遭金人之禍，而京西一境獨全。嘗問相業於劉淸之，淸之以留意人才對。故知名士如陳晐、游九功輩皆拔爲大吏，諸名將多在其麾下。

若扈再興、孟宗政皆起自土豪，推誠擢任，致其死力，藩屏一方，使朝廷無北顧之憂。故其沒也，人皆惜之。子董、薿、范、葵。范、葵有傳。

賈涉字濟川，天台人。幼好讀古書，慷慨有大志。以父任高郵尉，改萬安丞。寶應擇令，堂差涉至邑，請城之。役興，以憂去。金人犯光州，起涉竟前役。通判眞州，改大理司直、知盱眙軍。

淮人季先、沈鐸說楚州守應純之以招山東人，純之令鐸遣周用和說楊友、劉全、李全等以其衆至，先招石珪、葛平、楊德廣，通號「忠義軍」。珪等反，斃鐸于漣水，純之罷，通判梁丙行守事，欲省其糧使自潰。珪、德廣等以漣水諸軍度淮屯南渡門，焚掠幾盡。謂：「朝廷欲和殘金，置我軍何地？」丙遣李全、季先拒之，不止，事甚危。涉時在寶應，上書曰：「降附踵至，而金乃請和，此正用高澄間侯景遺策，恐山東之禍必移於兩淮。況金人所乏惟財與糧，若舉數年歲幣還之，是以肉啗餧虎，啗盡將反噬。至若忠義之人源源而來，不立定額，自爲一軍，處之北岸，則安能以有限之財應無窮之須？饑則噬人，飽則用命，其勢然也。」授淮東提點刑獄兼楚州節制本路京東忠義人兵。涉亟遣傅翼諭珪等逆順禍福，自以輕車抵山陽，德廣等郊迎，伏地請死，誓以自新。

金太子及僕散萬忠、盧國瑞等數十萬大入，且以計誘珪等。涉慮珪等爲金用，亟遣陳孝忠向滁州，珪與夏全、時青向濠州，先、平、德廣趨滁、濠，李全、李福要其歸路，以傅翼監軍。數日，孝忠捷至，珪屢破金人，遂與先及李全趨安豐。時金人環百餘砦，攻具甫畢，珪等解其圍，李全挾僕散萬忠以歸，見李全傳。金人不敢窺淮東者六七年。

南渡門之變，平、德廣等實預，涉既受降，置弗問。平等尙懷異志，涉密使先以計殺之，而先之勢亦孤。忠義諸軍在漣水、山陽者既衆，涉慮其思亂，因滁、濠之役，分珪、孝忠、夏全爲兩屯，李全軍爲五砦，又用陝西義勇法涅其手，合諸軍汰者三萬有奇，涅者不滿六萬人，正軍常屯七萬餘，使主勝客，朝廷歲省費十三四。

涉又遣李全以萬人取海州，復取密、濰。王琳以寧海州歸，遂收登、萊二州。青州守張林以濱、棣、淄州降，又取濟、沂等州。自是恩、博、景、德至邢、洺十餘州相繼請降。涉傳檄中原：「以地來歸及反戈自效者，朝廷裂地封爵無所吝。」仍厲諸將，圖未下州郡。擢太府少卿、制置副使兼京東、河北節制。

金十餘萬衆犯黃州，淮西帥趙善湘請援于朝，涉遣李全等赴之，翟朝宗等爲後繼。丞相史彌遠擬升全留後，涉曰：「始全貧窶無聊，能輕財與衆同甘苦，故下樂爲之用。逮爲主帥，所爲反是，積怨既多，衆皆不平。近棄西城，兎死爲幸；若無故升遷以驕其志，非全之福，亦豈國家之福。曷若待事定，與諸將同升可也。」金人破黃陷蘄，安慶甚危，全馳至，遂定。全至久長鎭，與京湖制置使趙方二子范、葵遇，犄角連戰俱勝，遣彭義斌等進至下灣渡，盡掩金人于淮。遷權吏部侍郎。金人再犯淮西。先是，蘄州受圍，徐暉往援，乃鼓衆宵遁，金乘間登城，一郡爲血，前帥不敢問。涉斬暉以徇，諸將畏懼，無不用命，淮西之勢大振。

初，翟朝宗得玉璽獻諸朝，至是趙拱還，又得玉印，文與璽同而加大。朝廷喜璽之歸，行慶賞。涉遺書彌遠謂：「天意隱而難明，人事切而易見，當思今日人事尚未有可答天意者。昔之患不過亡金，今之患又有山東忠義與北邊，宜亟圖之。」彌遠不懌，李全卒以璽賞爲節度使。涉又言：「盜賊血氣正盛，官職過分，將有後憂。」彌遠不以爲然。涉曰：「朝廷但知官爵可以得其心，寧知驕則將至於不可勸邪？」

涉時已疾，力辭事任。值金人大入，彊起視事。金將時全、合連、孛朮魯答哥率細軍及衆軍三道渡淮，涉以合連善戰，乃命張惠當之。惠，金驍將，所謂「賽張飛」者，既歸宋，金人殺其妻，所部花帽軍，有紀律，它軍不及也。惠率諸軍出戰，自辰至酉，金人大敗，答哥溺死，陷失太半，細軍喪者幾二千。涉既病，乃以所獲京、河版籍及金銀牌銅印之屬上于朝。卒，超贈龍圖閣學士、光祿大夫。

涉父偉嘗守開江，貽書丞相趙雄，極論武興守吳挺之橫，它日陛對，又乞裁抑郭棣、郭杲兵權，孝宗嘉納。後反爲所擠以沒。涉弱冠直父冤，不避寒暑，泣愬十年，至伏書闕下。子似道有傳。

扈再興字叔起，淮人也。有膂力，善機變。每戰，被髮肉袒徒跣，揮雙刃奮呼入陣，人馬辟易。金人犯襄陽、棗陽，京西制置使趙方檄再興等禦之。金人來自團山，勢如風雨。再興同孟宗政、陳祥分三陳，設伏以待。既至，再興中出一陳，復卻，金人逐之，宗政與祥合左右兩翼掩擊之，金人三面受敵，大敗，血肉枕藉山谷間。授神勁統制。又犯棗陽，再興率師赴援，金人聞風夜潰。既而益兵數萬復圍城，相持九十日。再興夜以鐵蒺藜密布地，黎明佯遁，金人馳中蒺藜者十踣七八。敵却走，追至十五里岡。已而金兵攻城東隅，薄南門北角，再興與宗政、劉世興各當一面，大戰數十合，大敗金兵。金帥完顏訛可擁步騎數萬傅城，再興與宗政縱之涉濠，半渡擊之；又令守埧者佯走，金人爭埧，急擊之，多墮水中。金人創對樓、鵝車、革洞，決濠水，運土石塡城下。再興募死士著鐵面具，披氈，列陳以待之。

金人計無所施而去，棄旗甲輜重滿野。大戰于范家莊，金人敗，追之至泊湖，禽其巡檢亢師禮酒、都監納蘭福昌，降其壯丁，獲牛馬甚衆。

自是與宗政、世興無日不戰。再興又破順昌縣，奪甲馬三千，破淅川鎮，殺金人三百，追至馬磴砦，焚其城栅。又敗其護駕騎軍于瀼河。入鄧州，破高頭，敗其步軍五千、騎軍五百，焚其積聚。遂營于高頭，進攻唐州，至三家河，金騎軍二千、步軍七千出城迎戰，又敗之，死者十七八，追及城下。金將從義者收殘騎三百奔城，再興據門拒戰，斬從義。遂圍唐州，分兵焚蕩州境，截其歸路，砦于久長，嚴陳以待之。搜勦殘兵，獲其副統軍廣威將軍衲撻達。金兵殲，乃斂髑髏立人頭堠。

尋以病卒。子世達亦以名將稱，官至都統制。

孟宗政字德夫，絳州人。父林，從岳飛至隨州，因家焉。宗政自幼豪偉，有膽略，常出沒疆場間。開禧二年，金將完顏董犯襄、郢，宗政率義士據險遊擊，奪其輜重。宣撫使吳獵奇之，補承節郎、棗陽令。京西路分趙方、吳柔勝皆薦其才，轉秉義郎、京西鈐轄，駐箚襄陽。

嘉定十年，金人犯襄陽、棗陽，方檄宗政節制神勁、報捷、忠義三軍。宗政與統制扈再興、陳祥分爲三軍，設覆三所，蹀血以戰，金兵敗走。尋報棗陽圍急，宗政午發峴首，遲明抵棗陽，馳突如神。金人大駭，宵遁。方時移帥京西，聞捷大喜，差權棗陽軍。初眂事，一愛僕犯新令，立斬之，軍民股栗。於是築隄積水，修治城堞，簡閱軍士。

十一年，金帥完顏賽不擁步騎圍城，宗政與再興合兵角敵，歷三月，大小七十餘戰，宗政身先士卒。金人戰輒敗，忿甚，周城開濠，四面控兵列濠外，飛鋒鏑，以絢鈴自警，鈴響則犬吠。宗政厚募壯士，乘間突擊，金人不能支，盛兵薄城，宗政隨方力拒。隨守許國援師至白水，鼓聲相聞。宗政率諸將出戰，金人奔潰。賜金帶，轉武德郎。

十二年，金帥完顏訛可擁步騎傅城，宗政囊糠盛沙以覆樓棚，列甕潴水以隄火，募砲手擊之，一砲輒殺數人。金人選精騎二千，號弩子手，擁雲梯、天橋先登，又募鑿銀礦石工晝夜掐城，運茅葦直抵圜樓下，欲焚樓。宗政先燬樓，掘深坑，防地道；創戰棚，防城損；穿穽才透，卽施毒煙烈火，鼓韛以熏之。金人窒以濕氈，析路以刔土，城頹樓陷。宗政撤樓益薪，架火山以絕其路，列勇士，以長槍勁弩備其衝。距樓陷所數丈築偃月城，袤百餘尺，翼傅正城，深坑倍仞，躬督役，五日成。金人摘彊兵披厚鎧、氈衫、鐵面而前，又濕氈濡革蒙火山，覆以冰雪，擁雲梯徑抵西北圜樓登城。城中軍以長戈舂其喉，殺之；敢勇軍自下夾擊金兵，兵墜死燎焰。金將於後截其軍，拒馬揮刀迫前，自昕至昃，死傷踵接，梯橋盡燬。金人連不得志，俄乘順風渡濠，飛脂革燒戰棚，宗政激將士血戰，凡十五陣，矢石交，金兵死者千餘，弩子手十七八，射其都統殪。天反風，金人愈忿，砲愈急。會王大任領銳卒一千冒重圍轉鬥入城，內外合勢，士氣大振，賈勇入金營，自晡至三更，金人橫屍徧地，奪其銅印十有六，訛可棄帳走，獲輜重牛馬萬計。捷至，朝廷方錄前戰守功，升武功大夫兼閤門宣贊舍人，重賜金帶。

制置司以湖陽縣迫境金兵，檄宗政圖之。宗政一鼓而拔，燔燒積聚，夷蕩營砦，俘掠以歸。金人自是不敢窺襄、漢、棗陽。許國移金陵，宗政代爲荆鄂都統制，仍知棗陽。宗政以迫濠而陳，迺於西北濠外濬水爲濟以限騎。中原遺民來歸者以萬數。宗政發廩贍之，爲給田、創屋與居，籍其勇壯號「忠順軍」，俾出沒唐、鄧間，威振境外。金人呼爲「孟爺爺」。俄病疽卒。轉右武大夫、團練使、防禦使。

宗政於有功者怨必賞，有罪者親必罰。好賢樂善，出於天性。未嘗學兵法，而暗與之合。死之日，邊城爲罷市慟哭。子珙，有傳。

張威字德遠，成州人。策選鋒軍騎兵也。軍中馬料多，匹馬給米五石，騎軍利其餘以自給。總領聚實裁抑，威逃去。帥郭杲使其父招之歸，送隆慶府後軍傚用。威貧甚，賣藥自給。或言其才勇，乃令戍邊。開禧用兵，威與金人戰輒捷，屢以功補本軍將領。吳曦既誅，遣將收復。李貴復西和州，威率衆先登，敗金人，戰于板橋，遂取西和，升統制。由是威名大振。天水縣當金人西入路，乃升縣爲軍，命威爲守，屢立奇功，擢充利州副都統制。丁父憂，服除，帶御器械。久之，調荊鄂都統制、襄陽府駐劄，改沔州都統制。

嘉定十二年，金人分道入蜀，犯湫池堡〔三〕，又犯白環堡。威部將石宣、董炤連卻之。既而金人犯成州，威自西和退保仙人原。時興元都統制吳政戰死黃牛堡，李貴代政，亟走武休，金人已破武休，遂陷興元，又陷大安軍。

先是，利州路安撫使丁焴聞金人深入，亟遣書招威東入救蜀，又檄忠義總管李好古北上捍禦。好古出魚關與統領張彪遇，以彪棄迷竹關故，斬之。彪，威弟也。威聞彪死，按兵不進。焴聞之，謂僚佐曰：「吳政身死，李貴復以兵敗，金人所憚惟威。今好古擅殺其弟，失威心，奈何？且金人在東，非威地分，今可無好古，不可無威。」遂因好古入見，數其擅殺彪罪，斬之。遣書速威進救蜀，且使進士田遂往說之。威感激，夜半調發，鼓行而前，破金人于金斗鎮。金人雖敗未退，威頓兵不動，潛遣石宣等襲于大安軍，大破之。金人之來也，擇兩齒馬及精兵凡三千人，至是殲焉，俘其將巴土魯，大將包長壽聞之宵遁。

興元叛兵張福、莫簡作亂，以紅帕蒙首，號「紅巾隊」，焚利州，殺總領楊九鼎，破閬、果，入遂寧，遊騎在潼、漢界，將窺成都。制置司謂賊勢欲西，非威不可禦。乃遣威提精兵六千人，自劍、緜至廣漢，盛夏暑劇，休士三日。俄安丙檄威東進，時賊自遂寧入普州茗山，威進兵重圍，絕其糧道，晝夜迫之。未幾禽福等十七人戮之，簡自殺，賊遂平。

西夏來約夾攻金人，丙許之。遣王仕信會夏人于鞏，又命威與利帥程信、興帥陳立等分道並進。威向秦州。議初起，威謂：「金人尙彊，夏人反覆，未可輕動。」丙不聽，卒遣威，威黽勉而行，令所部毋得輕發，諸將至城下，無功而還。丙怒，奏罷其兵柄。是歲，卒于利州，終揚州觀察使。

威初在行伍，以勇見稱，進充偏裨，每戰輒克，金人聞其名畏憚之。臨陳戰酣，則精采愈奮，兩眼皆赤，時號「張紅眼」，又號「張鶻眼」，威立「淨天鶻旗」以自表。每戰不操它兵，有木棓號「紫大蟲」，圜而不刃，長不六尺，揮之掠陣，敵皆靡。荆、鄂多平川廣野，威曰：「是彼騎兵之利也，鐵騎一衝，吾步技窮矣，蜀中戰法不可用。」乃意創法，名「撒星陳」，分合不常，聞鼓則聚，聞金則散。騎兵至則聲金，一軍分爲數十簇；金人隨而分兵，則又鼓而聚之。倏忽之間，分合數變，金人失措，然後縱擊之，以此輒勝。威御軍紀律嚴整，兵行常若銜枚，罕聞其聲。每與百姓避路，買食物則買倍於市，迄無敢喧。晚以嗜欲多疾，故不壽云。

論曰：宋之南渡，邊將之才何其鮮哉！或曰「江南非用武之地」，然古之善兵者，若孫武子，亦吳人也。抑先王之世，文武無二道，文武既分，宜其才之各有所偏勝也。趙方少從張栻學，許國之忠，應變之略，隱然有尊俎折衝之風。其部曲如扈再興、孟宗政後皆爲名將，亦方之能奬率也。方之子范、葵，宗政子珙，後皆以功名自見，不愧其父，有足稱者。賈涉居方面，亦號有才，及其庶孽，竟至亡國，爲可歎也。張威者善於御衆，故所至立功云。

校勘記

〔一〕孟宗德　按上下文有「孟宗政」；邵經邦弘簡錄卷一二三趙方傳作「宗政又破之于隨州鴟兒山」，疑「宗德」爲「宗政」之誤。

〔二〕湫池堡　原作「狄池堡」，據本書卷四〇寧宗紀，兩朝綱目卷一五、卷一六改。

宋史卷四百四

列傳第一百六十三

汪若海　張運　柳約　李舜臣　孫逢吉　章穎　商飛卿
劉穎　徐邦憲

汪若海字東叟，歙人。未弱冠，遊京師，入太學。靖康元年，金人侵擾，朝廷下詔求知兵者，若海應詔，未三刻而文成，擢高等。時已割河北地。其年冬，再犯京師，若海謂：「河北國家重地，當用河北以攬天下之權，不可怯懦以自守，閉關養敵，坐受其獘。」屬康王起兵相州，乃上書樞密曹輔，請立王爲大元帥，擁兵鎭撫河北，以掎金人之後，則京城之圍自解。輔大喜，卽以其書進欽宗，用爲參謀，遣如康王所。宰相何㮚執異議，以道梗爲辭，不果遣。

京城失守，若海逃𨈆爲書以獻。及二帝北行，袖書抗粘罕，請存趙氏。縋而出，謁康王於濟州，謂神器久虛，異姓僭竊，宜蚤卽位，以圖中興。一日間三被顧問，補修職郎，充帳前差使。高宗旣卽位，推恩改承奉郎，遷江南經制使，轉承事郎，監登聞檢院。五府交辟，改屬右府。

朝廷以張浚宣撫川、陝，議未決。若海曰：「天下者，常山蛇勢也，秦、蜀爲首，東南爲尾，中原爲脊。今以東南爲首，安能起天下之脊哉？將圖恢復，必在川、陝。」迺往見浚，極談終日，浚大驚，辟以自隨，以親老辭。繼論軍食，迕執政，通判沅州，以讒奪籍，謫英州。道出臨川，時節制江夏軍馬李允文擁衆數十萬，跋扈不用朝命，朝廷命招討使張俊屯江西，參謀官湯東野與若海故，得若海道中，喜甚。謂曰：「李允文懷反側，非君莫能開其自新。」若海卽馳往，諭以成敗逆順，示以朝廷威德，復談三策以動之，辭旨明暢。允文大感悟，卽舉軍東下。

若海復爲書招其徒張用、曹成、李宏、馬友同歸朝廷。用一見，以其衆二十萬解甲效順，惟成疑貳有他志，若海移書責之。成怒，將殺若海，若海夜宿王林軍帳，以計得林軍印，遂奪其衆五千人。翼日，成遂遁。若海遺宏書，使刺成以自歸；宏得書圖成而力不勝，復走長沙刺友，羣盜解散。若海遂以林五千人歸招討使張俊，俊乃班師凱旋，軍容愈盛。

時朝廷方出師，若海以爲爲國家者，當化盜賊爲我用，不可失英雄爲國患。因獻平寇策，朝廷悉用之。其後李宏爲劉忠所幷，死長沙；劉忠爲韓世忠所破，走劉豫；曹成走廣而復降，湖湘遂安。尋復承務郎、監潭州南岳廟、通判辰州。紹興九年，復三京，祗謁陵寢，事還，以前功，旬月四遷至承議郎、通判順昌府。金人奄至，太尉劉錡甫至，衆不滿三萬，遣人丐援于朝，無敢往者。若海毅然請行，具述錡明方略，善用兵，以偏師濟之，必有成功，朝廷從之，金兵果敗去。辟淮北宣撫司主管機宜文字。拓皋之役，復以勞兩轉至朝散郎、通判洪州，未上，丁內艱。服除，添差通判信州。秩滿，還湖北帥司參議。知道州，陛辭得對，上曰：「久不見卿，卿向安在？」授直秘閣、知江州，丁父憂。時方經略中原，朝廷議起若海，而若海死矣。

若海豁達高亮，深沈有度，恥爲世俗章句學，爲文操紙筆立就，蹈厲風發。高宗嘗以片紙書若海名諭張浚曰：「似此人材，卿宜收拾。」會浚去國，不果召。

張運字南仲，信之貴溪人，唐宰相文瓘之後。父貫，右通直郎，累贈太中大夫。運年二十五，以太學生登宣和三年進士第，賜同上舍出身，調桂陽監藍山縣丞。縣闕令，運攝縣事。縣與諸猺接壤，因俗爲治，吏民安之。臨武寇與諸猺合，大剽掠，運親帥兵禽之。還潭州攸縣尉。高宗南渡，劇賊王在據岐山，潭帥徵兵戍岳，運將二千人先至岳。賊平，改臨江新淦丞。縣新被兵，令不能支，沿江撫諭使張匯劾罷之，以運攝縣事。運撥煨燼，考版籍，正租賦，數月之間，斂除而民定。

紹興五年，通判鼎州。賊楊么、黃誠擁衆數萬，殘破城邑，跳梁湖北。高宗遣張浚以都督董師，岳飛以招討舉兵擊之，賊率輕銳徑趨武溪南興，以臨鼎州，城中大震。運與太守程昌寓勒兵登城，控扼上下，以張其勢，賊宵潰。澧賊雷德進柵險稱亂，帥檄運討之。運將都統梁吉等率兵直擣其巢，破四十二柵，降其衆。

移貳濡須。金人犯廬、壽等州，大將駐兵淮壖以拒之，運給餉未嘗乏絕。歲餘，以親老還江東，寓居鄱。既而丁母及父憂，服除，起知桂陽監。五月而境內稱治，與部使者奏升監爲軍。大修庠序之教，祠漢以來守令有功德於桂陽者衞颯、唐羌等七人于學，刻續顏氏家訓、四時纂要等書，散之民間，使之脩德而務本。召入對，除知達州。方大旱，入境而雨。奏除病民五事。

召爲度支郎中。臨安樓店務錢歲三十餘萬緡，請以十萬歸省額。戶部所儲三佛齊國所貢乳香九萬一千五百斤，直可百二十餘萬緡，請分送江、浙、荆湖漕司賣之，以糴軍餉。及陳諸路綱運七弊，懲革十術，遠近遞輸以均勞逸。事皆施行。兼樞密院檢詳，遷軍器監。尋改大理少卿，請正兩浙鹽法，以寬私鬻之禁。紹興永裕、昭慈二陵官地與民犬牙相入，請縣重價聽民持券獻納，以免誤犯之罪。尤明於治獄，獄爲之空。

拜刑部侍郎，言：「諸斥逐累赦未還者，宜從湔洗。諸申請條制，多重複牴牾，失於太煩。諸編置不以赦原、不以廕論之類，失於太重。外路刑獄三經翻異，移送大理，刀鋸數施，非所以示遠。」及諸不便。皆從之。又請廣儲蓄，興鼓鑄，脩屯田，作鄉兵。亦皆聽納。兼權戶部侍郎。時久雨傷蠶麥，及邊報有警，詔侍從臺諫陳弭災禦侮之策。運言：「天災人事，有甚可畏而不足畏者，視吾政之脩不脩；有甚可憂而不足憂者，視吾自治之善不善。」及「宜邊淮建三大鎮以守之」。

會金人渝盟，特遷戶部侍郎，以專餽餉。丞相陳康伯議遣李寶自四明控制海道，衆論紛紜，運直入贊決，以爲上策，金人果敗走。因上疏：「乞降詔撫將士，蠲租賦，遣信使，結豪傑，堅城守，督漢中將士趨關陝以制其後。置四鎮三帥於兩淮、襄漢之間以爲內固，以圖進取。」以御營隨軍都轉運使從上勞師江上。及駕還，因入對，固請補外。乃授集英殿修撰，出知太平州。當兵饑疾癘之餘，殫勞徠安輯之方，嚴斥堠攻守之備。理財賦，造戰艦，繕甲兵，中禁令，民賴以安。

孝宗既受禪，運亦請老，以敷文閣待制提舉江州太平興國宮，尋授廣東經略，不赴，乃復祠祿。乾道七年，鄱大饑，運首發粟二千石以振之，自是民爭出粟以濟。連上章致政，不許，以疾卒。贈少師、左光祿大夫，官其後三人。嘉定六年，贈開府儀同三司。

柳約字元禮，秀州華亭人。大觀三年上舍進士，試中學官，爲霸州教授。徙睦州，入爲辟雍正。遷博士，改宣議郎，充廣親宅宗子博士。約深於經學，屬辭粹微，大爲學者師慕。提舉福建鹽事〔一〕，召對，論內外學政，次乞罷內外官到堂日投牒求官，以厚風俗。授秘書省校書郎，進著作佐郎、徽州司錄，改通判宿州，召拜監察御史。靖康初，兼權殿中侍御史，論三鎭不可棄。改尙書工部員外郎，進左司員外郎。父憂去官，服除，以直顯謨閣充御營司參謀官，遷太常少卿。

高宗將幸平江，約疏言「兵可進，毋退以示怯於敵」。乃以直龍圖閣知台州，未赴，徙嚴州，兼浙西兵馬都監、節制管內軍馬。當是時，金人大入，杜充擁衆北去，列郡震恐，莫有奔問官守者。約於橫潰中屹保孤城，悉力扞禦。境內按堵，則慨然上書，請糾合諸郡克復吳會。上嘉其忠，進右文殿修撰，守郡如故。詔以軍興費出無藝，吏慢弗虔，柳約獨謹賦輸，率先程督，進秩一等。又詔：「約郡當兵衝，而能不辭難、不避事，益嚴列栅，保綏一方，朕甚嘉之。其以約充集英殿修撰。」召入對，獎勞再三，擢權戶部侍郎。

約於是感激盡言，凡例外宣索，皆執奏不進。論「吳玠等罪未正，非所以厲臣節。諸大將提兵入覲，各名其家，將有尾大不掉之患」。皆人不敢言者。又言：「軍興科需百出，望官戶名田過制者，與編戶均一科敷。請增諸路酒錢，其半令提刑司樁管，以備軍費。」皆從之。會高麗請修貢，議遣使報聘，上顧廷臣無出約右，加試戶部侍郎充其選，且將大用。當路忌之，諷言者誣以事，罷爲提舉太平觀。居七年，復秘閣修撰。

金人歸侵疆，起知蔡州，被命而往，一無顧避。既而金人渝平，傳檄河南，守臣皆舉城降，約獨遣使數輩於武昌，得報而後返。未幾，以敷文閣待制食祠祿。十有五年，卒。贈四官。

約天性至孝，母病甚，泣禱于天，願損壽以益親壽。母尋愈，約竟先母兩月卒。

李舜臣字子思，隆州井研人。生四年知讀書，八歲能屬文，少長通古今，推迹興廢，洞見根本，慨然有志於天下。

紹興末，張浚視師江、淮，舜臣應詔上書，言：「乘輿不出，無以定大計，宜徙幸武昌。」又謂：「江東六朝皆嘗取勝北方，不肯乘機爭天下，宜爲今日監。」著江東勝後之鑑十篇上之。中乾道二年進士第。時朝廷既罷兵，而爲相者益不厭天下望。舜臣對策，論金人世讎，無可和之義，宰輔大臣不當以奉行文字爲職業。考官惡焉，絀下第，調邛州安仁縣主簿。歲大侵，飢民千百持鉏棘大呼，響震邑市，令懼閉門。舜臣曰：「此非盜也，何懼爲？」亟出慰勞遣之。

教授成都府。時虞允文撫師關上，辟寘幕府，用舉者改宣教郎、知饒州德興縣，專尙風化。民有母子昆弟之訟連年不決，爲陳慈孝友恭之道，遂爲母子兄弟如初。間詣學講說，邑士皆稱「蜀先生」。罷百姓預貸，償前官積逋踰三萬緡。民病差役，舜臣勸糾諸鄉，以稅數低昂定役期久近爲義役。期年役成，民大便利。銀坑罷雖久，小戶猶數銀本錢，官爲償之。天申大禮助賞及軍器所需，皆不以煩民。

幹辦諸司審計司，遷宗正寺主簿，重修裕陵玉牒。當曾布、呂惠卿初用，必謹書，或謂非執政除免，格不應書。舜臣曰：「治忽所關，何可拘常法。」他所筆削類此。尤邃於易，嘗曰：「易起於畫，理事象數，皆因畫以見，舍畫而論，非易也。畫從中起，乾坤中畫爲誠敬，坎離中畫爲誠明。」著本傳三十三篇。朱熹晚歲，每爲學者稱之。所著書羣經義八卷、書小傳四卷、文集三十卷、家塾編次論語五卷、鏤玉餘功錄二卷。子心傳、道傳、性傳。以性傳官二府，贈太師、追封崇國公。

孫逢吉字從之，吉州龍泉人也。隆興元年進士第，授郴州司戶。乾道七年，太常黃鈞薦於丞相虞允文、梁克家，將處以學官，逢吉竟就常德教授以歸。李燾、劉珙、鄭伯熊、劉焞相繼薦之，知萍鄉縣，以治最聞。除諸軍審計司、國子博士。遷司農寺丞兼實錄院檢討官。紹熙元年，遷秘書郎兼皇子嘉王府直講。

二年春二月，雷雪之沴交作，詔求直言，疏八事：去蔽諛，親講讀，伸論駁，崇氣節，省用度，惜名器，拔材武，飭戎備。擢爲右正言，建言：「都城之民，安居憚徙。宗戚營繕寖廣，每建一第，撤民居數百，咨怨者多。」時親王方更造樓觀未已，聞之，亟令罷役。浙漕沈詵見逢吉，謝曰：「非正言，漕計殆不可支。」初，工部侍郎兼知臨安府潘景珪結貴倖以進，司諫鄧馹屢疏其罪，景珪反以計傾之，除馹匠監。逢吉曰：「優遷其官而罷言職，後來者且以言爲戒。」兩疏乞收馹新命，不報；併劾景珪脅持臺諫，蔑視朝綱，景珪遂罷。在諫垣七十日，章二十上，詞旨剴切，皆人所難言者。改國子司業，求去，爲湖南提刑。以秘書監召，兼吏部侍郎。俄爲孝宗攢宮按行事。

朱熹在經筵持論切直，小人共不便，潛激上怒，中批與祠。劉光祖與逢吉同在講筵，吏請曰：「今日某侍郎輪講，以疾告，孫侍郎居次，請代之。」逢吉曰：「常所講論語，今安得卽有講義？」已而問某侍郎講義安在，取觀之，則講詩權輿篇刺康公與賢者有始而無終，與逐朱熹事相類，逢吉欣然代之講。因於上前爭論甚苦。上曰：「朱熹言多不可用。」逢吉曰：「熹議祧廟與臣不合，他所言皆正，未見其不可用。」寖失上意。

會彭龜年論韓侂胄專僭，出補郡。逢吉入疏曰：「道德崇重，陛下所敬禮者無若朱熹；志節端亮，陛下所委信者無若彭龜年。熹既以論侂胄去，龜年復以論侂胄絀，臣恐賢者皆無固志。陛下所用皆庸鄙憸薄之徒，何以立國？」侂胄見而惡之。丞相趙汝愚既罷，侂胄專國。一日從臣扈從重華宮，上行禮畢，駕興，扈從者出宮門上馬，忽傳呼侂胄至，扈從者卻入，斂板甚恭。逢吉曰：「既出復入揖，臣子事君父之禮當如是耶？」不揖而去。

會部中會食，吏密報優人王喜除閤職。逢吉即言：「於上前效朱侍講進趨以儒爲戲者，豈可令汙閤職？」即抗疏力爭之。同列密以告侂胄。時王喜之命實未出，遂以誣詆，出知太平州。丐祠，提舉江州太平興國宮。起知贛州，已屬疾，卒，謚獻簡。弟逢年、逢辰，皆有文學行義，時稱「孫氏三龍」。

章穎字茂獻，臨江軍人。以兼經中鄉薦。孝宗嗣服，下詔求言，穎爲萬言書附驛以聞，禮部奏名第一，孝宗稱其文似陸贄。調道州教授，作周敦頤祠。會宜章寇爲亂，郡僚相繼引去，頴獨留。寇平，郡守以功入爲郎，奏頴有協贊之功，可大用。乃召對，除太學錄。禮部正奏第一人，初任卽召對者自頴始。時樞密都承旨王抃以言者奉外祠。頴復言其風金使過求，欲已任調護以爲功。孝宗謂其言太訐，久之不遷。及奏考試官，孝宗曰：「章頴可。」乃知上猶記其讜論也。頃之，遷太學博士。丁內艱，服闋，添差通判贛州，除太常博士。

御史中丞何澹聞繼母訃，引不逮事之文，頴定議解官，澹猶未決去，乞下侍從朝列集議。太學諸生攻之曰：「朝廷專設奉常，議禮之所由出也。今不從議禮所由出之地，反以議禮不公，而欲侍從朝列集議，豈將啓逢迎希合，而爲苟留進身之計乎？」除左司諫，時左相留正去，右相葛邲當國，頴論邲不足任大事，凡二十餘疏。從官議欲超除頴，俾去言職，庶可兩留。光宗曰：「是好諫官，何以遷之？」邲始出。頴屢疏請上問安重華宮，悉焚其藁。

寧宗卽位，除侍御史兼侍講，尋權兵部侍郎。韓侂胄用事，頴侍經幃。上曰：「諫官有言及趙汝愚者，卿等謂何？」同列謾無可否，頴奏言：「天地變遷，人情危疑，加以敵人嫚侮，國勢未安，未可容易進退大臣，願降詔宣諭汝愚，無聽其去。」不報。奏請待罪，與郡；御史劾頴阿黨，罷。太學生周端朝等六人伏闕，辨汝愚被誣，且謂章頴言發於忠，首遭斥逐。端朝等皆被罪，自是黨論遂起矣。

顥家居久之，起知衢州，侍御史林行可劾罷之。尋知贛州，御史王益祥復劾，寢其命，再祠，需次知建寧府。侂胄誅，除集英殿修撰。累遷刑部侍郎兼侍講，對延和殿，上歎曰：「卿爲權臣沮抑甚久。」顥乞修改甲寅龍飛事迹誣筆。除吏部侍郎，尋遷禮部尚書，升侍讀。詔顥以紹熙、慶元譙令憲玉牒辨誣，余端禮、趙彥逾甲寅龍飛記及趙汝愚當時所記事，考訂削誣，從實上之。丐去，奉祠。以嘉定十一年卒，年七十八。

顥操履端直，生平風節不爲窮達所移。雖仕多偃蹇，而淸議與之。方黨論之興，朱熹遺以書，略曰：「世道反覆，已足流涕；而握其事者怒猶未已，未知終安所至極耶？然宗社有靈，公論未泯，異日必有任是責者，非公吾誰望耶？」贈光祿大夫，謚文肅。

商飛卿字翬仲，台州臨海人。淳熙初，由太學登進士第，任無爲軍教授，累官至工部郎官。時韓侂胄柄國，氣焰薰灼，飛卿既至，未嘗輒一造請，踰月卽丐去，提舉福建路常平茶鹽事。擢監察御史，以言事迕侂胄，罷爲奉常。請外，以秘閣修撰爲荆湖南路轉運判官。後改司農卿，總領江東、淮西軍馬錢糧。金陵故有帥、漕治所，合戎騎二帥、留鑰、內侍，號六司，宴飲餽遺，費動萬計。飛卿以身率儉，節縮浮苛，糧饟時斂散，稍稍以裕閧。開禧中，就擢戶部侍郎。侂胄將舉師，嘗問餉計豐約，飛卿以實告。比調遣浩繁，不克支，屬有旨俾飛卿軍前傳宣撫勞，值金兵大至，幾不免，以憂卒。

劉穎字公實，衢州西安人。紹興二十七年進士，調溧陽主簿。時張浚留守建康，金師初退，府索民租未入者，穎白浚言：「師旅之後，宜先撫摩，當盡蠲逋賦。」浚喜，即奏閣免，由是知之，遣其子栻與游。教授全州，改官知鉛山縣，以外艱去。再知常熟縣，簽判潭州。王佐爲帥，負其能，盛氣以臨僚吏，穎約以中道，多屈而改爲。及陳峒反，所擒賊多穎計策，帥上其功，曰：「簽判宜居臣上。」召監進奏院，進太常寺主簿，遷丞，兼兵部郎官。

提舉浙西常平茶鹽，還澱山湖〔三〕，以泄吳松江，二水禁民侵築，毋使逼塞大流，民田賴之。就遷提刑，以洗寃澤物爲任，間詣獄，察不應繫者縱遣之。御史以介僻劾罷。除江西運判。江州德化縣田逃徙太半，守乞蠲稅，不報。穎以見種之稅均於荒萊，民願耕者第減之，上供自若，而逃田盡復。

除直秘閣、淮東轉運副使。初，水敗楚州城，修補未竟，劉超欲移築，穎因接伴金國使，入對言：「國家何苦捐百萬緡爲軍帥幸賞地邪？」光宗從之。除戶部郎中、淮東總領。務場以額鈔抵賞，陰耗餉計，二十年無知此弊者，潁究覈得之，以所賣數論賞而總餉增羨，遷司農少卿、淮西總領。前主計者請自爲都釀，抱淨息而利羸餘，其後稍虧，反以大軍錢佐之，邀糴江、淮，回易如負販狀。潁以爲失王人之體，遂罷之。內府宣限旣迫，每移供軍錢以應歲輸。潁蒐吏弊，汰冗員，分月綱解，自是不復那移。

尋除直寶謨閣、江東運副、知平江府，皆未行。除宗正少卿，遷起居郎兼實錄院檢討官，權戶部侍郎，升同修撰。以疾丐祠，提舉興國宮。除集英殿修撰、知寧國府，改知紹興府。未幾，知平江府，徑歸，提舉興國宮。起知泉州，升華文閣待制，請興國祠以歸。興國祠滿，除敷文閣待制致仕。嘉定改元，召赴行在，落致仕，除刑部侍郎，辭，進龍圖閣待制、知婺州。請老，以寶謨閣直學士致仕。六年，卒于家，年七十八。贈光祿大夫。

在孝宗朝，人臣爭承意自獻。潁奏：「今日之失在輕聽人言，昔之施爲，今復棄置。」大損盛德。」孝宗嘉納之。光宗時，論人主難克而易流者四：曰逸豫無節，賜予無度，儒臣易疎，近倖易昵。寧宗時，學禁初起，黨論日興。潁奏：「願陛下御之以道，容之以德，不然，元祐、崇、觀之事可鑒也。」其言皆切中於時。

自浙西請外，凡徙麾節十餘年，有以淹速訊之，潁笑曰：「吾所欲也。」其在從班日，韓侂胄舊與周旋無間，方居中用事，而頴謝絶之。常言：「士以不辱身爲重。」其爲少宗正，而丞相趙汝愚適歸，相遇於廢寺，泥雨不能伸足，但僧床立語曰：「寄謝余參政，某雖去而人才猶在朝廷，幸善待之。」頴曰：「相公人才卽參政人才也，使果賢，參政之責，非宰相之憂也。」余參政，端禮也。余繼相，卒於善類多所全佑，頴之助云。

徐邦憲字文子，婺州義烏人。幼頴悟，從陳傅良究名物義理，以通史傳百家之書。紹熙四年，試禮部，第一人登進士第。三遷爲祕書郎。

韓侂胄開兵端，同惡附和，無敢先發一語議其非者，邦憲獨首言之。丐外，知處州，陛辭，力諫用兵不可太驟。再歲召還，言：「求名義以息兵，莫若因建儲而肆赦，借殊常之恩，爲弭兵之名，因行赦宥，大霈德澤。東委宣諭，西委宣撫，洗弄兵之咎，省戍邊之師；發倉粟以賑餓殍，及農時而復民業。如此則建儲之義，正與息兵相爲表裏也。」

又上侂胄書，侂胄惡其言，嗾御史徐柟擊之，鐫秩罷祠。未幾復官，除江西憲，改江東漕，以戶部郎爲淮西總領。侂胄已誅，尙書倪思舉邦憲自代。召對，上言：「今日更化，未可與紹興乙亥同論。秦檜專權，天下猶可以緝理，今侂胄專權，天下敗壞盡矣。」除尙右郎兼太子侍講，除左司，爲金賀正使接伴。除宗正少卿，回權工部侍郎、知臨安府。丐祠，知江州，奏乞郡，得節制屯戍兵，至郡疾，以寶謨閣待制致仕，卒于官，年五十七，謚文肅。

論曰：汪若海、柳約仕於南渡播遷之時，其志將以尊君父，故讀其麐書而悲之。張運、李舜臣職舉事修，遺愛在民。孫逢吉、章穎辨正人之非邪，正學之非僞，君子哉！商飛卿、劉穎、徐邦憲皆有立於權臣柄國之日，卓乎不爲勢利所移，故能爾耶！

校勘記

〔一〕提舉福建鹽事　周必大周益國文忠公集卷二九柳約神道碑作「提舉福建路學事」，下文又有「論內外學政」語，疑「鹽」爲「學」字之誤。

〔二〕澱山湖　原作「澱水湖」，據本書卷九七河渠志、袁燮絜齋集卷一二羅點行狀改。

宋史卷四百五

列傳第一百六十四

李宗勉　袁甫　劉黻　王居安

李宗勉字彊父，富陽人。開禧元年進士。歷黃州教授、浙西茶鹽司、江西轉運司幹官。嘉定十四年，主管吏部架閣，尋改太學正。明年爲博士，又明年遷國子博士。寶慶初，添差通判嘉興府。三年，召爲祕書郎。

紹定元年，遷著作郎。入對，言邊事宜夙夜震懼，以消咎殃。明年，兼權兵部郎官。時李全叛謀已露，人莫敢言，宗勉獨累疏及之。又言：「欲人謀之合，莫若通下情。人多好諂，揣所悅意則侈其言，度所惡聞則小其事。上既壅塞，下亦欺誣，則成敗得失之機、理亂安危之故，將孰從而上聞哉？不聞則不戒，待其事至乃駭而圖之，抑已晚矣。欲財計之豐，莫若節國用。善爲國者常使財勝事，不使事勝財。今山東之旅，坐糜我金穀，湖南、江右、閩中之寇，蹂踐我州縣，苟浮費泛用，又從而侵耗之，則漏卮難盈，蠹木易壞。設有緩急，必將窘於調度，而事機失矣。欲邦本之固，莫若寬民力。州縣之間，聚斂者多，椎剝之風，浸以成習。民生窮蹙，怨憤莫伸，嘯聚山林，勢所必至。捄焚拯溺，可不亟爲之謀哉？」尋改兼侍右郎官。明年入對，言天災甚切。

四年，差知台州。明年，直秘閣、知婺州。六年冬，召赴行在，未行。端平元年，進直寶章閣，依舊任。越月，以宗正丞兼權右司召，改尚左郎官，兼職仍舊。尋兼左司。五月，面對，言四事：「守公道以悅人心，行實政以興治功，謹命令以一觀聽，明賞罰以示勸懲。」次言楮幣：「願詔有司，始自乘輿宮掖，下至百司庶府，覈其冗蠹者節之，歲省十萬，則十萬之楮可捐，歲省百萬，則百萬之楮可捐也。行之既久，捐之益多，錢楮相當，所至流轉，則操吾贏縮之柄不在楮矣。」

拜監察御史。時方謀出師汴、洛，宗勉言：「今朝廷安恬，無異於常時。士卒未精銳，資糧未充衍，器械未犀利，城壁未繕修。于斯時也，守禦猶不可，而欲進取可乎？借曰今日得蔡，明日得海，又明日得宿、亳，然得之者未必可守。萬一含怒蓄忿，變生倉猝，將何以濟？臣之所陳，豈曰外患之終不可平、土宇終不可復哉？亦欲量力以有爲、相時而後動耳。願詔大臣，愛日力以修內治，合人謀以嚴邊防，節冗費以裕邦財，招彊勇以壯國勢。仍飭沿邊將帥，毋好虛名而受實害，左控右扼，毋失機先。則以逸待勞，以主禦客，庶可保其無虞。若使本根壯固，士馬精彊，觀釁而動，用兵未晚。」已而洛師潰，又言：「昔之所慮者在當守而冒進，今之所慮者在欲守而不能。何地可控扼，何兵可調遣，何將可捍禦，何糧可給餉，皆當預作措畫。」又言內降之敝，大略謂：「王府后宅之宮僚，戚里奄寺之恩賞，綸綍直下，不經都省，竿牘陳請，時出禁廷，此皆大臣所當執奏。夫先事而言，見幾而諫，不可謂之專。善則行之，否則止之，不可謂之專。命出君上，政歸中書，不可謂之專。苟以專權爲嫌，不以救過爲急，每事希旨迎合，迨其命令已下，闕失已彰，然後言事之人從而論列之，其累聖德亦多矣。況言之未必聽，聽之未必行乎？」

進左司諫。明年春，兼侍講。首言：「均、房、安、蘄、光、化等處兵禍甚烈，然江面可藉以無憂者，猶有襄州，今又告變矣。襄州失則江陵危，江陵危則長江之險不足恃。昔之所慮猶在秋，今之所慮者祗在旦夕。江陵或不守，則事迫勢蹙，必有存亡之憂，悔將何及？」拜殿中侍御史。時淮西制置使兼沿江制置副使史嵩之兼知鄂州，就鄂建牙。宗勉言：「荆、襄殘破，淮西正當南北之交，嵩之當置司淮西，則脈絡相連，可以應援，遡在鄂渚，豈無鞭不及腹之慮。若云防江爲急，欲藉嵩之於鄂渚經理，然齊安正與武昌對，如就彼措置防扼，則藩籬壯而江面安矣。所謂欲保江南先守江北也。當別擇鄂守，徑令嵩之移司齊安。」

詔侍從、兩省、臺諫條陳邊事，宗勉率合臺奏：「蜀之四路，已失其二，成都隔絕，莫知存亡。諸司退保夔門，未必能守。襄漢昨失九郡，今郢破，荊門又破，江陵孤城，何以能立？兩淮之地，人民奔迸，井邑丘墟，嗚呼危哉！陛下誠能亟下哀痛之詔，以身率先，深自貶損，服御飲宴，一從簡儉，放後宮浮食之女，罷掖庭不急之費，止錫賚，絕工役，出內帑儲蓄以風動四方。然後勸諭戚畹、世臣，隨力輸財，以佐公家之調度。分上流淮西、淮東爲三帥，而以江淮大帥總之。或因今任，或擇長才，分地而守，聽令而行。以公私之財分給四處，俾之招潰卒，募流民之彊壯者，以充遊兵，以補軍籍。仍選沿流諸郡將士爲捍禦之圖，猶可支吾。不然將水陸俱下，大合荊楚之衆，擾我上流，江以南震蕩矣。或謂其勢彊盛，宜於講和，欲出金繒以奉之，是抱薪救火，空國與敵矣。」

進工部侍郎兼給事中，仍侍講。復上疏言：「陛下憂勤於路朝之頃，而入爲宴安所移；切劘於廣廈之間，而退爲便佞所惑。不聞減退宮女，而嬪嬙已溢於昔時；不聞褒錄功臣，而節鉞先加於外戚；不聞出內貯以犒戰士，而金帛多靡於浮費。陛下之舉動，人心所視以爲卷舒者也。陛下既不以爲憂，則誰復爲陛下憂。」擢諫議大夫兼侍讀。首言邊事當增兵防托上流。又言：「求諫非難而受諫爲難，受諫非難而從諫爲難。苟聞之不以爲戒，玩之不以爲信，卒使危言鯁論，無益於世用，無捄於時危，其與拒諫者相去一間耳。」

進端明殿學士、同簽書樞密院事。未幾，進簽書。時王檝復求歲幣銀絹各二十萬，宗勉言：「輕諾者多後患，當守元約可也。然比之開禧時，物價騰踴奚啻倍蓰矣。」史嵩之開督府，力主和議，宗勉言：「使者可疑者三。嵩之職在督戰，如收復襄、光，控扼施、灃，招集山砦，保固江流，皆今所當爲。若所主在和，則凡有機會可乘，不無退縮之意，必至虛捐歲月，坐失事功。」

進參知政事。及拜左丞相兼樞密使，守法度，抑僥倖，不私親黨，召用老成，尤樂聞讜言。趙汝騰嘗以宗勉爲公淸之相。以光祿大夫、觀文殿大學士致仕，卒，贈少師，謚文淸。

袁甫字廣微，寶文閣直學士燮之子。嘉定七年進士第一。簽書建康軍節度判官廳公事，授祕書省正字。入對，論「君天下不可一日無懼心。今之可懼者，大端有五：端良者斥，諂諛者用，杜忠臣敢諫之門，可懼也；兵戈旣興，餽餉不繼，根本一虛，則有蕭牆之憂，可懼也；陛下深居高拱，羣臣奉行簿書，獨運密謀之意勝，而虛心咨訪之意微，天下迫切之情無由上聞，可懼也；外患未弭，內患方深，而熙熙然無異平時，自謂雅量足以鎭浮，不知宴安實爲鴆毒，可懼也；陛下恭儉有餘，剛斷不足，庸夫憸人，苟求富貴，而未聞大明黜陟，軍帥交結，州郡賄賂，皆自貴近化之，可懼也。其它禍幾亂萌，不可悉數，將何以答天譴、召和氣哉？」次乞嚴守帥之選，併大軍之權，興屯田之利。

遷校書郎，轉對，言「邊事之病，不在外而在內。偷安之根不去，規摹終不立；壅蔽之根不去，血脈終不通；忌嫉之根不去，將帥終不可擇；欺誕之根不去，兵財終不可治。祖宗之御天下，政事雖委中書，然必擇風采著聞者爲臺諫，敢於論駁者爲給、舍，所以戢官邪、肅朝綱也。今日誠體是意以行之，豈復有偷安壅蔽者哉？」出通判湖州，考常平敝原以增積貯，核隱產，增附嬰兒局。

遷祕書郎，尋遷著作佐郎、知徽州。治先教化，崇學校，訪便民事上之：請蠲減婺源紬絹萬七千餘匹，茶租折帛錢萬五千餘貫，月樁錢六千餘貫；請照咸平、紹興、乾道寬恤指揮，受納徽絹定每匹四十兩；請下轉運、常平兩司，豫蓄常平義倉備荒，興修陂塘，創築百梁。丁父憂，服除，知衢州。立旬講，務以理義淑士心，歲撥助養士千緡。西安、龍游、常山三邑積窘預借，爲代輸三萬五千緡，蠲放四萬七千緡。郡有義莊，買良田二百畝益之。

移提舉江東常平。適歲旱，亟發庫庾之積，凡州縣窠名隸倉司者，無新舊皆住催，爲錢六萬一千緡，米十有三萬七千、麥五千八百石，遣官分行振濟，饑者予粟，病者予藥，尺籍之單弱者，市民之失業者，皆曲軫之。又告于朝曰：「江東或水而旱，或旱而水，重以雨雪連月，道殣相望，至有舉家枕藉而死者。此去麥熟尚賒，事勢益急。」詔給度牒百道助費。時江、閩寇迫饒、信，慮民情易動，分榜諭安之。檄諸郡，關制司，聞于朝，爲保境捍患之圖，寇迄不犯。遂提點本路刑獄兼提舉，移司番陽。霜殺桑，春夏雨久湖溢，諸郡被水，連請于朝，給度牒二百道振恤之。盜起常山，調他州兵千人屯廣信以爲備。

都城大火，上封事言：「上下不交，以言爲諱，天意人心，實同一機，災變之作，端由於此。願下哀痛之詔，以回天意。」詔求直言，復上疏言：「災起都邑，天意蓋欲陛下因其所可見，察其所不可見，行至公無私之心，全保護大臣之體，率屬羣工，大明黜陟，與天下更始。」行部問民疾苦，薦循良，劾姦貪，決滯獄。所至詣學宮講說，創書院貴溪之南，祠先儒陸九淵。歲大旱，請于朝，得度牒、緡錢、綾紙以助振恤。疫癘大作，創藥院療之。前後持節江東五年，所活殆不可數計。轉將作監，領事如故。繼力辭常平事。彗星見，詔求直言，上疏言：「皇天所以震怒者，由愁苦之民衆；人民所以愁苦者，由貪冒之風熾。願一變上下交征之習，爲大公至正之歸。」

帝親政，以直徽猷閣知建寧府，明年，兼福建轉運判官。閩鹽隸漕司，例運兩綱供費，後增至十有二，吏卒並緣爲姦，且抑州縣變賣，公私苦之，甫奏復舊例。丁米錢久爲泉、漳、興化民患，會知漳州趙以夫請以廢寺租爲民代輸，甫并捐三郡歲解本司錢二萬七千貫助之。郡屯左翼軍，本備峒寇，招捕司移之江西，甫檄使還營。俄寇作唐石，即調之以行，而賊悉平。遷祕書少監。入見，帝曰：「卿久勞于外，篤意愛民，每覽所陳，備見懇惻。」甫奏無逸之義，言知農夫稼穡艱難，自然逸欲之念不起。乞力守更化以來求賢如不及之初意。

遷起居舍人兼崇政殿說書。於經筵奏：「剛之一字，最切於陛下。陛下徒有慕漢宣厲精爲治之名，而乃墮元帝、文宗柔弱不振之失。元帝、文宗果斷，不用於斥邪佞，反用於逐賢人，此二君不識剛德之眞。所謂眞剛者，當爲之事必行，不當爲者則斷在勿行。」又乞「專意經訓，養育精神，務令充實，上與天一，下合人心」。帝意欲全功臣之世，詔自今中外臣僚奏事，毋得擿摭，以奏：「是消天下讜言之氣，其謂陛下何？」兼中書舍人，繳奏不擿苛小，謂：「監司、郡守非其人，則一道一州之蠹也。」

時相鄭清之以國用不足，履畝使輸劵。甫奏：「避貴虐賤，有力者頑未應令，而追呼迫促，破家蕩產，悲痛無聊者，大抵皆中下之戶。」嘗講罷，帝問近事，甫奏：「惟履畝事，人心最不悅。」又嘗讀資治通鑑，至漢高祖入關辭秦民牛酒，因奏：「今日無以予人，反橫科之，其心喜乎，怒乎？本朝立國以仁，陛下以爲此舉仁乎，否乎？」帝爲惻然。

時朝廷以邊事爲憂，史嵩之帥江西，力主和議。甫奏曰：「臣與嵩之居同里，未嘗相知，而嵩之父彌忠，則與臣有故。嵩之易於主和，彌忠每戒其輕易。今朝廷甘心用父子異心之人，臣謂不特嵩之之易於主和，抑朝廷亦未免易於用人也。」疏入，不報。遂乞歸，不允。授起居郎兼中書舍人。未幾，擢嵩之刑部尙書，復奏疏云：「臣於嵩之本無仇怨，但國事所係，誼難緘默。」嵩之誥命，終不與書行，迺出甫知江州。王遂抗疏力爭，帝曰：「本以授其兄袁肅，報行誤耳。」令遂勉甫無它志。翼日，迺與肅江州。而殿中侍御史徐淸叟復論甫守富沙日贓六十萬，湯巾等又爭之，淸叟亦悔。未幾，改知婺州，不拜。

嘉熙元年，遷中書舍人。入見，陳心源之說，帝問邊事，甫奏：「當以上流爲急，議和恐誤事。」時淸叟與甫並召，而淸叟未至。甫奏：「臺諫風聞言事，初亦何心。今人物眇然，有如淸叟宜在朝廷，辭避實惟臣故，乞趣其赴闕。」又奏備邊四事，曰：固江陵，堰瓦梁，與流民復業〔一〕。嵩之移京湖沿江制置使、知鄂州，甫奏曰：「嵩之輕脫難信。去年嵩之在淮西，王檝由淮西而來，北軍踵之。今又併湖南付之，臣恐其復以誤淮西者誤湖南。」疏留中不行。翼日，權吏部侍郎。引疾至八疏，賜告一月，遂歸。從臣復合奏留之，尋命兼修玉牒官兼國子祭酒，皆辭不拜。改知嘉興府，知婺州，皆辭不拜。

遷兵部侍郎，入見，奏：「江潮暴涌，旱魃爲虐，楮幣蝕其心腹，大敵剝其四支，危亡之禍，近在旦夕，乞秉一德，塞邪徑。」兼給事中。岳珂以知兵財召，甫奏珂總餉二十年，焚林竭澤，珂竟從外補。遷吏部侍郎兼國子祭酒，日召諸生叩其問學理義講習之益。時邊遽日至，甫條十事，至爲詳明。權兵部尚書，暫兼吏部尚書，卒，贈通奉大夫，謚正肅。有孝說、孟子解、後省封駁、信安志、江東荒政錄、防拓錄、樂事錄及文集行世。

甫少服父訓，謂學者當師聖人，以自得爲貴。又從楊簡問學，自謂「吾觀草木之發生，聽禽鳥之和鳴，與我心契，其樂無涯」云。

劉黻字聲伯，樂清人。早有令聞，讀書鴈蕩山中僧寺。年三十四，以淳祐十年試入太學，儕輩已翕然稱之。時丁大全方爲臺屬，劾奏丞相董槐，迫逐去國，將奪其位。黻率同舍生伏闕上書，大槩言朝廷進退大臣，須當以禮。書上，忤執政，送南安軍安置，歸別其母解氏。解氏曰：「爲臣死忠，以直被貶，分也。速行！」黻至南安，盡取濂、洛諸子之書，摘其精切之語，輯成書十卷，名曰濂洛論語。及大全貶，黻還太學。未幾，侍御史陳垓誣劾程公許，右正言蔡榮誣劾黃之純，二公罷出，六館相顧失色，黻又率諸生上書言：

黻等蒙被教養，視國家休戚利害若己痛癢。朝廷進一君子，臺諫發一公論，則彈冠相慶，喜溢肺膺。至若君子鬱而不獲用，公論沮而不克伸，則憂憤忡結，寢食俱廢。

臣聞扶植宗社在君子，扶植君子在公論。陛下在位幾三十年，端平間公正萃朝，忠讜接武，天下翕然曰：「此小元祐也。」淳祐初，大姦屏迹，善類在位，天下又翕然曰：「此又一端平也。」奈何年來培養保護之初心，不能不爲之轉移。

祖宗建置臺諫，本以伸君子而折小人，昌公論而杜私說。迺今老饕自肆，姦種相仍，以諂諛承風旨，以傾險設機阱，以澒溷盜官爵。陛下非不識拔羣賢，彼則忍於空君子之黨；陛下非不容受直言，彼則勇於倒公議之戈。不知陛下何負此輩，而彼乃負陛下至此耶？

當陛下詔起龜耄之秋，而公許起自家食，正君子覘之，以爲進退之機。迺今坐席未溫，彈章已上，一公許去，若未害也，臣恐草野諸賢，見幾深遁，而君子之脈自此絕矣。比年朋邪扇焰，緘默成風，奏事者不過襲陳言、應故事而已。幸而之純兩疏，差彊人意。迺今軟媚者全身，鯁直者去國，一之純去，若未害也，臣恐道路以目，欲言輒沮，而公論之脈自此絕矣。

況今天下可言之事不爲少，可攻之惡不爲不多。術窮桑、孔，浸有逼上之嫌；勢挾金、張，濫處牧民之職。以乳臭騃子而躐登從橐，以光範私人而累典輔藩。錢神通靈於旁蹊，公器反類於互市。天下皆知之，豈陛下獨不知之。正惟爲陛下紀綱者知爲身謀，不爲陛下謀。陛下明燭事幾，詎可墮此輩蒙蔽術中，何忍以祖宗三百年風憲之司，而壞於一二小人之手耶？臣汝騰，陛下之劉向也，則以忠鯁斥；臣子才、臣棟、臣伯玉，陛下之汲黯也，則以切直罷。遂使淳祐諸君子日消月磨，至今幾爲之一空。彼誠何心哉？

高宗紹興二十年之詔，有謂「臺諫風憲之地，年來用人非據，與大臣爲友黨，濟其喜怒，甚非耳目之寄。」臣竊觀近事，不獨臺諫爲大臣友黨，內簡相傳，風旨相諭，且甘爲鷹犬而聽其指嗾焉。宰相所不樂者，外若示以優容，而陰實頤指臺諫以去之；臺諫所彈擊者，外若不相爲謀，而陰實奉承宰相以行之。方公許之召也，天下皆知獨斷於宸衷，及公許之來也，天下亦知嘗得罪於時宰，豈料陛下之恩終不足恃，宰相之嗔竟不可逃耶？

陛下萬機之暇，試以公許、之純與垓、燊等熟思而靜評之，其言論孰正孰邪，孰忠孰佞，雖中智以下之主，猶知判別是非，況以陛下明聖而顧不察此？近見公許奏疏，嘗告陛下揭至公以示天下；垓則以秘密之說惑上聽。公許嘗告陛下以寵賂日章，官邪無警，欲塞倖門，絕曲徑；垓則縱俠客以兜攬關節，持闔扁以脅取舉狀，開賂門以簸弄按章。至若之純之告陛下，力伸邪正之辯，明斥媢相之非，謇謇諤諤，流出肺肝；燊身居言責，聞其風聲，自當愧死，尚敢妄肆萋菲，略無人心乎？

且陛下擢用臺諫，若臣磊卿、臣杏夔、臣應起、臣漢弼、臣凱、臣燧，光明俊偉，卓爲天下稱首，然甫入而遽遷，或一鳴而輒斥，獨垓、榮輩貪饕頑忍，久汙要津，根據而不拔，劉向所謂「用賢轉石，去佞拔山」者，乃今見之，可不畏哉？矧今國嗣未正，事會方殷，民生膏血，朘削殆盡，所賴以祈天命，係人心，惟君子與公論一脈耳。小人以不恤之心，爲無忌憚之事，其意不過欲爵位日穹，權勢日盛，以富貴遺子孫耳，豈暇爲國家計哉。

自昔天下之患，莫大於舉朝無公論，空國無君子。我朝本無大失德於天下，而乃有宣、靖之禍，夫豈無其故哉？始則邪正交攻，更出迭入，中則朋邪翼僞，陰陷潛詆，終則倒置是非，變亂黑白，不至於黨禍不止。向使劉安世、陳瓘諸賢尚無恙，楊畏、張商英、周秩輩不久據臺綱，其禍豈至此烈。古語云：「前車覆，後車戒。」今朝廷善類無幾，心懷姦險者，則以文藻飾佞舌；志在依違者，則以首鼠持圓機。宗社大計，孰肯明目張膽爲陛下伸一喙者，則其勢必終於空國無君子，舉朝無公論。無君子，無公論，脫有緩急，彼一二憸人者，陛下獨可倚仗之乎？

若垓之罪，又浮於榮，雖兩觀之誅，四裔之投，猶爲輕典，陛下留之一日，則長一日之禍，異時雖借尙方劍以礪其首，尙何救於國事之萬一哉？

又曰：「自昔大奸巨孽，投閑散地，惟覘朝廷意向，以圖進用之機。元祐間，章惇、呂惠卿皆在貶所。自呂大防用楊畏爲御史，初意不過信用私人，牢護局面，不知小人得志，搖唇鼓吻，一時正人旋被斥逐，繼而章惇復柄用，雖大防亦不能安其身於朝廷之上。今右轄久虛，姦臣垂涎有日矣。聞之道路，餽遺不止於鞭韡，脈絡潛通於禁近，正陛下明察事機之時。若公論不明，正人引去，則遲回展轉，鈞衡重寄，必歸於章惇等乃止。今日之天下，乃祖宗艱難積累之天下，豈堪此輩再壞耶？」

又諫游幸疏曰：

天下有道，人主以憂勤而忘逸樂；天下無道，人主以逸樂而忘憂勤。自昔國家乂安，四夷賓服，享國日久，侈心漸生，若漢武帝之單于震讋，而有千門萬戶之觀，唐明皇之北邊無事，而有驪山溫泉之幸。至於隋之煬帝，陳之後主，危亡日迫，遊觀無度，不足效也。堯、舜、禹、湯、文、武之兢業祇懼，無逸言：遊畋則不敢，日昃則不暇食。曷嘗借祈禳之說，以事遊觀之逸。比年以來，以幸爲利，以玩爲常，未免有輕視世故、眇忽天下之心。單于未嘗震讋，而有武帝多欲之費耗；北邊未嘗無事，而有明皇宴安之鴆毒。

陛下春秋尚少，貽謀垂憲之機，悉在陛下，作而不法，後嗣何觀？自十數年間，創龍翔，創集慶，創西太一，而又示之以遊幸，導之以禱祠，蠱之以虛誕不經之說。孔子曰：「少成若天性，習慣如自然。」積久慣熟，牢不可破，誰得而正之？且西太一之役，佞者進曰：「太一所臨分野則爲福，近歲自吳移蜀。」信如祈禳之說，西北坤維按堵可也。今五六十州，安全者不能十數，敗降者相繼，福何在邪？武帝祠太一於長安，至晚年以虛耗受禍，而後悔方士之繆。雖其悔之弗早，猶愈於終不知悔者也。

大凡人主不能無過，脫有過言過行，宰執、侍從當言之，給舍、臺諫當言之，縉紳士大夫當言之，皆所以納君於當道者也。今陛下未爲不知道，未爲不受人言，宰執以下希寵而不言，與夫言之而不力，皆非所以愛陛下也。其心豈以此爲當而不必言哉？直以陛下爲不足以望堯、舜、禹、湯、文、武之主，而以漢武、明皇待陛下也。

以材署昭慶軍節度掌書記，由學官試館職。咸淳三年，拜監察御史，論內降恩澤曰：

治天下之要，莫先於謹命令，謹命令之要，莫先於窒內批。命令，帝王之樞機，必經中書參試，門下封駁，然後付尚書省施行，凡不由三省施行者，名曰「斜封墨敕」，不足效也。臣觀陛下自郊祀慶成以來，恩數綢繆，指揮煩數，今日內批，明日內批，邸報之間，以內批行者居其半，竊爲陛下惜之。

出納朕命載於書，出納王命詠於詩，不專言出而必言納者，蓋以命令繫朝廷之大，不能皆中乎理，於是有出而復有納焉。祖宗時，禁中處分軍國事付外者謂之內批，如取太原、下江南，韓琦袖以進呈，英宗悚然避坐，此豈非謹內批之原哉？臣日夜念此，以爲官爵陛下之官爵，三省陛下之三省，所謂同奉聖旨，則是三省之出命，即出陛下之命也，豈必內批而後爲恩？緣情起事，以義制欲，某事當行，某事當息，具有條貫，何不自三省行之，其有未穆於公論者，許令執奏，顧不韙歟。

元祐間，三省言李用和等改官移鎭恩例，今高氏、朱氏，皆舉故事，皇太后曰：「外家恩澤，方欲除損，又可增長乎？」治平初，欲加曹佾使相，皇太后再三不許；又有聖旨，令皇后本家分析親的骨肉聞奏，亦與推恩，司馬光力諫，以爲皇太后旣損抑外親，則后族亦恐未宜褒進。乃今前之恩數未竟，後之恩數已乘。宰執懼有所專而不敢奏，給舍、臺諫懼有所忤而不敢言，更如此者數年，將何以爲國？故政事由中書則治，不由中書則亂，天下事當與天下共之，非人主所可得私也。

四年，改正字，言：「正學不明則義理日微，異端不息則鼓惑轉熾。臣非不知犯顏逆耳，臣子所難，實以君德世道，重有關繫，不容不懇惻開陳。疏上踰日，未蒙付外。孟軻有云：『有言責者，不得其言則去。』臣忝職諫省，義當盡言，今旣不得其言，若更貪慕恩榮，不思引去，不惟有負朝廷設官之意，其於孟軻明訓，實亦有慊。」

會丁父憂去位，服除，授集英殿修撰，沿海制置、知慶元府事。建濟民莊，以濟士民之急，資貢士春官之費，備郡庠耆老緩急之需。又請建慈湖書院。八年，召還，拜刑部侍郎。九年，改朝奉郎，試吏部尙書，兼工部尙書，兼中書舍人，兼修玉牒，兼侍讀。上疏請給王十朋祠堂田土。十年，丁母憂。明年，江上潰師，丞相陳宜中起復巘爲端明殿學士，不起。及賈似道、韓震死，宜中謀擁二王由溫州入海，以兵逆巘共政，將遜相位，於是巘託宗祀於母弟成伯，遂起，及羅浮，以疾卒。

初，陳宜中夢人告之曰：「今年天災流行，人死且半，服大黃者生。」繼而疫癘大作，服者果得不死，及巘病，宜中令服之，終莫能救。其配林氏舉家蹈海。未幾，海上事亦瓦解矣。巘有蒙川集十卷行于世。

王居安字資道，黃巖人。始名居敬，字簡卿，避祧廟嫌易之。始能言，讀孝經，有從旁指曰：「曉此乎？」卽答曰：「夫子敎人孝耳。」劉孝韙七月八日過其家塾，見居安異凡兒，使賦八夕詩，援筆成之，有思致。孝韙驚拊其背曰：「子異日名位必過我。」入太學，淳熙十四年舉進士，授徽州推官，連遭內外艱，柄國者以居安十年不調，將徑授職事官，居安自請試民事，乃授江東提刑司幹官。使者王厚之厲鋒氣，人莫敢嬰，居安遇事有不可，平面力爭不少屈。

入爲國子正、太學博士。入對，首言：「人主當以知人安民爲要，人未易知，必擇宰輔侍從之賢，使引其類；民未易安，必求愷悌循良之吏，以布其澤。」次言：「火政不修，罪在京尹，軍律不明，罪在殿、步兩司，罪鈞異罰固不可，安有薄罰一步帥而二人置弗問乎？」遷校書郎。居安乞召試，言：「祖宗時惟進士第一不試，蘇軾以高科負重名，英宗欲授館職，韓琦猶執不從。」執政謂居安曰：「朝廷於節度尙不較，況館職乎？」居安因言：「節鉞之重，文非位極，武非勳高，胡可妄得。丞相言不較，過矣。」時蘇師旦命且下，故居安言及之。改司農丞。御史迎意論劾，主管仙都觀。

踰年，起知興化軍。既至，條奏便民事，乞行經界。且言：「蕃舶多得香犀象翠，崇侈俗，洩銅鏹，有損無益，宜遏絕禁止。」皆要務也。通商賈以損米價，誅劇盜以去民害。召爲祕書丞。轉對，言：「置宣司，不聞進取之良規；遣小使，寂無確許之實報。但當嚴飭守備，益兵據險以待之，此廟算之上也。」李壁〔三〕嘗語人曰：「比年論疆事無若王祕丞之明白者。」

遷著作郎兼國史實錄院檢討編修官，兼權考功郎官。誅韓侂胄，居安實贊其決。翼日，擢右司諫。首論：

侂胄以預聞內禪之功，竊取大權，童奴濫授以節鉞，嬖妾竄籍於宮庭。創造亭館，震驚太廟之山；燕樂語笑，徹聞神御之所，忽慢宗廟，罪宜萬死。託以大臣之薦，盡取軍國之權。臺諫、侍從，惟意是用，不恤公議；親黨姻婭，躐取美官，不問流品；名器僭濫，動違成法。竊弄威柄，妄開邊隙。自兵端一啓，南北生靈，壯者死鋒刃，弱者塡溝壑。荆襄、兩淮之地，暴尸盈野，號哭震天。軍需百費，科擾州縣，海內騷然。迹其罪狀，人怨神怒，衆情洶洶，物議沸騰，而侂胄箝制中外，罔使陛下聞知，宦官宮妾，皆其私人，莫肯爲陛下言者。西蜀吳氏，世掌重兵，頃緣吳挺之死，朝廷取其兵柄，改畀它將，其策至善。侂胄與曦結爲死黨，假之節鉞，復授以全蜀兵權。曦之叛逆，罪將誰歸？使曦不死，侂胄未可知也。

侂胄數年之間，位極三公，列爵爲王，外則專制東西二府之權，內則窺伺宮禁之嚴，姦心逆節，具有顯狀。縱使侂胄身膏斧鉞，猶有餘罪，況兵釁未解，朝廷儻不明正典刑，何以昭國法，何以示敵人，何以謝天下？今誠取侂胄肆諸市朝，是戮一人而千萬人獲安其生也。侂胄既有非常之罪，當伏非常之誅，詎可以常典論哉？

右丞相陳自強素行汙濁，老益貪鄙，徒以貧賤私交，自一縣丞超遷，徑至宰輔，姦憸附麗，黷亂國經。較其罪惡，與侂胄相去無幾。乞追責遠竄，以爲爲臣不忠、朋邪誤國者之戒。

又劾曦外姻郭倪、郭僎，竄嶺表，天下快之。

繼兼侍講。方侂胄用事，箝天下之口，使不得議己，太府寺丞呂祖儉以讁死，布衣呂祖泰上書直言，中以危法，流之遠郡。居安奏請明其寃，以伸忠鯁之氣。又疏言：「古今之治本亂階，更爲倚伏。以治易亂則反掌而可治，以亂治亂則亂去而復生。人主公聽則治，偏信則亂；政事歸外朝則治，歸內廷則亂；問百辟士大夫則治，問左右近習則亂；大臣公心無黨則治，植黨行私則亂；大臣正、小臣廉則治，大臣汙、小臣貪則亂。如用人稍誤，是一侂胄死，一侂胄生也。」

趙彥逾與樓鑰、林大中、章燮並召，居安言：「鑰與大中用，宗廟社稷之靈，天下蒼生之福，彥逾不可與之同日而語。彥逾始以趙汝愚不與同列政地，遂啓侂胄專政之謀，汝愚之斥死，彥逾之力居多，而彥逾者，汝愚之罪人也。陛下乃使與二人者同升，不幾於薰蕕同器、邪正並用乎？非所以示趨向於天下也。」疏已具，有徼聞者，除目夜下，遷起居郎兼崇政殿說書。於是爲諫官才十有八日。既供職，即直前奏曰：「陛下特遷臣柱下史者，豈非欲使臣不得言耶？二史得直前奏事，祖宗法也。」遂極論之，又言：「臣爲陛下耳目官，諫紙未乾，乃以迕權要徙他職，不得其言則去，臣不復留矣。」帝爲改容。御史中丞雷孝友論其越職，奪一官，罷。太學諸生有舉幡乞留者。四明楊簡邂逅山陰道中，謂「此舉吾道增重」。江陵項安世致書曰：「左史，人中龍也。」

踰年，復官，知太平州。當邊遽甫定，歲儉，汰去軍羣聚寇攘，居安威惠流行，晏然若無事時。將副劉佑爲怨家詣闕告密，置獄金陵，居安以書抵當路辯其冤，或謂「佑自誣服，得無嫌於黨逆乎？」居安曰：「郡有無辜死，奚以守爲？」事果白。以直龍圖閣提點浙西刑獄。葛懌者，用戚屬恩補官，豪於貲，嘗憾父之孌，既去而誣以盜，株連瘐死者數人，懌乃未嘗一造庭。居安一閱得實，立捕繫論罪，械送他州。入對，帝曰：「卿有用之才也。」權工部侍郎，以集英殿修撰知隆興府。

初，盜起郴黑風峒，羅世傳爲之倡，勢張甚。湖南所在發兵扼要衝，義丁表裏應援，賊乏食，少懈，主兵者稍堅持之，則就禽矣。會江西帥欲以買降爲功，遣人間道說賊，餽鹽與糧，賊喜，謀益逞。帥以病卒，繼者蹈其敝。賊陰治械，外送款，身受官峒中，不至公府。義丁皆恚曰：「作賊者得官，我輩捐軀壞產業，何所得！」於是五合六聚，各以峒名其鄉，李元勵、陳廷佐之徒，並起爲賊矣。放兵四劫，掀永新，撇龍泉，江西列城皆震。朝廷調江、鄂之兵屯衡、贛，而他兵駐龍泉者命吉守節制焉。吉守率師往，幾爲賊困，池兵來援失利。朝廷憂之，遂以居安爲帥。

居安以書曉都統制許俊曰：「賊勝則民皆爲賊，官軍勝則賊皆爲民，勢之翕張，決於此舉。將軍素以勇名，挫於山賊可乎？」俊得書皇恐，不敢以他帥事居安。居安督戰于黃山，勝之，賊始懼，走韶州，爲摧鋒軍所敗，勢日蹙。吉守前以戰不利，用招降之策，遣吏持受降圖來，書賊銜「江湖兩路大都統」。居安笑曰：「賊玩侮如此，猶爲國有人乎？」白諸朝，吉守以祠去。遂命居安節制江、池大軍，駐廬陵督捕，領郡事。召土豪問便宜，皆言賊恃險陟降如猿猱，若鈔吾糧，吾事危矣。居安曰：「吾自有以破賊。」會元勵執練木橋賊首李才全至，居安厚待才全而賞元勵，衆皆感。羅世傳果疑元勵之貳己，遂交惡。元勵率衆攻世傳，居安語俊曰：「兩虎鬥于穴，吾可成卞莊子之功。」世傳嗾練木橋賊黨襲元勵，俘其孥，禽元勵以獻。時青草峒賊亦就禽，並磔于吉之南門。元勵既誅，世傳以功負恃益驕蹇，名效順而實自保。俊請班師，居安不許，俾因賊堡壁固守。居亡何，世傳果與兄世祿俱叛。居安奏乞朝廷毋憂，今落其角距，可一戰禽也。乃密爲方略，遣官民兵合圍之，世傳自經死，斬其首以狗，羣盜次第平。居安之在軍中也，賞厚罰明，將吏盡力，始終用以賊擊賊之策，故兵民無傷者。江西人祠而祝之，刻石紀功。徙鎮襄陽，以言者罷，閒居十有一年。

嘉定十五年與魏了翁同召，遷工部侍郎。時方受寶，中朝皆動色相賀。入對，首言：「人主畏無難而不畏多難，輿地寶玉之歸，盍思當時之所以失。」言極切至。甫兩月，以集英殿修撰提舉玉隆宮。未幾，以寶謨閣待制知温州，郡政大舉。

理宗即位，以敷文閣待制知福州，升龍圖閣直學士，轉大中大夫，提舉崇福宮。將行，鹽寇起寧化，居安以書諭汀守曰：「土瘠民貧，業於鹽可盡禁耶？且彼執三首惡以自贖，宜治此三人，他可勿治。」部使者遣左翼軍將鄧起提兵往，起貪夜冒險與寇角以死，軍潰，民相驚逃去。事聞，命居安專任招捕。居安既留，募軍校劉華、丘鋭者授以計畫，至汀而賊已至郡矣，州人大懼。賊知帥有撫納意，即引退。華、鋭出入賊中，指期約降。有以右班攝汀守者，倔彊好大言，以知兵自任，欲出不意爲己功。賊知其謀，敗降約，而建、劍諸郡並江西嘯聚蜂起矣。居安議不合，歎曰：「吾可復求焦頭爛額之功耶？」即拜疏歸。

居安以書生，於兵事不學而能，必誅峒寇而降汀寇，皆非苟然者。卒，累贈少保。居安宅心公明，待物不貳。有方巖集行世。

論曰：李宗勉在庶僚，論事平直，及入相，負公淸之稱。袁甫學有本原，善達其用，持節所過，其民至今思之。劉黻分別邪正，侃侃敢言，亦難能者。王居安掃除羣邪，以匡王國，其志壯哉！

校勘記

〔一〕又奏備邊四事曰固江陵堰瓦梁與流民復業　按此係奏備邊四事箚子，見袁甫蒙齋集卷六，原奏第四事爲「責邊閫遣回敵使」，此處有脫漏。

〔二〕李璧　原作「李璧」，據本書卷三九八本傳、宋中興學士院題名錄、南宋館閣續錄卷八改。

宋史卷四百六

列傳第一百六十五

崔與之　洪咨夔　許奕　陳居仁　劉漢弼

崔與之字正子，廣州人。父世明，試有司連黜，每曰「不爲宰相則爲良醫」，遂究心岐、黄之書，貧者療之不受直。與之少卓犖有奇節，不遠數千里遊太學。紹熙四年舉進士，廣之士繇太學取科第自與之始。

授潯州司法參軍。常平倉久弗葺，盧雨壞米，撤居廨瓦覆之。郡守欲移兌常平之積，堅不可，守敬服，更薦之。調淮西提刑司檢法官。民有窘於豪民逋負，毆死其子誣之者，其長欲流之，與之曰：「小民計出倉猝，忍使一家轉徙乎？況故殺子孫，罪止徒。」卒從之。知建昌之新城，歲適大歉，有彊發民廩者，執其首，折手足以徇，盜爲止，勸分有法，貧富安之。開禧用兵，軍旅所需，天下騷然，與之獨買以係省錢。吏告月解不登，曰：「寧罷去。」和糴令下，與之獨以時買糴，令民自槩。通判邕州，守武人，苛刻，衣賜不時給，諸卒大鬨。漕司檄與之攝守，叛者帖然，乃密訪其首事一人斬之，闔郡以寧。擢發遣賓州軍事，郡政清簡。

尋特授廣西提點刑獄，徧歷所部，至浮海巡朱崖，秋毫無擾州縣，而停車裁決，獎廉劾貪，風采凜然。朱崖地產苦䔲，民或取葉以代茗，州郡征之，歲五百緡。瓊人以吉貝織爲衣衾，工作皆婦人，役之有至期年者，棄稚違老，民尤苦之。與之皆爲榜免。其他利病，罷行甚衆。瓊之人次其事爲海上澄清錄。嶺海去天萬里，用刑慘酷，貪吏厲民，迺疏爲十事，申論而痛懲之。高惟肖嘗刻之，號嶺海便民榜。廣右僻縣多右選攝事者，類多貪黷，與之請援廣東循、梅諸邑，減舉員賞格，以勸選人。熙寧免役之法，獨不及海外四州，民破家相望。與之議舉行未果，以語顏戣，戣守瓊，遂行之。

召爲金部員外郎，時郎官多養資望，不省事，與之鉅細必親省決，吏爲欺者必杖之，莫不震栗。金南遷于汴，朝議疑其進迫，特授直寶謨閣、權發遣揚州事、主管淮東安撫司公事。寧宗宣引入內，親遣之，奏選守將、集民兵爲邊防第一事。既至，浚濠廣十有二丈，深二丈。西城濠勢低，因疏塘水以限戎馬。開月河，置釣橋。州城與堡砦城不相屬，舊築夾土城往來，爲易以甓。因滁有山林之阻，創五砦，結忠義民兵，金人犯淮西，沿邊之民得附山自固，金人亦疑設伏，自是不敢深入。

揚州兵久不練，分彊勇、鎮淮兩軍，月以三、八日習馬射，令所部兵皆倣行之。淮民多畜馬善射，欲依萬弩手法創萬馬社，募民爲之，宰相不果行。浙東饑，流民渡江，與之開門撫納，所活萬餘。楚州工役繁夥，士卒苦之，叛入射陽湖，亡命多從之者。與之給旗帖招之，衆聞呼皆至，首謀者獨遲疑不前，禽戮之，分其餘隸諸軍。

山東李全以衆來歸，與之移書宰相，謂：「自昔召外兵以集事者，必有後憂。」宰相欲圖邊功，諸將皆懷僥倖，都統劉琸承密劄取泗州，兵渡淮而後牒報。琸全軍覆沒，與之憂憤，馳書宰相，言：「與之乘鄣五年，子養士卒，今以萬人之命，壞於一夫之手，敵將乘勝襲我。」金人入境，宰相連遣與之三書，俾議和。與之答曰：「彼方得勢，而我與之和，必遭屈辱。今山砦相望，邊民米麥已盡輸藏，野無可掠，諸軍與山砦併力勦逐，勢必不能久駐。況東海、漣水已爲我有，山東歸順之徒已爲我用，一旦議和，則漣、海二邑若爲區處？山東諸酋若爲措置？望別選通才，以任和議。」與之自劉琸敗，亟修守戰備，遣精銳，布要害。金人深入無功，而和議亦寢。

時議將姑闕兩淮制置，命兩淮帥臣互相爲援，與之啓廟堂曰：「兩淮分任其責，而無制閫總其權，則東淮有警，西帥果能疾馳往救乎？東帥亦果能疾馳往救西淮乎？制閫俯瞰兩淮，特一水之隔，文移往來，朝發夕至，無制閫則事事稟命朝廷，必稽緩誤事矣。」議遂寢。

召爲祕書少監，軍民遮道垂涕。與之力辭召命，竟還。將度嶺，趣召不已，行次池口聞金人至邊，乃造朝奏：「今邊聲可慮者非一，惟山東忠義區處要不容緩。」前後累疏數千言，每歎養虎將自遺患。

升秘書監兼太子侍講，權工部侍郎。未幾，成都帥董居誼以黷貨爲叛卒所逐，總領楊九鼎遇害，蜀大擾。與之以選爲煥章閣待制、知成都府、本路安撫使，至即帖然。時安丙握蜀重兵久，每忌蜀帥之自東南來者，至是獨推誠相與。丙卒，詔盡護四蜀之師，開誠布公，兼用吳、蜀之士，拊循將士，人心悅服。先是，軍政不立，戎帥多不協和，劉昌祖在西和，王大才在沔州，大才之兵屢衄，昌祖不救，遂棄阜郊。吳政屯鳳州，張威屯西和，金人自白還堡突入黑谷，威不尾襲，而迂路由七方關上青野原，金人遂得入鳳州。與之戒以同心體國之大義，於是戎帥協和，而軍政始立。

先是，丙嘗納夏人合從之請，會師攻秦、鞏，而夏人不至，遂有阜郊之敗。與之至是飭邊將不得輕納。踰年，夏人復攻金人，遣百騎入鳳州，邀守將求援兵。與之使都統李冲來言曰：「通問當遣介持書，不當遣兵徑入。若邊民不相悉，或有相傷，則失兩國之好，宜斂兵退屯。」夏人知不可動，不復有言。初，金人既弊，率衆南歸者所在而有，或疑不敢納。與之優加爵賞以來之。未幾，金萬戶呼延棫等扣洋州以歸，與之察其誠，納之，籍其兵千餘人，皆精悍善戰，金人自是不敢窺興元。既復鏤榜邊關，開諭招納，金人諜得之，自是上下相疑，多所屠戮，人無固志，以至於亡。

蜀盛時，四戎司馬萬五千有奇，開禧後，安丙裁去三之一，嘉定損耗過半，比與之至，馬僅五千。與之移檄茶馬司，許戎司自於關外收市如舊，嚴私商之禁，給細茶，增馬價，使無爲金人所邀。總司之給料不足者，亦移檄增給之。乞移大帥於興元，雖不果行，而凡關外林木厚加封殖，以防金人突至。隔第關〔一〕、盤車嶺皆極邊，號天險，因厚間探者賞，使覘之，動息悉知，邊防益密。總計告匱，首撥成都府等錢百五十萬緡助糴本。又慮關外歲糴不多，運米三十萬石積沔州倉，以備不測。初至，府庫錢僅萬餘，其後至千餘萬，金帛稱是。蜀知名士若家大酉、游似、李性傳、李心傳、度正之徒皆薦達之，其有名浮於實、用過其才者，亦歷歷以爲言。沔帥趙彥呐方有時名，與之獨察其大言亡實，它日誤事者必此人，移書廟堂，欲因乞祠而從之，不可付以邊藩之寄，後果如其言。與之以疾丐歸，朝廷以鄭損代，既受代，金諜知之，大入，與之再爲臨邊，金人乃退。召爲禮部尚書，不拜，便道還廣。蜀人思之，肖其像於成都仙遊閣，以配張詠、趙抃，名三賢祠。

理宗即位，授充顯謨閣直學士、知潭州、湖南安撫使，辭，提舉西京嵩山崇福宮。遷煥章閣學士、知隆興府、江西安撫使，又辭，授徽猷閣學士、提舉南京鴻慶宮。端平初，帝旣親政，召爲吏部尚書，數以御筆起之，皆力辭。金亡，朝廷議取三京，聞之頓足浩歎。繼而授端明殿學士、提舉嵩山崇福宮，亦辭，俄授廣東經略安撫使兼知廣州。

先是，廣州摧鋒軍遠戍建康，留四年，比撤戍歸，未踰嶺，就留戍江西，又四年，轉戰所向皆捷，而上功幕府，不報，求撤戍，又不報，遂相率倡亂，縱火惠陽郡，長驅至廣州城，聲言欲得連帥洎幕屬甘心焉。與之家居，肩輿登城，叛兵望之，俯伏聽命，曉以逆順禍福，其徒皆釋甲，而首謀數人，懼事定獨受禍，遂率之遁去，入古端州以自固。至是，與之聞命亟拜，即家治事，屬提刑彭鉉討捕，潛移密運，人無知者。俄而新調諸軍畢集，賊戰敗請降，桀黠不悛者戮之，其餘分隸諸州。

帝於是注想彌切，拜參知政事，拜右丞相，皆力辭。乃訪以政事之孰當罷行，人才之孰當用舍？與之力疾奏：「天生人才，自足以供一代之用，惟辨其君子小人而已。忠實而有才者，上也；才雖不高，而忠實有守者，次也。用人之道，無越於此。蓋忠實之才，謂之有德而有才者也。若以君子爲無才，必欲求有才者用之，意嚮或差，名實無別，君子、小人消長之勢，基於此矣。陛下勵精更始，擢用老成，然以正人爲迂闊而疑其難以集事，以忠言爲矯激而疑其近於好名，任之不專，信之不篤。或謂世數將衰，則人才先已凋謝，如眞德秀、洪咨夔、魏了翁，方此柄用，相繼而去，天意固不可曉。至於敢諫之臣，忠於爲國，言未脫口，斥逐隨之，一去而不可復留，人才豈易得，而輕棄如此。陛下悟已往而圖方來，昨以直言去位者亟加峻擢，補外者蚤與召還，使天下明知陛下非疏遠正人，非厭惡忠言，一轉移力耳。陛下收攬大權，悉歸獨斷。謂之獨斷者，必是非利害，胸中卓然有定見，而後獨斷以行之。比聞獨斷以來，朝廷之事體愈輕，宰相進擬多沮格不行，或除命中出，而宰相不與知，立政造命之原，失其要矣。大抵獨斷當以兼聽爲先，儻不兼聽而斷，其勢必至於偏聽，實爲亂階，威令雖行於上，而權柄潛移於下矣。」

又曰：「邊臣主和，朝廷雖知，而未嘗明有施行。憂邊之士，剴切而言，一鳴輒斥，得非朝廷亦陰主之乎？假使和而可保，亦當議而行之可也。」又曰：「比年以變故層出，盜賊跳梁，雷雹震驚，星辰乖異，皆非細故。京城之災，七年而兩見，豈數萬戶生靈皆獲罪於天者。百姓有過，在予一人，此陛下所當凛凛，惟有求直言可以裨助君德，感格天心。」又曰：「戚畹、舊僚，凡有絲髮夤緣者，孰不乘間伺隙以求其所大欲，近習之臣，朝夕在側，易於親昵，而難於防閑。司馬光謂『內臣不可令其采訪外事，及問以羣臣能否』，蓋干預之門自此始也。若謂其所言出於無心，豈知愛惡之私，因此而入，其於聖德，寧無玷乎？」帝覽奏嘉歎，趣召愈力，控辭至十有三疏。

嘉熙三年，乃得致仕，以觀文殿大學士提舉洞霄宮。自領鄉郡，不受廩祿之入，凡奉餘皆以均親黨。薨時年八十有二，遺戒不得作佛事。累封至南海郡公，謚淸獻。

洪咨夔字舜俞，於潛人。嘉定二年進士，授如皋主簿，尋試爲饒州教授。作大治賦，樓鑰賞識之。授南外宗學教授，以言去。丁母憂，服除，應博學宏詞科，直院莊夏舉自代。崔與之帥淮東，辟置幕府，邊事纖悉爲盡力。丘壽雋代與之爲帥，金人犯六合，揚州閉門設守，咨夔亟詣壽雋言曰：「金人忌楚，必未至揚，乃先自示弱，不特淮左之人心動，而金人且驕必來矣。第當遠斥堠、精間探，簡士馬，張外郡聲援而大開城門，晏然如平時。若金人果來犯，某當身任之。」壽雋愧謝。已而金人果遁。山陽兼帥事靑州張林請獻銅錢二十萬緡，咨夔謂宜以所獻就犒其軍，如唐魏博故事，使無輕量中國心。帥乃令輸其半，林亦不復來。

與之帥成都，請於帝，授咨夔籍田令、通判成都府。與之爲制置使，首檄咨夔自近，辭曰：「今當開誠心、布公道，合西南人物以濟國事，乃一未有聞而先及門生、故吏，是示人私也。」卒不受，惟以通判職事往來效忠，蜀人高之。尋知龍州。州歲貢麩金，率科鑛戶，咨夔曰：「將奉上乃厲民乎？」出官錢市之。江油之民歲戍邊，復苦餫饟，爲請于制、漕司免之。

毀鄧艾祠，更祠諸葛亮，告其民曰：「毋事仇讎而忘父母。」

還朝，爲秘書郎，遷金部員外郎。會詔求直言，慨然曰：「吾可以盡言寤主矣。」其父見其疏，曰：「吾能喫茄子飯，汝無憂。」史彌遠讀至「濟王之死，非陛下本心」，大恚，擲于地。轉考功員外郎。轉對，復言李全必爲國患。於是臺諫李知孝、梁成大交論，鐫二秩。讀書故山，七年而彌遠死，帝親政五日，即以禮部員外郎召，入見，乞養英明之氣，及論君子小人之分。帝問今日急務，對以「進君子而退小人，開誠心而布公道」。且言「在陛下一念堅凝」。又問在外人物，對以「崔與之護蜀而歸，閒居十年，終始全德之老臣，若趣其來，可爲朝廷重。眞德秀、魏了翁陛下所簡知，當聚之本朝」。

翼日，與王遂並拜監察御史。咨夔感激知遇，謂遂曰：「朝無親擢臺諫久矣，要當極本窮原而先論之。」乃上疏曰：「臣歷考往古治亂之原，權歸人主，政出中書，天下未有不治。權不歸人主，則廉級一夷，綱常且不立，奚政之問？政不出中書，則腹心無寄，必轉而他屬，奚權之攬？此八政馭羣臣，所以獨歸之王，而詔之者必天官冢宰也。陛下親政以來，威福操柄，收還掌握，揚廷出令，震撼海宇，天下始知有吾君。元首既明，股肱不容於自惰，撤副封，罷先行，坐政事堂以治事，天下始知有朝廷。此其大權、大政，亦略舉矣。然中書之敝端，其大者有四：一曰自用，二曰自專，三曰自私，四曰自固。願陛下於從容論道之頃，宣示臣言，俾大臣充初志而加定力，懲往轍而圖方來，以仰稱勵精更始之意。」帝嘉納之。又首乞罷樞密使薛極以厲大臣之節，章三上，卒出之。其他得罪清議者，相繼劾去，朝綱大振。

明年，改元端平。咨夔預乞於正月朔下詔求直言，使人人得盡言無隱，又乞令內職任之穹者各舉所知，皆從之。時登進諸儒，以廣講讀、說書之選。咨夔言聖學之實，所當講明而推行者有六：一，親睦本支；二，正始閨門；三，警肅侍御；四，審正邪用舍；五，儲養文武之才；六，憂根本無生事邀功。又言常平義倉、鹽課及苗稅多取之敝。京湖以八陵圖來上，咨夔援紹興留司奉表八陵及東晉大都督親謁五陵故事，乞先詔制臣往省，俟還，別議朝祭。又復以完顏守緒骨來獻，時相侈大其事，咨夔曰：「此朽骨耳，函之以葬大理寺可也。第當以金亡告九廟，歸諸祖宗德澤，況與大敵爲鄰，抱虎枕蛟，事變叵測，顧可侈因人之獲，使邊臣論功，朝臣頌德。且陛下知慕崇政受俘之元祐，獨不鑒端門受降之崇寧乎？」然不果悉從。

擢殿中侍御史，會王定入臺察，力詆蔣重珍，咨夔乃按定疾視善良，乞罷之。越三日，左遷定，而擢咨夔中書舍人，尋兼權吏部侍郎，與眞德秀同知貢舉，俄兼直學士院。時咨夔口瘍已深，復上疏謂當引咎悔過，且乞祠，帝曰：「卿在朝多有裨益，何輕去？」咨夔奏：「臣數備臺諫、給舍，皆不能遏六月之師，何補於朝？臣病久當去，去猶足裨風俗。」帝勉留之，遷吏部侍郎兼給事中。奏：「比徇私成俗，化實未更，所恃以一公鑠萬私者，獨陛下耳，而好樂營繕，親厚近屬，保護舊臣，若未能無所繫累。」上在位踰一紀，國本未立，未有敢深言之者，洽夔乞擇宗室子養之，併爲濟王立後。

擢給事中，史嵩之入相，召赴闕下，進刑部尚書，拜翰林學士、知制誥。求去愈力，加端明殿學士，卒。御筆：「洪洛夔鯁亮忠慤，有助新政，與執政恩例，特贈兩官。」其遺文有兩漢詔令擥抄、春秋說、外內制、奏議、詩文行于世。

許奕字成子，簡州人。以父任主長江簿。丁內艱，免喪調涪城尉。慶元五年，寧宗親擢進士第一，授簽書劍南東川節度判官。未期年，持所生父心喪，召爲秘書省正字，遷校書郎兼吳興郡王府教授。尋遷秘書郎、著作佐郎、著作郎，權考功郎官，非報謁問疾不出。

遷起居舍人，韓侂冑議開邊，奕貽書曰：「今日之勢，如元氣僅屬，不足以當寒暑之寇。」又因轉對，論：「今日之急惟備邊，而朝廷晏然，百官充位如平時。京西、淮上之師敗同罰異。總領，王人也，而聽宣撫司節制，或爲參謀。廟堂之議，外廷莫得聞，護聖之軍，半發於外，而禁衞單薄。」乞鞫勘贓吏，永廢勿用。特與放行以啓僥倖者，宜加遏絕。所言皆侂冑所不樂也。

蜀盜既平，以起居舍人宣撫四川。奕謂：「使從中遣，必淹時乃至，既又徙云犒師，而不以旌別淑慝爲指，無以慰蜀父老之望。」執政是其言。又請：「遇朝會，起居郎、舍人分左右立如常儀。前後殿坐，侍立官御坐東南面西立，可以獲聞聖訓，傳示無極。臣僚奏事，亦不敢易。」詔下其疏討論之。

遣奕使金，奕與骨肉死訣，詣執政趣受指請行，執政曰：「金人要索，議未決者尚多，今將奈何？」奕曰：「往集議時，奕嘗謂增歲幣、歸俘虜或可耳，外此其可從乎？不可行者，當死守之。」尋遷起居郎兼權給事中，以國事未濟力辭，不許。金人聞奕名久，禮迓甚恭，方淸暑，離宮相距二十里，至是特爲奕還內。方射，奕破的十有一，乃卒行成。還奏，帝優勞久之。奕復奏：「和不可恃，宜葺紀綱，練將卒，使屈信進退之權，復歸于我。」客有以使事賀者，奕憮然曰：「是豈得已者，吾深爲天下愧之。」

權禮部侍郎，條六事以獻。俄兼侍講。會諫官王居安、傅伯成以言事去職，奕上疏力爭之。其後又因災異申言曰：「比年上下以言爲諱，諫官無故而去者再矣。以言名官，且不得盡，況疏遠乎。」又論：「用兵以來，資賞汎濫，僥倖捷出，宜加裁制。」夏旱，詔求言，奕言：

「當以實意行實政，活民于死，不可責償于禱祠之間而已也。蝗至都城，然後下禮寺講酺祭，孰非王土，顧及境而懼，偶不至輦下，則終不以爲災乎。」又曰：「權臣之誅也，下至閭巷，讙聲如雷。蓋更化之初，人有厚望，久而無以相遠也，此謗讟之所從生。」又曰：「內降非盛世事也，王璿進狀不實而經營以求倖免，裴仲何人，驟爲帶御器械。」時應詔者甚衆，奕言最爲剴切。攝兼侍讀，每進讀至古今治亂，必參言時事：「願陛下試思，設遇事若此，當何以處之。」必拱默移時，俟帝凝思，乃徐竟其說。帝曰：「如此則經筵不徒設矣。」

遷吏部侍郎兼修玉牒官，兼權給事中，論駁十有六事，皆貴族近習之撓政體者。而封還劉德秀贈典、高文虎之奉祠，士論尤韙之。加楊次山少保、永陽郡王，奕上疏曰：「自古外戚恩寵太甚，鮮不禍咎，天道惡盈，理所必至。次山果辭，則宜從之，如欲更示優恩，則超轉少傅，在陛下既隆於恩，在次山知止於義，顧不休哉！」又言：「史彌遠力辭恩命，宜從之以成其美。」疏入，不報。奕遂臥家求補外，以顯謨閣待制知瀘州。彌遠問所欲言，奕曰：「比觀時事，調護之功深，扶持之意少，非朝廷之利也。」

嘉、敘、瀘俱接夷壤，董蠻米在大入，俘殺兵民，四路創安邊司窮治其事。奕得夷人質之以致所掠，由是迕安邊司。夷酋王粲〔三〕浮櫥木萬計入賈，奕慮其蕩水陸之險，驅之。

安撫使安丙新立大功，讒忌日聞，宰相錢象祖出謗書問奕，奕喟而言：「士不愛一死而困於衆多之口，亦可悲也。奕願以百口保之。」象祖艴然曰：「公悉安子文若此乎？」適宇文紹節宣撫荊湖還〔三〕，亦曰：「僕願亦百口以信許公之言。」於是異論頓息，委寄益專。奕於丙深相知，而職事所關必反復辯數以求直。其後士多畔丙，奕獨以書疏候問愈數。移知夔州，表辭不行，改知遂寧府。捐緡錢數十萬以代民輸，復鹽筴之利以養士，爲浮梁作隄數百丈，民德之，畫像祠于學。進龍圖閣待制，加寶謨閣直學士、知潼川府。霖雨壞城，撤而築之，不以煩民，亦捐緡錢十二萬爲十縣民代輸，於是其民亦相與祠于東山僧舍。

會金人敗盟，蜀道震擾，奕請「速選威望大臣宣撫，信賞必罰，以獎忠義、收人心」。又言：「忠義之招，體勢倒持，兵食頓增，未知攸濟，且斬將之人未聞褒擢，敗軍之將未見施行，事勢不決，將有後時之悔。」御史劾奕欺罔，降一官。詔提舉玉隆宮，未數月，特復元官，提舉崇福宮。

還家，草遺表曰：「自念本非衰病，初染微痾。當湯熨可去之時，臣以疾而爲諱；及鍼石已窮之後，醫束手而莫圖。靖言膏肓所致之由，大抵脈絡不通之故。」皆寓諷諫之意。進顯謨閣直學士致仕，贈通議大夫。初，奕之守瀘，帝顧禮部尚書章顯曰：「許奕已去乎？」起居舍人眞德秀侍帝前，論人才，上以骨鯁稱之。

奕天性孝友，送死恤孤，恩意備至。通籀隸書，所著有毛詩說、論語尙書周禮講義、奏議、雜文行世。

陳居仁字安行，興化軍人。父太府少卿膏，娶明州汪氏女，因家焉。膏初爲汾州教授，佐守臣張克戩捍金人。後知惠州，單馬造曾袞壘，譬曉降之。鄞僧王法恩〔四〕謀逆事覺，或請屠城，膏方爲御史，力論多殺非聖世事，脅從者悉寬宥之。

居仁年十四而孤，以廕授鉛山尉。紹興二十一年舉進士。秦檜與膏有故，有勸以一見可得美官，居仁曰：「是有命焉。」終不自通。移永豐令，入監行在點檢贍軍激賞酒庫所羅場，詔修高宗聖政，妙選寮屬，與范成大並充檢討官。

淮甸交兵，魏杞以宗正少卿使金，辟居仁幕下。時和戰未決，金兵駐淮北，人情恟懼，突騎大至，彎弓夾道，居仁上馬，猶從容舉酒屬杞：「天寒且酬此觴。」觀者壯之。乃諭金人開道入，卒成禮，減歲幣而還。因出疆賞，轉承議郎，授諸王宮大小學教授。杞秉國柄，居仁忍貧需遠次，未嘗求進。虞允文欲引以爲用，不就。允文欲與論兵，謝不能，退而貽書謂：「有定力乃可立事，若徒爲大言，終必無成，幸成亦旋敗。」允文爲之色動。

徙主軍器監簿、宗正修玉牒。轉對，言：「立國須定規模，陛下非無可致之資，而規模未立。」孝宗初頗不懌，曰：「朕未嘗不立規模。」居仁奏：「陛下銳意恢復，繼乃通和，和、戰、守三者迄今未定，孰爲規模耶？」允文曰：「此正前日定力之論，某今益知此言之當也。」

遷將作監丞，轉國子丞。九年，進秘書丞。入對，論文武並用長久之術：「陛下獎進武臣，深得持平救偏之道，然未必得智謀勇略之士，或多便佞輕躁之徒，將復有偏勝之患。」帝嘉納。權禮部郎官。嘗言臺閣宜多用明習典故之士，帝問其人，居仁以李燾、莫濟對。甫數日，召燾。

居仁力請外，乃知徽州。帝令陛辭，慰諭遣之。至郡，告以天子節經費以惠儉瘠，不能推廣聖德，吏則有罪。乃招三衙軍，植二表于庭，有輸納中度而遭抑退者，抱所輸立表下，親視之，人無留滯，吏不能措手，輸稅者恆裹贏以歸。鄰州有訟，多詣臺省乞決於居仁。秩滿，邦人挽留，由間道始得去。

入對，帝舉新安之政獎之。請編類隆興以來寬恤詔令，有曰：「法久則易玩，事久則易怠。惟申加戒飭，有以儆其觀聽，則千萬年猶一日。」帝曰：「名言也。」又言：「歸正忠順，過於優渥，而遇戰士反輕。此曹出萬死策勳，今老矣，添差已罷，廩稍半給，至匃于市，軍士解體。乞加優恤，以終始念功之意，堅後生圖報之心。」帝覽之嘉歎。會駕大閱白石，卽命再添差兩任，衣糧全給，三軍爲之呼舞。

留爲戶部右曹郎官，命未下，朝方推會要賞，帝曰：「陳居仁治行爲天下第一，可因是幷賞之。」特轉朝議大夫兼權度支，又兼權禮部。會樞屬闕員，方進擬，帝曰：「豈有人才如陳居仁而可久爲郎乎？」卽授樞密院檢詳文字，尋爲右司，遷左司，又遷檢正中書門下省諸房公事，歷兼左藏諸庫。居仁親視按牘，嘗謂：「有罪幸免則寃者何告，誣枉者七人皆當敍復。」執政難之，居仁退，疏其寃狀上之。帝曰：「居仁精審，尙復何疑。」詔以旱求言，居仁乞命公卿務行寬大，御史京鏜極論從窄之敝，此風未革。

假吏部尙書使金，還，遷起居郎，尋兼詳定一司敕令兼權中書舍人，泛恩濫賞，封繳無所避。因言：「恩惠不及小民，名爲寬逋負，實以惠頑民耳；名爲赦有罪，實以惠姦民耳。願盡放天下五等戶身丁，四等戶一半。」從之。安定王子彤〔五〕乞封妾爲夫人，居仁繳奏，帝喜迎，謂有補風教。又論：「君人之道，貴在執要，今陛下親細故而忽遠猷，事末節而忘大體，願舉綱要以御臣下，省思慮以頤精神。」詰旦，令淸中書之務。權直學士院。帝曰：「內外制向委數人，今陳居仁一人當之，不見其難。」乞詔大臣博議「絕浮費，汰冗兵，計當省之數，定蠲除之目，此富民之要術也」。

以集英殿修撰知鄂州，築長隄扞江，新安樂寮以養貧病之民，撥閒田歸之。進煥章閣待制，移建寧府。歲饑，出儲粟平其價，弛逋負以巨萬計，代輸畸零蘓稅。有因告糴殺人者，會赦免，居仁曰：「此亂民也，釋之將覆出爲惡。」遂誅之。觀察推官柳某死，貧不克歸，二子行匃于道，聞而憐之，予之衣食，買田以養之，擇師以教之。鎭江大旱，又移居仁守鎭江。請以緡錢十四萬給兵食，不報〔六〕；爲書以義撼丞相，然後許。發時窖往覘之。間遣糴運於荆楚商人，商人曰：「是陳待制耶？」爭以粟就糴。居仁區畫有方，所存活數萬計。因饑民治古海鮮界港，爲石礎丹徒境上，蓄泄以時，以通漕運。治江陰姦僧。

加寶文閣待制、知福州。入境，有饑民嘯聚，部分巡兵遮擊之，首惡計窮，自經死。治宗室之暴横，申蠱毒之舊禁。有召命求閒者，再進華文閣直學士，提舉太平興國宮，卒，贈金紫光祿大夫。

居仁風度凝遠，處己應物，壹以誠信。臨事毅然有守，所至號稱循吏，皆立祠祀之。有奏議、制稿、詩文行世。子卓。

卓字立道。紹熙元年進士，其後知江州，移寧國府。丞相以故欲見之，卓謝不往，丞相益器之。李全叛，褫其爵，詔書至淮，人益自勵；太廟災，降罪己詔，京師感動，皆卓所草也。爲簽書樞密院事。未幾，匃祠還里。平生不營產業，以贊書所酬金築世綸堂。閒居十有六年，卒年八十有六。將葬，事不能具，丞相吳潛聞之，貽書制置使以助。其孫定孫力請謚于朝，迺謚清敏。

劉漢弼字正甫，上虞人。生二歲而孤，母謝氏撫而教之。嘉定九年舉進士，授吉州教授。歷江西安撫司幹官，監南嶽廟、浙西提舉茶鹽司幹官。召試館職，改秘書省正字，序遷秘書郎兼沂王府教授，改著作佐郎兼史館校勘，權考功員外郎。升著作郎、知嘉興府兼兵部員外郎，改兼考功。尋爲考功員外郎兼崇政殿說書、編修國史、檢討實錄，擢監察御史。出知温州。尋擢太常少卿，以左司諫召，擢侍御史兼侍講，以戶部侍郎致仕。

漢弼學明義利之辨，爲正字時，應詔言事，極論致菑弭菑之道。爲校書郎，轉對，舉蘇軾所言結人心，厚風俗，存紀綱。又論制閫當復其舊，戎司當各還其所，邊郡守當用武臣。又論決和戰以定國論，合江、淮以壹帥權，公賞罰以勵人心，廣規撫以用人才。爲著作佐郎，言兵財楮幣權不可分。又言取士之法，詞學不當去「宏博」字，混補不如復待補之便。爲著作，爲考功員外，所陳皆切於時務。及爲言官，帝奬諭曰：「以卿純實不欺，故此親擢，宜悉心以告。」

漢弼以臺綱久弛，疏三事，曰：定規撫，正體統，遠謀慮。首論給事中錢相巧於迎合，睥睨政地，直學士院吳愈不稱其職，罷去之。又劾中書舍人濮斗南、左正言葉賁，疏留中不出。賁，松陽人，爲時相史嵩之腹心。有使賁互按者，明日賁有他命，而漢弼由是去國。嵩之久擅國柄，帝益患苦之，既復以左司諫召，首贊帝分別邪正以息衆疑。奏疏論立聖心、正君道、謹事機、伸士氣、收人才五事，帝嘉其言，併付外行之。

及爲侍御史，密奏曰：「自古未有一日無宰相之朝，今虛相位已三月，尙可狐疑而不斷乎？願奮發英斷，拔去陰邪，庶可轉危而安；否則是非不可兩立，邪正不並進，陛下雖欲收召善類，不可得矣。臣聞富弼之起復，止於五請，蔣芾之起復，止於三請，今嵩之既六請矣，願聽其終喪，亟選賢臣，早定相位。」帝覽納，遂決。乃命范鍾、杜範並相，百官舉笏相慶，漢弼之力爲多。又累章言金淵、鄭起潛、陳一薦、謝達、韓祥、濮斗南、王德明，皆嚮昔託身私門，爲之腹心，盤據要路，公論之所切齒者。至論馬光祖奪情，總賦淮東，乃嵩之預爲引例之地，乞勒令追服終喪，以補名教。

帝嘗屬漢弼以進人才，退而條具以奏，皆時望所歸重。漢弼以受知特異，而姦邪未盡屏汰，論議未能堅定爲慮，遂感末疾，居亡何，遂卒。特贈四官，未幾，賜官田五百畝、楮五千緡給其家，謚曰忠。漢弼之沒也，太學生蔡德潤等百七十有三人伏闕上書以爲暴卒，而程公許著漢弼墓銘，亦與徐元杰並言，其旨微矣。

論曰：唐張九齡、姜公輔，宋余靖皆出於嶺嶠之南，而爲名世公卿，造物者曷嘗擇地而生賢哉？先王立賢無方，蓋爲是也。番禺崔與之晚出，屹然大臣之風，卒與三子者方駕齊驅。洪咨夔、許奕直道正言於理宗在位之日。陳居仁見稱循吏，親結主知。劉漢弼抱忠以死，哀哉！

校勘記

〔一〕隔笰關　按本書卷四〇寧宗紀、宋史全文卷三〇都作「隔芽關」，本書卷四一四史彌遠傳作「隔牙關」，兩朝綱目卷一五、續宋編年通鑑卷一五都作「隔茅關」。

〔二〕王粲　按魏了翁鶴山先生大全文集卷六九許奕神道碑作「楊粲」。

〔三〕適宇文紹節宣撫荆湖還　「荆湖」，同上書同卷作「京湖」。按南宋曾合京西湖北爲一路，稱京湖路，置湖北京西宣撫使；宇文紹節任湖北京西安撫使、知江陵府，見本書卷三九八本傳，疑作「京湖」是。

〔四〕鄞僧王法恩　按周必大周益國公集卷六四陳居仁神道碑、樓鑰攻媿集卷八九陳居仁行狀都作鄞縣「僧法恩」，無「王」字。

〔五〕子肜　按同上兩書同卷都作「子彤」。

〔六〕請以緡錢十四萬給兵食不報　按攻媿集陳居仁行狀：「改知鎮江府，適當洊饑，請粟於朝，謂郡有餘貲，不應。公再疏曰：『舊將所留緡錢十有四萬，不能糴三萬斛，以支兵食尙不足，何以爲振業計？』又不報。」疑此誤。

宋史卷四百七

列傳第一百六十六

杜範 楊簡錢時附 張虙 呂午子沆

杜範字成之，黃巖人。少從其從祖燁、知仁游，從祖受學朱熹，至範益著。嘉定元年舉進士，調金壇尉，再調婺州司法。紹定三年，主管戶部架閣文字。六年，遷大理司直。端平元年，改授軍器監丞。明年，入對，言：「陛下親覽大政，兩年于茲。今不惟未覩更新之效，而或者乃有浸不如舊之憂。夫致弊必有原，救弊必有本，積三四十年之蠹習，浸漬薰染，日深日腐，有不可勝救者，其原不過私之一字耳。陛下固宜懲其弊原，使私意淨盡。顧以天位之重而或藏其私憾，天命有德而或濫於私予，天討有罪而或制於私情，左右近習之言或溺於私聽，土木無益之工或侈於私費，隆禮貌以尊賢而用之未盡，溫辭色以納諫而行之惟艱，此陛下之私有未去也。和衷之美不著，同列之意不孚，紙尾押敕，事不預知，同堂決事，莫相可否，集議盈庭而施行決於私見，諸賢在列而密計定於私門，此大臣之私有未去也。君相之私容有未去，則教條之頒徒爲虛文。近者召用名儒，發明格物致知、誠意正心之學，有好議論者，乃從而詆訾訕笑之，陛下一惑其言，卽有厭棄儒學之意。此正賢不肖進退之機，天下安危所係，願以其講明見之施行。」

改秘書郎，尋拜監察御史。奏：「曩者權臣所用臺諫，必其私人，約言已堅，而後出命。其所彈擊，悉承風旨，是以紀綱蕩然，風俗大壞。陛下親政，首用洪咨夔、王遂，痛矯宿弊，斥去奸邪。然廟堂之上，奉制尙多〔一〕。言及貴近，或委曲回護，而先行丐祠之請；事有掣肘，或彼此調停，而卒收論罪之章。亦有彈墨尙新而已頒除目，沙汰未幾而旋得美官。自是臺諫風采，昔之振揚者日以鑠；朝廷紀綱，昔之漸起者日以壞。」理宗深然之。

又奏九江守何炳年老不足備風寒，事寢不行。範再奏曰：「一守臣之未罷其事小，臺諫之言不行其事大。阻臺諫之言猶可也，至於陛下之旨匿而不行，此豈勵精親政之時所宜有哉！」丞相鄭清之見之大怒，五上章丐去，有「危機將發，朋比禍作」之語；且謂範順承風旨，粉飾擠陷。範遂自劾，言：「宰相之與臺諫，官有尊卑而事關一體，但當同心爲國，豈容以私而害公。行之者宰相，言之者臺諫。行之者豈盡合於事宜，言之者或未免於攻詆，清明之朝，此特常事。古者大臣欲扶持紀綱，故必崇獎臺諫，聞有因言而待罪者矣，未聞有諱言而含怒者也。曩者柄臣所用臺諫，必其私人；陛下更新庶政，而臺諫皆出於親擢。若廟堂不欲臣言其親故，鉗其口，奪其氣，則與曩者之用私人何以異？不知所謂『承順風旨』者何人？『粉飾擠陷』者何事？乞檢臣前奏，賜之罷黜，以從臣退安田里之欲。」

時淸之妄邀邊功，用師河、洛，兵民死者十數萬，資糧器甲悉委於敵，邊境騷然，中外大困。範率合臺論其事，併言制閫之詐謀罔上。於是凡侍從、近臣之不合時望者，監司、郡守之貪暴害民者，皆以次論斥。淸之愈忌之，改太常少卿。轉對言：「今日之病，莫大於賄賂交結之風。名譽已隆者買左右之譽以固寵，宦遊未達者惟梯級之求以進身。邊方帥臣，黃金不行於反間，而以探刺朝廷；厚賜不優於士卒，而以交通勢要。以致賞罰顚倒，威令慢褻，罪貶者拒命而不行，棄城者巧計以求免，提援兵者召亂而肆掠，當重任者怙勢而奪攘。下至禁旅，驕悍難制，監軍羣聚相剽刼。欲望陛下毋以小恩廢大誼，毋以私情撓公法，嚴制宮掖，不使片言得以入於閫；禁約閹宦，不使讒諂得以售其姦。」範自入臺，屢丐祠，至是復五上歸田之請，皆不允。

遷秘書監兼崇政殿說書。大元兵徇江陵，範乞屯兵蘄、黃以防窺江，且令沿江帥臣兼江、淮制置大使以重其權，令淮西帥臣急調兵撥糧以援江陵。拜殿中侍御史，辭不獲，乃因講筵，奏：「臣嘗冒耳目之寄，輒忤宰相，至煩陛下委曲調護，今又使居向者負芒之地，豈以臣絕私比，而其言猶有可取耶？抑以臣巽懦之質，易於調護，而姑使之備數耶？昔人主之於諍臣，非樂而聽之，即勉而從之，否則疎而遠之，未聞有不用其言而復用其人者。陛下自端平親政以來，召用正人以振臺綱，未幾而有委曲調護之弊，其所彈擊，或牽制而不行，其所斥逐，復因緣以求進。臣於入臺之初，固已力言之，不惟不之革，而其弊滋甚，甚至節貼而文理不全，易寫而臺印無有，中書不敢執奏，見者爲之致疑。不意聖明之時，其弊一至於此。陛下以其言之不可用，又從而超遷之，則是臺諫之官，專爲仕途之捷徑。陛下但知崇獎臺諫爲盛德，而不知阻抑直言之爲弊政，則陛下外有好諫之名，內有拒諫之實，天下豈有虛可以蓋實哉。」範始以不得其言不去爲恨，至是遂極言臺諫失職之弊。

時襄、蜀俱壞，江陵孤危，兩浙震恐，復言：「淸之橫啓邊釁，幾危宗祀，及其子招權納賄，貪冒無厭，盜用朝廷錢帛以易貨外國，且有實狀。」倂言：「簽書樞密院事李鳴復與史寅午、彭大雅以賄交結，曲爲之地。鳴復既不恤父母之邦，亦何有陛下之社稷。」帝以淸之潛邸舊臣，鳴復未見大罪，未卽行，範亦不入臺。帝促之，範奏：「鳴復不去則臣去，安敢入經筵？」方再奏之，鳴復抗疏自辨，言：「臺臣論臣，不知所指何事，豈以臣嘗主和議耶？幸未斥退，則安國家、利社稷，死生以之；否則無家可歸，惟有扁舟五湖耳。」範又極言其寡廉鮮恥，既而合臺劾之，太學諸生亦上書交攻之。鳴復將出關，帝又遣使召回，範復與合臺奏：

「嗚復爲宰執，所交惟史寅午、彭大雅，此等相與陰謀，不過賂近習、蒙上聽，以陰圖相位。臣近見自辨之章，見其交鬥邊臣以啓嫌隙，妄言和戰以肆脅持，且以蜀既破蕩而欲泛舟五湖，又以安國家、利社稷自任，不知嗚復久居政府，今又有何安利之策？欺君罔上，無所不至。如臣等言是，卽乞行之；所言若非，早賜罷斥。」改起居郎，範奏：「臣論嗚復，未見施行，忽拜左史之命，則是所言不當，姑示優遷。臣前者嘗奏臺諫但爲仕途之捷徑，初無益朝廷之紀綱，躬言之，躬蹈之，臣之罪大矣。」卽渡江而歸。授江東提點刑獄，尋改浙西提點刑獄，範力辭之，而嗚復亦出守越。

嘉熙二年〔三〕，差知寧國府。明年至郡，適大旱，範卽以便宜發常平粟，又勸寓公富人有積粟者發之，民賴以安。始至，倉庫多空，未幾，米餘十萬斛，錢亦數萬，悉以代輸下戶糧。兩淮饑民渡江者多剽掠，其首張世顯尤勇悍，擁衆三千餘人至城外。範遣人犒之，俾勿擾以俟處分，世顯乃陰有窺城之意。範以計擒斬之，給其衆使歸。

四年，還朝，首言：

旱暵荐臻，人無粒食。楮劵猥輕，物價騰踊。行都之內，氣象蕭條，左浙近輔，殍死盈道。流民充斥，未聞安輯之政，剽掠成風，已開弄兵之萌，是內憂既迫矣。新興北兵，乘勝而善鬥，中原羣盜，假名而崛起。擣我巴蜀，據我荆襄，擾我淮堧，近又由夔、峽以瞰鼎、澧。疆埸之臣，肆爲欺蔽，勝則張皇而言功，敗則掩覆而不言。脫使乘上流之無備，爲飲馬長江之謀，其誰與捍之？是外患既深矣。

人主上所事者天，下所恃者民。近者天文示變，妖彗吐芒，方冬而雷，既春而雪，海潮衝突於都城，赤地幾徧於畿甸，是不得乎天而天已怒矣。人死於干戈，死於饑饉，父子相棄，夫婦不相保，怨氣盈腹，謗言載路，「等死」一萌，何所不至，是不得乎民而民已怨矣。內憂外患之交至，天心人心之俱失，陛下能與二三大臣安居於天下之上乎？陛下亦嘗思所以致此否乎？

蓋自曩者權相陽進妾婦之小忠，陰竊君人之大柄，以聲色玩好內蠱陛下之心術，而廢置生殺，一切惟其意之所欲爲，以致紀綱陵夷，風俗頹靡，軍政不修而邊備廢缺。凡今日之內憂外患，皆權相三十年醞成之，如養護癰疽，待時而決耳。端平號爲更化，而居相位者非其人，無能改於其舊，敗壞汙穢，殆有甚焉。自是聖意惶惑，莫知所倚仗，方且不以彼爲讎而以爲德，不以彼爲罪而以爲功。於是天之望於陛下者孤，而變怪見矣，人之望於陛下者觖，而怨叛形矣。

陛下敬天有圖，旨酒有箴，緝熙有記，使持此一念，振起頹綱，宜無難者。然聞之道路，謂警懼之意，祗見於外朝視政之頃；而好樂之私，多縱於內廷燕褻之際。名爲任賢，而左右近習或得而潛間；政出於中書，而御筆特奏或從而中出。左道之蠱惑，私親之請託，蒙蔽陛下之聰明，轉移陛下之心術。

於是範去國四載矣，帝撫勞備至。

遷權吏部侍郎兼侍講。以久旱，復言：「陛下嗣膺寶位餘二十年〔三〕，災異譴告，無歲無之，至于今而益甚。陛下求所以應天者，將止於減膳徹樂、分禱羣祀而已乎？抑當外此而反求諸躬乎？夫不務反躬悔過，而徒覬天怒之釋，天下寧有是理？欲望陛下一洒舊習以新天下，出宮女以遠聲色，斥近習以防蔽欺，省浮費以給國用，薄征斂以寬民力。且儲貳未立，國本尚虛，乞選宗姓之賢者育之宮中而教導之。」又言銓法之壞：「廟堂既有堂除，復時取部缺以徇人情；士大夫既陷贓濫，乃間以不經推勘而改正。凡此皆徇私忘公之害。」未幾，復上疏曰：

天災旱暵，昔固有之。而倉廩匱竭，月支不繼，升粟一千，其增未已，富戶淪落，十室九空，此又昔之所無也。甚而闔門饑死，相率投江，里巷聚首以議執政，軍伍詐語所不忍聞，此何等氣象，而見於京城衆大之區。浙西稻米所聚，而赤地千里。淮民流離，襁負相屬，欲歸無所，奄奄待盡。使邊塵不起，尚可相依苟活，萬一敵騎衝突，彼必奔迸南來，或相攜從敵，因爲之鄉導，巴蜀之覆轍可鑑也。

竊意陛下宵旰憂懼，寧處弗遑。然宮中宴賜未聞有所貶損，左右嬙嬖未聞有所放遣，貂璫近習未聞有所斥遠，女冠請謁未聞有所屏絕，朝廷政事未聞有所修飭，庶府積蠹未聞有所搜革。秉國鈞者惟私情之徇，主道揆者惟法守之侵，國家大政則相持而不決，司存細務則出意而輒行。命令朝更而夕變，紀綱蕩廢而不存，無一事之不弊，無一弊之不極。陛下盍亦震懼自省。

詔：「中外臣庶思當今急務，如河道未通，軍餉若何而可運？浙右旱歉，荒政若何而可行？財計空匱，糴本若何而可足？流徙失所，遣使若何而可定？敵情叵測，邊圉若何而可固？各務悉力盡思，以陳持危制變之策。」

拜吏部侍郎兼中書舍人，復極言宴賜不節、修造不時、玩寇縱欲數事。兼權兵部尚書，改禮部尚書兼中書舍人。

淳祐二年，擢同簽書樞密院事。範既入都堂，凡行事有得失，除授有是非，悉抗言無隱情。丞相史嵩之外示寬容，內實忌之。四年，遷同知樞密院事。以李鳴復參知政事，範不屑與鳴復共政，去之。帝遣中使召回，且敕諸城門不得出範。太學諸生亦上書留範而斥鳴復，并斥嵩之。嵩之令諫議大夫劉晉之等論範及鳴復，範遂行。會嵩之遭喪謀起復不果，於是拜範右丞相，範以遜游侶，不許，遂力疾入覲。帝親書「開誠心，布公道，集衆思，廣忠謚」賜之。

範上五事：「曰正治本，謂政事當常出於中書，毋使旁蹊得竊威福。曰肅宮闈，謂當嚴內外之限，使宮府一體。曰擇人才，謂當隨其所長用之而久於職，毋徒守遷轉之常格。曰惜名器，謂如文臣貼職，武臣閤衞，不當爲徇私市恩之地。曰節財用，謂當自人主一身始，自宮掖始，自貴近始，考封樁國用出入之數，而補窒其罅漏，求鹽筴楮幣變更之目，而斟酌其利害。仍乞早定國本以繫人心。」

時親王近戚多求降恩澤，引前朝杜衍例，範皆封還。乞撥堂除闕歸之吏部，以清中書之務，惟留書庫、架閣、京敎及要地幹官。人皆以爲不便，太學生亦上書言之，帝以示範，範奏曰：「三四十年權臣柄國，以公朝爵祿而市私恩，取吏部之闕以歸堂除，太學諸生亦習於見聞，乃以近年之弊政爲祖宗之成法。如以臣言爲是，上下堅守，則訣者必多而謗者息矣。」未幾，赴選調者無淹滯，合資格者得美闕，衆始服。

帝命宰執各條當今利病與政事可行者，範上十二事：

曰公用捨，願進退人才悉參以國人之論，則乘罅抵巇者無所投其間。曰儲材能，內而朝列，則儲宰執於侍從、臺諫，儲侍從、臺諫於卿監、郎官；外而守帥，則以江面之通判爲幕府、郡守之儲，以江面之郡守爲帥閫之儲；他職皆然，如是則臨時無乏才之憂。曰嚴薦舉，宜詔中外之臣，凡薦舉必明著職業、功狀、事實，不許止爲褒詞，朝廷籍記不如所舉，並罰舉主，仍詔侍從、臺諫不許與人覓舉。曰懲贓貪，自今有以贓罪案上，卽行下勘證，果有贓敗，必繩以祖宗之法，無實跡而監司妄以贓罪誣入者，亦量行責罰，臺諫風聞言及贓罪，亦行下勘證。曰專職任，吏部不可兼給、舍，京尹不可兼戶、吏，經筵亦必專官。曰久任使，內而財賦、獄訟、銓選與其他煩劇之職，必三年而後遷，外而監司、郡守，亦必使之再任，其不能者則亟行罷斥。曰抑僥倖，布告中外，各務職業，朝廷不以弊例而過恩，宮庭不以私謁而廢法；勳舊之家，邸第之戚，不以名器而輕假。曰重閫寄。曰選軍實。曰招土豪。曰宜倣祖宗方田之制，疏爲溝洫，縱橫經緯，各相灌注，以鑿溝之土，積而爲徑，使不得並轡而馳，結陣而前，如曹瑋守陝西之制，則戎馬之來，所至皆有阻限，而溝之內又可以耕屯，勝於陸地多矣。曰治邊、理財，實爲當今急務，有明於治邊、善於理財者，搜訪以聞。

時孟珙權重兵久居上流，朝廷素疑其難制，至是以書來賀。範復之曰：「古人謂將相調和則士豫附，自此但相與同心徇國。若以術相籠架，非範所屑爲也。」珙大感服。未幾，大元軍大入五河，絕中流，置營柵，且以重兵綴合肥，令不得相援，爲必取壽春之計。範命惟揚、鄂渚二帥各調兵東西來應，卒以捷聞。範計功行賞，莫不曲當，軍士皆悅。

未幾，卒，贈少傅，謚清獻。其所著述，有古律詩歌詞五卷，雜文六卷，奏稿十卷，外制三卷，進故事五卷，經筵講義三卷。

楊簡字敬仲，慈溪人。乾道五年舉進士，授富陽主簿。會陸九淵道過富陽，問答有所契，遂定師弟子之禮。富陽民多服賈而不知學，簡興學養士，文風益振。

爲紹興府司理，犴獄必親臨，端默以聽，使自吐露。越陪都，臺府鼎立，簡中平無頗，惟理之從。一府史觸怒帥，令鞫之，簡白無罪，命鞫平日，簡曰：「吏過詎能免，今日實無罪，必擿往事置之法，某不敢奉命。」帥大怒，簡取告身納之，爭愈力。常平使者朱熹薦之，先是，丞相史浩亦以簡薦，差浙西撫幹，白尹張杓，宜因凶歲戒不虞。乃令簡督三將兵，接以恩信，出諸葛亮正兵法肄習之，軍政大修，衆大和悅。

改知嵊縣。丁外艱，服除，知樂平縣，興學訓士，諸生聞其言有泣下者。楊、石二少年爲民害，簡寘獄中，諭以禍福，咸感悟，願自贖。由是邑人以訟爲恥，夜無盜警，路不拾遺。紹熙五年，召爲國子博士。二少年大帥縣民隨出境外，呼曰「楊父」。會斥丞相趙汝愚，祭酒李祥抗章辨之，簡上書言：「咋者危急，軍民將潰亂，社稷將傾危，陛下所親見。汝愚冒萬死易危爲安，人情妥定，汝愚之忠，陛下所心知，不必深辨。臣爲祭酒屬，日以義訓諸生，若見利忘義，畏害忘義，臣恥之。」未幾，亦遭斥，主管崇道觀。再任，轉朝奉郎。嘉泰四年，賜緋衣銀魚，朝散郎，權發遣全州，以言罷，主管仙都觀。

嘉定元年，寧宗更化，授秘書郎，轉朝請郎，遷秘書省著作佐郎兼權兵部郎官。轉對，極言經國之要，弭災厲、消禍變之道，北境傳誦，爲之涕泣。詔以旱蝗求直言，簡上封事，言旱蝗根本，近在人心。兼考功郎官，兼禮部郎官，授著作郎、將作少監。入對，答問往復，漏過八刻，上目送久之。兼國史院編修官兼實錄院檢討官，以面對所陳未行，求外補，知溫州。移文首罷妓籍，尊敬賢士。私鹺五百爲羣過境內，分司幹官檄永嘉尉及水砦兵捕之。巡尉不白郡，簡驚曰：「是可輕動乎？萬一召亂，貽朝廷憂。兵之節制在郡將，違節制是不嚴天子命，違節制應斬。」建旗立巡尉庭下，召劊手兩行夾立，郡官盛服立西序，數其罪，命斬之，郡官交進爲致悔罪意，良久得釋，奏罷分司，其紀律如此。寓官置民田負其直，簡追其隸責之而償所負。勢家第宅障官河，卽日撤之，城中讙踊，名楊公河。

帝遣使至郡譏察，使於簡爲先世契，出郊迎，不敢當，從間道走州入客位。簡聞之不敢入，往來傳送數四，乃驅車反。將降車〔四〕，使者趨出立戟門外，簡亦趨出立使者外，頓首言曰：「天使也，某不敢不肅。」使者曰：「契家子，禮有常尊。」簡曰：「某守臣，使者銜天子命，辱臨敝邑，天使也，某不敢不肅。」遂從西翼偕進，禮北面東上，簡行則常西，步則後，及階，莫敢升，已乃同升自西階，足踧踧莫敢就主席。使者曰：「邦君之庭也，禮有常尊。」簡曰：「春秋，王人雖微，例書大國之上，尊天子也。況今天使乎？」持之益堅，使者辭益力，如是數刻，使者知不可變，乃曰：「某不敏，敢不敬承執事尊天子之義。」即揖而出。既就館，簡乃以賓禮見。儀典曠絕，邦人創見之，莫不瞿然竦觀，屏息立。

簡在郡廉儉自將，奉養非薄，常曰：「吾敢以赤子膏血自肥乎！」閭巷雍睦無忿爭聲，民愛之如父母，咸畫象事之。遷駕部員外郎，老稚扶擁緣道，傾城哭送。入對，言：「盡掃喜順惡逆之私情，善政盡舉，弊政盡除，民怨自銷，禍亂不作。」改工部員外郎，轉對，又以擇賢久任爲言。遷軍器監兼工部郎官，轉朝奉大夫，又遷將作監兼國史院編修官兼實錄院檢討官，轉朝散大夫。

金人大饑，來歸者日以數千、萬計，邊吏臨淮水射之。簡戚然曰：「得土地易，得人心難。薄海內外，皆吾赤子，中土故民，出塗炭，投慈父母，顧靳斗升粟而迎殺之，蘄脫死乃速得死，豈相上帝綏四方之道哉？」即日上奏，哀痛言之，不報。會有疾，請去益力，乃以直寶謨閣主管玉局觀。升直寶文閣主管明道宮、秘閣修撰主管千秋鴻禧觀。特授朝請大夫、右文殿修撰主管鴻慶宮，賜紫衣金魚。進寶謨閣待制、提舉鴻慶宮，賜金帶。

理宗卽位，進寶謨閣直學士，賜金帶。寶慶元年，轉朝議大夫、慈溪縣男，尋授華文閣直學士、提舉佑神觀，奉朝請。詔入見，簡屢辭。授敷文閣直學士，累加中大夫，仍提舉鴻慶宮〔三〕，尋以寶謨閣學士、太中大夫致仕，卒，贈正奉大夫。

簡所著有甲稿、乙稿、冠記、昏記、喪禮家記、家祭記、釋菜禮記、石魚家記，又有己易、啓蔽等書，其論治務最急者五，其次八。一曰謹擇左右大臣、近臣、小臣；二曰擇賢以久任中外之官；三曰罷科舉而行鄉擧里選；四曰罷設法道淫；五曰治伍法，脩諸葛武侯之正兵，以備不虞。其次急者有八：一曰募兵屯田，以省養兵之費；二曰限民田，以漸復井田；三曰罷妓籍，從良；四曰漸罷和買、折帛暨諸無名之賦及榷酤，而禁羣飲；五曰擇賢士教之大學，教成，使分掌諸州之學，又使各擇井里之士聚而教之，教成，使各分掌其邑里之學；六曰取周禮及古書，會議熟講其可行於今者行之；七曰禁淫樂；八曰修書以削邪說。此簡之志也。後咸淳間，制置使劉黻卽其居作慈湖書院。門人錢時。

時字子是，淳安人。幼奇偉不羣，讀書不爲世儒之習。以易冠漕司，旣而絕意科舉，究明理學。江東提刑袁甫作象山書院，招主講席，學者興起，政事多所裨益。郡守及新安、紹興守皆厚禮延請，開講郡庠。其學大抵發明人心，論議宏偉，指擿痛决，聞者皆有得焉。丞相喬行簡知其賢，特薦之朝，且曰：「時夙負才識，尤通世務，田里之休戚利病，當世之是非得失，莫不詳究而熟知之，不但通詩書、守陳言而已。」

授秘閣校勘。詔守臣以時所著書來上。未幾，出佐浙東倉幕，太史李心傳奏召史館檢閱。轉對，敷陳剴切，皆聖賢之精微。旋以國史宏綱未畢求去，授江東帥屬，歸。其書有周易釋傳、尚書演義、學詩管見、春秋大旨、四書管見、兩漢筆記、蜀阜集、冠昏記、百行冠冕集。寶祐間，守季鏞祠于學。

張虙字子宓，慈溪人。慶元二年進士。故事，潛邸進士升名，虙不以自陳。授州教授，爲浙東帥屬。帥督新昌舊逋，虙手書諫曰：「越人之瘠，宜咻噢撫摩之。今夏稅當寬爲之期，使田里久饑之甿，少還已耗之氣血，尚可理舊逋耶？」力辭不行。

主管戶部架閣文字，改太學正。時新進者多逞小才、害大體，轉對言：「立國有大經，人主當以靜制天下之動。今日之治，或有鄰於鍥薄，而咈人心、傷國體者，宜有以革之，使祖宗之意常如一日可也。」帝嘉納焉。

遷太常博士，又遷國子博士。時金垂亡，因論自治之道，謂：「天下之治，必有根本。城郭所以禦敵也，使溝壑有轉徙之民，則何敵之能禦？儲峙所以備患也，使枵腹盻盻不得食，則何患之能備？今日之吏，能知守邊之務者多，而能明立國之意者少。繕城郭，聚米粟，恃此而不恤乎民，則其策下矣。」

時以旱求言，卽上疏曰：「上天之心卽我祖宗之心，數年以來，蓋有爲祖宗所不敢爲者。凡祖宗之時，幾舉而不遂，已行而復寢，始以人言而從，終以國體而回者，今皆處之以不疑矣。凡祖宗長慮卻顧，所以銷惡運、遏亂原、兢兢相與守之者，皆變於目前利便快意之謀矣。議者惟知衰靡之俗不可不振起也，圮壞之風不可不整刷也，抑不知振起整刷之術，最難施於衰靡圮壞之後。何者？元氣已傷而不可再擾，人心方蘇而不可驟動也。且造楮初欲便民，朝廷既以一切之政驗其聽，復以一定之價迫之從，郡縣之間，遂騷然矣。監司、郡守老成遲鈍者悉屛而不用，而取夫新進喜功名者爲之，見事則風生，臨事則痛決，事未果集而根本已朘，國未有益而民生已困矣。凡此皆有累於祖宗仁厚之德，此旱勢之所以彌甚也。」

遷國子監丞。轉對，願力主正論，勿使迎合之人得以投吾機。遷秘書郎，預編寧宗會要兼吳、益王府教授，改兼莊文府。講毛詩終篇，乞以所讀諸子改讀尙書，帝曰：「吾固以詩、書成麟趾之美也。」

遷著作佐郎兼權都官郎官。轉對言：「邊事有二病，戒敕千條，猶患悖繆，指意明白，猶復背違，安有不示其所向而謂可責其成。且言戰則當知彼，言和則當請於彼，惟守則自求諸己而已。儻以爲可，則當力主其說，明告天下，日講求其所以守之之策，蓋議論貴合一，而今則病乎雜也。用人不可以嘗試，任人不可以自疑。朝廷惟慮獨任之難勝，彼此互分，不相扶持，人得抗衡，莫有禀屬，制置但存虚器，便宜反出多門。蓋體貴合一，而今則病乎分也。」

遷秘書丞，改著作郎。以疾乞外，出知南康。至郡，剖決滯訟，衆皆悦服。前守陳宓以錢七千緡置濟民庫爲築城費，虙至，曰：「不必取贏於民，吾捐萬緡爲倡，繼是儻不已，何患事之難成。」轉運使以錢萬二千緡置平糴於郡，虙復出錢萬二千緡以增益之，民賴其利。將增建禁旅，營地屬民者，索質劑視元直償之。徙知處州，移知温州，力辭，遂直秘閣、主管千秋鴻禧觀。參議制置使幕中，使者尚威力，愎諫自用，虙守正不阿，每濟以寬大。又上書論海防利便。主管玉局觀。

端平初，召爲國子司業兼侍講，以禮記月令進讀，至「獄訟必端平」之語，因敷暢厥旨。八陵來復，將議修奉，而論者未能協一，虙議曰：「當乘此時遣官肅清威儀，申祇奉故事，如或爲其所給，功未即就，亦足以感動天下忠臣義士之心。」力辭勸講之職，升國子祭酒。以爲「月令之書雖出於呂不韋，然人主後天而奉天時，此書不爲無助」。乃因已講者爲十二卷，乞按月而觀之。兼權工部侍郎兼國子祭酒，命下而卒，詔贈四官。

呂午字伯可，歙縣人。嘉定四年進士，授烏程主簿，郡守致之幕下，事一決於午。守張忠恕，丞相浚之孫，薦午猶力，時忠恕之母就養，而時時躬至簿聽迎午二親入郡，與午皆衣綵衣奉觴上壽，邦人榮之。

調當塗縣丞。守吳柔勝謂午有操守，俾其子淵、潛定交焉。會司理攝蕪湖縣，廬州遣兩兵會公事，司理遂以廬兵奪縣民爲言。柔勝怒，悉寘獄，屬午問之。午謂「廬州有公檟，不可謂奪民」。柔勝愈怒，再以屬午。明日，午入謁，柔勝先令左右問若何，午執前說。柔勝益加怒，謂「我不忍廬兵奪吾百姓」。不出迎午，午坐客位不退，不食。柔勝勉爲出，怒不息，欲黥二兵。午徐曰：「廬州初無公檟則可，有則縣不爲處置而反罪廬兵，恐不可。」久之，卒從午請，由是柔勝益知午。

陳貴誼守太平，屬午安集淮南流民。江東提舉徐僑知午在郡，驚喜，辟爲幕屬。午欲盡決遺郡事而後行，帖趣行至十八而不以白貴誼，僑貽書貴誼，午始行。既而僑行部，以田事迕丞相史彌遠，以言罷。午還當塗。監温州天富北監鹽場，改知餘杭縣，亦以言罷，公論大不平，然午自此名益重。浙東提舉章良朋留之幕，旋兼沿海制置司事。海寇未平，良朋問策安在。午廉知調軍出海，糧盡即還，軍獲寇物，官盡拘收，乃與制置司幹官施一飛議，糧盡再給，不許擅還，賊舟所有，悉以給軍，海道遂清。

差知龍陽縣。豪民陶守忠殺人，正其獄誅之。彌遠雖非賢相，猶置人才簿，書賢士大夫以待用，而午治縣之政亦書之。差兩浙轉運司主管文字，彌遠病久不見客，午入謁，特出迎。運使罷，故不用人，以午護印半年。或問彌遠，何以不注官？彌遠曰：「爾謂護印官不能耶？」午聞之力辭。

差監三省樞密院門兼監提轄封椿上庫。丁父憂，免喪，遷大府寺簿。拜監察御史，帝親擢也。鄭清之喪師，至是丁黼死於成都，史嵩之、孟珙在京湖，嵩之尋升督府。陳韡、杜杲在淮西，王鑑在黃州，計用兵十七萬人，圍始解。獨趙葵〔六〕在淮東不受兵，而坐視不出兵應援。午疏論：「邊閫角立，當協心釋嫌，而乃幸災樂禍，無同舟共濟之心。」葵以爲午黨京湖制司，而嵩之亦憾午，乃遷宗正少卿兼國史院編修官、實錄院檢討官。出知泉州。初，左丞相李宗勉深以葵之言爲疑，會來自淮東者，乃言臺官皆以葵交書，獨呂御史無之，宗勉始以午爲賢，語人曰：「呂伯可獨立無黨者。」嵩之得彌遠人才簿，心知敬午而內怨所論邊事。及午移浙東提刑，嵩之令鄧咏嗾董復亨論罷，中外不直嵩之。

提舉崇禧觀，再移浙東提刑。復爲監察御史，入見，帝曰：「卿向來議論甚明切。」兼崇政殿說書。嵩之雅不欲午在經筵，時殿中侍御史項容孫子娶午從子，嵩之俾容孫上疏避午，欲撼之去，而於法無避。嵩之乃與言路密謀，以爲午嘗劾王瓚姻家史洽，遂以瓚爲右正言，午卽治裝去。上手詔趣留之，午力辭，不允，由是再留，而議論愈不合。

遷起居郎兼史院官，官至中奉大夫，閒居一紀卒，年七十有七，累贈至華文閣學士、通奉大夫。子沆。

沆字叔朝，以恩補將仕郎。端平三年，銓試第一，授黃巖縣主簿，監西京中嶽廟者二，總領湖廣、江西、京西財賦所準備差遣。改知於潛縣，重囚逸，聞沆至，自歸。淮西總領辟充主管文字。

通判婺州，朱君章訟爭田四十有二年，吳王府爭墓二十有九年，沆皆決之。特差充提領兩浙轉運鹽事使司主管文字，又差充行在點檢贍軍激賞酒庫，歷四轄、六院之文思官告，書擬尙左右郎官事。

賈似道議行公田，彗星見，沆請罷公田還民。及理宗崩，似道矯詔廢十七界會子，行關子，沉力言非便。似道大怒，調將作監簿，急令言者論寢。久之，與雲臺觀，起知興國軍，未赴，論仍雲臺觀。起知全州，未赴，與仙都觀。德佑〔七〕元年，三學伏闕上書訟沉屈，召赴行在，沉不復出，卒，年八十有一。

論曰：杜範在下僚，已有公輔之望，及入相未久而沒。楊簡之學，非世儒所能及，施諸有政，使人百世而不能忘，然雖享高年，不究於用，豈不重可惜也哉。張慮子諒易直，呂午風采凜然，皆有裨於世道者矣。

校勘記

〔一〕奉制尙多　按「奉制」，黃震戊辰修史傳杜範傳作「牽制」；下文杜範因講筵奏亦有「其所彈奏，或牽制而不行」語，當以「牽制」爲是。

〔二〕嘉熙二年　「嘉熙」原作「嘉興」。按南宋無「嘉興」年號，戊辰修史傳杜範傳作「嘉熙」，是，據改。

〔三〕餘二十年　按一二二四年，寧宗死，理宗卽位，至此時（嘉熙四年，一二四〇年），將近二十年。

戊辰修史傳杜範傳作「乖二十年」，疑作「垂」字是。

〔四〕將降車　「車」原作「牛」，據楊簡慈湖遺書卷一八附錄錢時楊簡行狀改。

〔五〕仍提舉鴻慶宮　「仍」原作「乃」。按楊簡於嘉定十五年以右文殿修撰主管鴻慶宮；十六年除寶謨閣待制、提舉鴻慶宮；此係寶慶二年事，見慈湖遺書楊簡行狀，文爲「仍提舉鴻慶宮」。作「仍」是，據改。

〔六〕趙葵　原作「周葵」，誤。據本書卷四一七趙葵傳，葵當時以淮東制置使兼知揚州，其不出兵應援事，見宋史全文卷三三。周葵乃高宗、孝宗時人。今改。

〔七〕德佑　按宋無「德佑」年號，疑當爲「德祐」。

宋史卷四百八

列傳第一百六十七

吳昌裔 汪綱 陳宓 王霆

吳昌裔字季永，中江人。蚤孤，與兄泳痛自植立，不肯逐時好，得程頤、張載、朱熹諸書，輒研繹不倦。嘉定七年舉進士，聞漢陽守黃榦得熹之學，往從之。

調閬中尉〔一〕。利路轉運使曹彥約聞其賢，俾司糴場。時歲饑，議糴上流，昌裔請發本倉所儲數萬而徐糴以償，從之。調眉州教授。眉士故尚蘇軾學，昌裔取諸經爲之講說，祠周惇頤及顥、頤、載、熹，揭白鹿洞學規，倣潭州釋奠儀，簿正祭器，士習丕變。制置使崔與之薦之，改知華陽縣。修學宮，來四方士，斥羨錢二十萬緡，買良田備旱。通判眉州，著苦言十篇，慮蜀甚悉。攝郡事，御軍有紀律。尋權漢州，故事比攝官，奉饋皆如眞，昌裔命削其半。核兵籍，興社倉，郡政畢舉。興元帥趙彥吶議東納武仙，西結秦、鞏，人莫敢言，昌裔獨奮筆力辨其非。未幾，武仙敗，二州之民果叛。

端平元年，入爲軍器監簿，改將作監簿。改太常少卿。徐僑於人少許可，獨賢之。兼皇后宅教授，昌裔以祖宗舊典無以職事官充者，力辭，改吳、益王府教授。轉對，首陳六事，其目曰：「天理未純，天德未健，天命未敕，天工未亮，天職未治，天討未公。」凡君臣之綱，兄弟之倫，舉世以爲大戒而不敢言者，皆痛陳之。至於邊臣玩令，陟罰無章，尤拳拳焉。拜監察御史，彈劾無所避，且曰：「今之朝綱果無所撓乎？言及親故則爲之留中，言及私昵則爲之訖了，事有窒礙則節帖付出，情有嫌疑則調停寢行。今日遷一人，曰存近臣之體，明日遷一人，曰爲遠臣之勸。屈風憲之精采，徇人情之去留，士氣銷耎，下情壅滯，非所以糾正官衺，助國脈也。」

臺臣故事，季詣獄點檢。時有爭常州田萬四千畝，平江亦數百畝，株逮百餘人，視其牘，乃趙善湘之子汝櫄、汝榟也，州縣不敢決，昌裔連疏劾罷之。冬洊雷，春大雨雪，昌裔居齋宮秉燭草疏，凡上躬缺失，宮庭嬖私，廟堂除授，皆以爲言。又言：「將帥方命，女寵私謁，舊黨之用，邊疆之禍，皆此陰類。」且曰：「今大昕坐朝，間有時不視事之文；私第謁假，或有時不入堂之報。上有耽樂慆逸之漸，下無協恭和衷之風。內則嬖御懷私，爲君心之蠹；外則子弟寡謹，爲朝政之累。遊言噂沓，寵賂章聞，欲蕭、勺大和〔三〕，得乎？

又念蜀事阽危，條四事以進：實規撫〔三〕，審功賞，訪軍實，儲帥才。時有果、閬州守臣逃遁而進職，有知遂寧李煒父子足迹不至邊庭而受賞，僨軍之趙楷、棄城之朱揚祖皆不加罰；又帥臣趙彥呐年老智衰，其子淫刑黷貨，士卒不用命，安癸仲恥遭抨彈，經營復用，欲起謫籍以代帥垣，昌裔皆抗疏彈擊。

又歷言三邊之事曰：「今朝廷之上，百辟晏然，言論多於施行，浮文妨於實務。后族王宮之冗費，列曹坐局之常程，羣工閑慢之差除，諸道非泛之申請，以至土木經營，時節宴遊，神霄祈禳，大禮錫賚，藻飾治具，無異平時。至於治兵足食之方，脩車備馬之事，乃缺略不講。」且援靖康之敝，痛哭言之。

出爲大理少卿，屢疏引去，不許。會杜範再入臺，擊參政李鳴復，謂昌裔與範善，必相爲謀者，數譏之，以權工部侍郎出參贊四川宣撫司軍事。人曰：「此李綱救太原也。太原不可救，特以綱主戰，故出之耳。」昌裔曰：「君命也，不可不亟行。」慷慨襆被出關，忽得疾，中道病甚，帝聞之，授秘閣修撰，改嘉興府。昌裔曰：「吾以疾不能歸救父母，上負聖恩，下負此心，若舍遠就近，舍危就安，人其謂我何？」辭至四五，而言者以避事論矣。

改贛州，辭，以右文殿修撰主管鴻慶宮。遷浙東提刑，辭，改知婺州。婺告旱，民日夜望之，乃不忍終辭，減騶從供帳，遣僚佐召邑令周行阡陌，蠲粟八萬一千石、錢二十五萬緡有奇。加集英殿修撰，卒，以寶章閣待制致仕。

昌裔剛正莊重，遇事敢言，典章多所閑習。嘗輯至和、紹興諸臣奏議本末，名儲鑑。又會稡周、漢以至宋蜀道得失，興師取財之所，名蜀鑑。有奏議、四書講義、鄉約口義、諸老記聞、容臺議禮、文集行于世。

初，昌裔與徐淸叟、杜範一日並入臺，皆天下正士，四方想聞風采，人至和三諫詩以侈之。然才七閱月以遷，故莫不惋惜云。後謚忠肅。

汪綱字仲舉，黟縣人，簽書樞密院勃之曾孫也。以祖任入官，淳熙十四年中銓試，調鎭江府司戶參軍。

馬大同鎭京口，強毅自任，綱言論獨不詭隨。議者欲以兩淮鐵錢交子行於沿江，廷議令大同倡率行之，綱貽書曰：「邊面行鐵錢，慮銅寶洩於外耳。私鑄盛行，故錢輕而物重。今若場務出納不以鐵錢取息，堅守四色請買舊制，冶鑄定額不求餘羨，重禁以戢私鑄，支散邊戍與在軍中半者無異，不以鐵錢準折，則淮民將自便之，何至以敝內郡邪？」大同始悟。

試湖南轉運司，又中，綱笑曰：「此豈足以用世澤物耶？」乃刻意問學，博通古今，精究義理，覃思本原。

調桂陽軍平陽縣令，縣連溪峒，蠻蜑與居，綱一遇以恩信。科罰之害既三十年，綱下車，首白諸臺，罷之。桂陽歲貢銀二萬九千餘兩，而平陽當其三分之二。綱謂向者銀礦坌發價輕，故可勉以應，今地寶已竭，市於他郡，其價倍蓰，願力請痛蠲損之。歲饑，旁邑有曹伍者，羣聚惡少入境，彊貸發廩，衆至千餘，挾界頭、牛橋二砦兵爲援，地盤踞萬山間，前後令未嘗一涉其境，不虞綱之至也，相率出迎。綱已夙具酒食，令之曰：「汝何敢亂，順者得食，亂者就誅。」夜宿砦中，呼砦官詰責不能防守狀，皆皇恐伏地請死，杖其首惡者八人，發粟振糶，民賴以安。

改知金壇縣，親嫌，更弋陽縣。父義和爲侍御史主管佑神觀。尋丁父喪，服除，知蘭溪縣，決擿如神。歲旱，郡倚辦勸分，綱謂勸分所以助義倉，一切行之，非所謂安富恤貧也，願假常平錢爲糴本，使得循環迭濟。又躬勸富民浚築塘堰，大興水利，餓者得食其力，全活甚衆。郡守張抑及部使者列綱爲一道荒政之冠。以言去，邑人相率投匭直其事，綱力止之。

繼知太平縣，主管兩浙轉運司文字，未赴，罹內艱，擢監行在左藏西庫。屬金人殺其主允濟自立，遣使來告襲位，議者卽欲遣幣，綱言：「使名不遜，當止之境上，姑命左帑視例計辦，或且留京口總司，令盱眙諭之曰：『紀年名節，皆犯先朝避忌，歲幣乃爾前主所增，今既易代，當復隆興、大定之舊。』俟此議定，而後正旦、生辰之使可遣。遲以歲月，吾擇邊將葺城堡，簡軍實，儲峙糗糧，使沿邊屹然有不可犯之勢，聽其自相攻擊，然後以全力制其後。」廟堂韙之。

提轄東西庫，又幹辦諸司審計司。以選知高郵軍，陛辭，言：「揚、楚二州當各屯二萬人，壯其聲勢，而以高郵爲家計砦。高郵三面阻水，湖澤奧阻，戎馬所不能騁，獨西南一路直距天長，無險可守，乃去城六十里隨地經畫，或浚溝塹，或備設伏，以扼其衝。」又盧湖可以入淮，招水卒五千人造百艘列三砦以戒非常。興化民田濱海，昔范仲淹築堰以障舄鹵，守毛澤民置石䃮函管以疏運河水勢，歲久皆壞，綱乃增脩之。部使者聞于朝，增一秩，提舉淮東常平。淮米越江有禁，綱念「淮民有警則室廬莫保，歲凶則轉徙無歸，豐年可以少蘇，重以苛禁，自分畛域，豈爲民父母意哉！請下金陵糴三十萬以通淮西之運，京口糴五十萬以通淮東之運」。又言：「兩淮之積不可多，昇、潤之積不可少。平江積米數百萬，陳陳相因，久而紅腐，宜視其收貯近久，取餉輦下百司、諸軍。江上歲餫當至京者，貯之京口、金陵轉漕。兩淮、中都諸倉，亦當廣糴以補其數。」

制置使訪綱備禦孰宜先，綱言：「淮地自昔號財賦淵藪，西有鐵冶，東富魚稻，足以自給。淮右多山，淮左多水，足以自固。誠能合兩淮爲一家，兵財通融，聲勢合一，雖不假江、浙之力可也。祖宗盛時，邊郡所儲足支十年；慶曆間，中山一鎮尙百八十萬石。今宜上法先朝，令商旅入粟近塞，而算請錢貨於京師。入粟拜爵，守之以信，則輸者必多，邊儲不患不豐。州郡禁兵本非供役，乃就糧外郡耳，今不爲戰鬥用，乃使之共力役，緩急戍守，專倚大軍，指日待更，不安風土，豈若土兵生長邊地，墳墓室家，人自爲守邪？當精擇伉壯，廣其尺籍，悉隸御前軍額，分屯劵給以助州郡衣糧之供，大率如山陽武鋒軍制，則邊面不必抽江上之戍，江上不必出禁闈之師。生劵更番，勞費俱息。」

時有獻言制司廣買荒田開墾，以爲營田，綱以爲「荒瘠之地不難辦，而工力、水利非久不可，棄產欺官，良田終不可得，耗費公帑，開墾難就。曷若勸民盡耕閑田，甽澮堙塞則官爲之助，變瘠爲沃，使民有餘蓄。晁錯入粟之議，本朝便糴之法，在其中矣」。制司知其無益，乃止。

淮東煮鹽之利，本居天下半，歲久敝滋，鹽本日侵，帑儲空竭，負兩總司五十餘萬，亭戶二十八萬，借撥於朝廷五十萬，又會餉所復鹽鈔，舊制弗許商人預供貼鈔錢，鹽司坐是窘不能支。綱抉擿隱伏，凡虛額無實，詭爲出內，飛走移易，事制曲防，課乃更羨。既盡償所負，又贏金三十萬緡，爲椿辦庫，以備鹽本之闕。添置新竈五十所，諸場悉視乾道舊額三百九十萬石，通一千三百萬緡，課官吏之殿最。綱約己率下，辭臺郡之互餽，獨增場官奉以養其廉。

擢戶部員外郎、總領淮東軍馬財賦。時邊面多生券，山東歸附月饟錢糧，以緡計增三十有三萬，米以石計增六萬，眞、楚諸州又新招萬弩手，皆仰給總所，而浙西鹽利積負至七十餘萬緡，諸州漕運不以時至。綱核名實，警稽慢，區畫處分，餉事賴以不乏。移疾乞閑，得直秘閣、知婺州，改提點浙東刑獄，皆屢辭不得請。慮囚，至婺，有奴挾刃欲戕其主，不遇而殺其子，譸譋妄牽連，徑出斬之。釋衢囚之寃者。台盜鍾百一非共盜，尉覬賞，躝申制司，綱謂：「治盜雖尚嚴，豈得鍛鍊傅會以成其罪邪？」於是得減死。禱雨龍瑞宮，有物蜿蜒朱色，盤旋壇上者三日。綱曰：「吾欲雨而已，毋爲異以惑衆。」言未竟，雷雨大至，歲以大熟。

進直煥章閣、知紹興府、主管浙東安撫司公事兼提點刑獄。訪民瘼，罷行尤切。蕭山有古運河，西通錢塘，東達台、明，沙漲三十餘里，舟行則膠。乃開浚八千餘丈，復創牐江口，使泥淤弗得入，河水不得洩，於涂則盡甃以達城闉。十里創一廬，名曰「施水」，主以道流。於是舟車水陸，不問晝夜暑寒，意行利涉，歡訢忘勤。屬邑諸縣瀕海，而諸暨十六鄉瀕湖，蕩濼灌漑之利甚博，勢家巨室率私植埂岸，圍以成田，湖流旣束，水不得去，雨稍多則溢入邑居，田閭寖蕩。瀕海藉塘爲固，隄岸易圮，鹹鹵害稼，歲損動數十萬畝，蠲租亦萬計。以綱言，詔提舉常平司發田圍，奇援巧請，一切峻卻，而湖田始復；郡備緡錢三萬專備修築，而海田始固。綱謂：「是邦控臨海道，密拱都畿，而軍籍單弱。」乃招水軍，刺叉手，教習甚專，不令他役。創營千餘間，寬整堅密，增置甲兵，威聲赫然。兼權司農卿，尋直龍圖閣，因任。

理宗卽位，詔爲右文殿修撰，加集英殿修撰，復因任，又加寶謨閣待制。寶慶三年大水，綱發粟三萬八千餘、緡錢五萬振之，蠲租六萬餘石，捐瘠頓蘇，無異常歲。越有經總制窠名四十一萬，其中二十五，則紹興以來虛額也，前後帥懼負殿，以修奉欑宮之資僞增焉。綱謂「負殿之責小，罔上之罪大」。摭其實以聞。詔免九萬五千緡，而宿敝因是著明矣。

紹定元年，召赴行在，綱入見，言：「臣下先利之心過於徇義，爲身之計過於謀國，媮惰退縮，奔競貪黷，相與爲欺，宜有以轉移之。」帝曰：「聞卿治行甚美，越中民力如何？」對曰：「去歲水潦，諸暨爲甚，今歲幸中熟，十年之間，千里晏安，皆朝廷威德所及，臣何力之有。」權戶部侍郎。越數月，上章致仕，特畀二秩，守戶部侍郎，仍賜金帶。卒，越人聞之多墮淚，有相率哭於寺觀者。

綱學有本原，多聞博記，兵農、醫卜、陰陽、律曆諸書，靡不研究；機神明銳，遇事立決。在越佩四印，文書山積，而能操約御詳，治事不過二十刻，公庭如水。卑官下吏，一言中理，慨然從之。爲文尤長於論事，援據古今，辨博雄勁。服用不喜奢麗，供帳車乘，雖敝不更。所著有恕齋集、左帑志、漫存錄。

陳宓字師復，丞相俊卿之子。少嘗及登朱熹之門，熹器異之。長從黃榦遊。以父任歷泉州南安鹽稅，主管南外睦宗院、再主管西外，知安溪縣。

嘉定七年，入監進奏院。時無敢慷慨盡言者，宓上封事言：「宮中宴飲或至無節，非時賜予爲數浩穰，一人蔬食而嬪御不廢於擊鮮，邊事方殷而椿積反資於妄用，此宮闈儀刑有未正也。大臣所用非親卽故，執政擇易制之人，臺諫用愼默之士，都司樞掾，無非親暱，貪吏靡不得志，廉士動招怨尤，此朝廷權柄有所分也。鈔鹽變易，楮幣秤提，安邊所創立，固執己見，動失人心；敗軍之將躐躋殿巖，庸鄙之夫久尹京兆，宿將有守成之功，以小過而貶，三牙無汗馬之勞，託公勤而擢，此政令刑賞多所舛逆也。若能交飭內外，一正紀綱，天且不雨，臣請伏面謾之罪。」奏入，丞相史彌遠不樂，而中宮慶壽，三牙獻遺，至是爲之罷卻。尋遷軍器監簿。九年，轉對言：

人主之德貴乎明，大臣之心貴乎公，臺諫之言貴乎直。陛下臨政雖勤而治功未舉，奉身雖儉而財用未豐，愛民雖仁而實惠未徧，良由上下相蒙，務於欺蔽。匭奏囊封，有懷畢吐，陛下付近臣差擇，是有意於行其言也。而有司惟取專攻上躬與移咎牧守之章，騰播中外，以答觀聽。今赤地千里，蝗飛蔽天，如此其可畏，猶或諱晦以旱不爲災、蝗不害稼，其他誣罔，抑又可知。臣故曰人主之德貴乎明。

大臣施設，浸異厥初。凡建議求言之人，則以他事逐，諫官言事稍直，則以他職徙。忠憤者指爲不靖，切直者目曰沽名，衆怨所萃則相繼超升，物論所歸則以次疏外。某人之遷，是嘗重人罪以快同列之私忿者；某人之擢，是嘗援古事以文邇日之天變者。直節重望以私嫌而久棄，老姦宿贓以巧請而牽復。使大臣果能杜倖門、塞邪徑，則舉錯當而人心服。臣故曰大臣之心貴乎公。

臺諫平居未嘗立異，遇事不敢盡言。有如金人再通，最關國體，近而侍從，下至生徒，莫不力爭，冀裨廟算，獨於言責，不出一辭。輦轂之下，乾沒巨萬，莫之誰何；州縣之間，罪僅毫髮，摭以塞責。大臣所欲爲之事則遂之，所不右之人則排之。仁宗時，有宰相奉行臺諫風旨之譏，今乃有臺諫不敢違中書之誚，豈祖宗設官之初意哉？臣故曰臺諫之言貴乎直。

三者機括所繫，願陛下幡然悔悟，昭明德以照臨百官。大臣、臺諫，亦宜公心直節，以副望治之意。

指陳敝事，視前疏尤剴切焉。

宓遂請罷，歸。在告日，擢太府丞，不拜，出知南康軍。詣史彌遠別，彌遠曰：「子言甚切當，第愚昧不能行，殊有愧耳。」至官，歲大侵，奏蠲其賦十之九。會流民羣集，宓就役之，築江隄，而給其食。時造白鹿洞，與諸生討論。改知南劍州。時大旱疫，蠲逋賦十數萬，且弛新輸三之一，躬率僚吏持錢粟藥餌戶給之。創延平書院，悉倣白鹿洞之規。

知漳州，未行，聞寧宗崩，嗚咽累日。亡何，請致仕。寶慶二年，提點廣東刑獄，章復三上，迄不就。直秘閣，主管崇禧觀，宓拜祠命而辭職名。卒，進職一等致仕。三學諸生以起宓爲請，而沒已閱月矣。

初，宓之在朝也，寺丞丁焴往使金，宓歎曰：「世讎未復，何以好爲？」餞詩有「百年中國豈無人」之句。後數年，聞關外不靖，以書抵焴曰：「蜀口去關外雖遠，實如一身。近事可寒心，皆士大夫之罪，豈非賄道不絕之故耶？」焴服其言。

宓天性剛毅，信道尤篤，嘗爲朱墨銘，謂朱屬陽，墨屬陰，以驗理欲分寸之多寡。自言居官必如顏眞卿，居家必如陶潛，而深愛諸葛亮身死家無餘財，庫無餘帛。庶乎能蹈其語者。端平初，殿中侍御史王遂首言：「宓事先帝有論諫之直，而不及俟聖化之更，宜褒其身後，以勸天下之爲臣者。」帝爲感動，詔贈直龍圖閣。所著書有論語注義問答、春秋三傳抄、讀通鑑綱目、唐史贅疣之稿數十卷，藏于家。

王霆字定叟，東陽人。高大父豪，帥衆誅方臘，以功補官。霆少有奇氣，試有司不偶，去就武舉，嘉定四年，中絕倫異等。喬行簡考藝別頭，喜曰：「吾爲朝廷得一帥才矣。」授承節郎，從軍于鄂，帥鍾興嗣戍邊，請于樞密院，以霆爲隨軍都錢糧官。總領綦奎委霆專一教閱總效軍，尋委帥師守禦黃州。沿江制置副使李𡎺辟置幕下，淮右兵叛，遣霆招諭之。霆於軍事知無不言，謂：「招募良家子，不可以寅緣關節冒濫其間，防守江面，全藉正軍，若義勇、民兵，特可爲聲援耳。而所謂大軍，羸病者多，兵械損舊，豈不敗事。調兵防江，當於江岸創屋居之，使之專心守禦。諸軍伍法旣廢，平居則無以稽其虛籍冒請之敝，無以糾其竄逸生事之人，緩急則無以稽其併力向敵之志，無以連其逃陳不進之心。此尉繚子所以著東部伍之令，太公謂伍法爲要者謂此也。用兵不以人數多寡爲勝負，惟教習之精否，則勝負之形可見矣。」

理宗卽位，特差充浙西副都監、湖州駐劄。時潘甫等起兵，事甫定，霆因綏撫之。鎭江都統趙勝辟爲計議官，時李全寇鹽城，攻海陵，勝出戍揚州，屬官多憚從行，霆慨然曰：「此豈臣子辭難之日！」至揚子橋，人言賊兵昨日在南門，去將安之，霆竟至南門，以帥憲之命董三城事。勝次第出城接戰，霆必身先士卒，大小十八戰，無一不利。奪賊壕，築土城，焚城門，賊氣爲懾。差知應州兼沿邊都巡檢使，樞密院命節制黃蕭後營，彈壓諸道軍馬。諸道兵二十萬將往收復楚州，霆帥所部爲掎角之助。

大帥薦之，召試爲閤門舍人。入對言：「恢復之說有二：曰規撫，曰機會。顧今日之規撫安在哉？守令所以牧民，而惠養之未加；將帥所以御軍，而拊循之未至。邦財未裕，而楮劵之敝浸深；軍儲未豐，而和糴之害徒慘。官有土地而荒蕪，民因賦役而破蕩，獄訟類成寃抑，銓曹率多淹留。薦舉無反坐，貪徒得以引類而通班；按刺不徇公，微官易以迕意而連譴。以言郡計，則紛耗於囊槖包苴；以言戰功，則多私於親昵故舊。至如降卒中處，養虎遺患，輕敵開邊，以肉餧虎。夫以規撫之切要者而不滿人意如此，臣敢輕進恢復之說以誤上聽哉？凡臣之所陳者，誠播告中外之臣，悉懲其舊而圖其新。規撫既立，然後義旗一麾，諸道並進，臣力尙壯，願效前驅。惟陛下堅定而勉圖之。」帝稱其言可采。升武功大夫，出知濠州，賜金帶。至州，節浮費，糴粟買馬，以備不虞。尋差知安豐軍，臣僚上言：「王霆在濠，人甚安之，不宜輕易。」詔再任濠，職事修舉，特轉橫班。諸使交薦之。

北兵至浮光，其民奔遁，相屬于道，朝論以爲霆可守之，乃知光州兼沿邊都巡檢使。冒雪夜行，倍道疾馳至州，分遣間探，整飭戰守之具，大戰于謝令橋，光人遂安。督府魏了翁以書來慰安之，以緡錢十萬勞其軍。霆以召，尋爲吉州刺史，仍知光州。霆固辭，丞相鄭清之、制置使史嵩之皆數以書留霆，霆不從，且曰：「士大夫當以世從道，不可以道從世也。」

再授閤門舍人，尋爲達州刺史、右屯衞大將軍兼知蘄州，不赴。尋遷淮西馬步軍副總管兼淮西遊擊軍副都統制。論遊擊軍十事，不報。提舉崇禧觀。知高郵軍，流民邦傑聚衆三千人爲盜，霆勒其渠魁，餘黨悉散。時議出師，和者甚多，霆以爲：「莫若遣間探覘敵情，如不得已然後行之；否則無故自蕩其根本，是外兵未至而內兵先慘烈也。」諸軍畢行，惟高郵遲之，境內賴以安全。由是與時迕，而讒者益衆。

提舉雲臺觀。執政期論邊事，且謂朝廷卽有齊安之命。霆曰：「秋防已急，邊守不宜臨時更易，盍少需之。」乃授帶行左領軍衞大將軍，充沿江制置副使司計議官，霆乃撰沿江等邊誌一編上之。制置使董槐、鄧泳交薦之，差知壽昌軍，改蘄州，建學舍，祠忠臣。嘗歎曰：「兩淮藩籬也，大江門戶也，三輔堂奧也。藩籬不固則門戶且危，門戶既危則堂奧豈能久安乎？」於是貽書丞相杜範，乞瞰江審察形勢，置三新城：蘄春置于龍眼磯，安慶置于孟城，滁陽置于宣化。不報。卒。

初，其父析業，霆獨以讓其兄。處宗族有恩意，嘗訓其子弟曰：「窮理盡性，學之本也。」有玉溪集行于世。

論曰：吳昌裔訪道東南，一何勤哉！故其造深醇，見諸事功者，足以知其學無雜也。汪綱之遺愛在越，先民所謂擇賢久任者，固不我欺矣。陳宓以宰相子，論諫之直，于今有光。王霆通兵家言，而謂不可以道從世，此古人謀帥貴乎「說禮、樂而敦詩、書」也。

校勘記

〔一〕調閬中尉　按尉爲縣之職官，宋無「閬中」縣；作「閬中」，則不當稱「閬中尉」。下文「利路轉運使曹彥約聞其賢，俾司糴場」，此縣當與利路有關；本書卷八九地理志，利州路之閬州有閬中縣，疑此處「閬中」爲「閬中」之誤。

〔二〕蕭勺大和　「蕭」當爲「簫」。漢書卷二二禮樂志安世房中歌：「簫、勺羣慝。」晉灼注：「簫，舜樂也。勺，周樂也。」顏師古注：「言制定新樂，敎化流行，則逆亂之徒盡交歡也。」此處當取其義，謂上下如簫、勺之大和。本書卷一三二樂志亦有「樂諧簫、勺」語。

〔三〕實規橅　「橅」原作「撫」；傅增湘宋代蜀文輯存卷八四載吳昌裔論蜀變四事狀作「模」。按「模」字或作「橅」，下文王霆傳「規橅」一詞數見，此處「撫」字當爲「橅」字之誤。今改。

宋史卷四百九

列傳第一百六十八

高定子　高斯得　張忠恕　唐璘

高定子字瞻叔，利州路提點刑獄兼知沔州稼之弟也。嘉泰二年舉進士，授郪縣主簿。吳曦畔，乞解官養母，曦誅，攝府事宇文公紹以忠孝兩全薦之，調中江縣丞。父就養得疾，定子衣不解帶者六旬。居喪，哀毀骨立。服除，成都府路諸司辟丹稜令，尋以同產弟魏了翁守眉，改監資州酒務。丁母憂，服除，差知夾江縣。

前是，酒酤貸秫于商人，定子給錢以糴，且寬榷酤，民以爲便。麻菽舊有征，定子悉弛之。會水潦洊饑，貧民競糴無所於糴，定子曰：「女毋憂，女第持錢往常所糴家以俟。」迺發縣廩給諸富家，俾以時價糴，至秋而償，須臾米溢于市。鄰邑有爭田十餘年不決，部使者以屬定子，定子察知僞爲質劑，其人不伏。定子曰：「嘉定改元詔三月始至縣，安得有嘉定元年正月文書邪？」兩造遂決。四川總領所辟主管文字，同幕有以趣辦爲能迫促諸郡者，定子白使者斥去之。總領所治利州，倚酒榷以佐軍用，吏姦盤錯，定子躬自究詰，酒政遂平。後來者復欲增課，定子曰：「前以吏蠹，亦既革之，今又求益，是再榷也。」乃止。

制置使鄭損彊愎自用，誤謂總領所擅十一州小會子之利，奏請廢之，令下，民疑而罷市。定子力爭，謂：「小會子實以代錢，百姓貿易，賴是以權川引，罷則闕、隴之民交病，況又隆興間得旨爲之，非擅也。」乃得存其半。損又欲增總領所鹽課，取舊貸軍費，定子辨其顛末，損乃釋然曰：「二司相關處，公每明白洞達言之，使人爽然自失。」尋差知長寧軍。長寧地接夷獠，公家百需皆仰淯井鹽利，來者往往因以自封殖，制置司又榷入其半。定子至，爭於制置使，得蠲重賦。

差知緜州。大元兵穿鳳州塞，破武休，下興元，小校張鉞以其徒潰入文州，殺守臣楊必復，將自龍趨緜，以闖成都。安撫使黃伯固聞之，亟奏定子兼參議官，措置文、龍備禦。定子乃部分諸軍扼青塘嶺，鉞就擒。已而劍南大震，定子語僚吏曰：「諸君去留不敢拘，若某則守城郭封疆之臣，有死而已。」戒羣胥曰：「潰軍流民不過欲得錢糧爾，吾將盡發吾州之藏與截諸司之綱，爲朝廷扞蔽全蜀。我去，聽汝等殺我；汝等逃，吾斫汝頭矣。」乃下令招潰卒，人給緡錢五十、米一石，命都監陳訓專任接納。訓忽奔告曰：「諸軍雖受招，不肯釋甲，柰何？」定子乃令帳下卒衷甲於兩廡以俟，戒毋輕動。俄而諸軍盛陳兵以至，吏士皆股栗，定子坐堂上，傳令勞苦之，諸軍皆拜。定子開諭以理，使還本部，以俟給犒。諸將聞之，亦來上謁，定子復慰安之。因問：「汝等何爲至此？」皆曰：「制置使未知存亡，諸軍無主。」定子曰：「大帥不過暫移治爾，已遣人訪所在，苟終不獲，我當爲汝曹主張。且諸軍至此以無糧故，吾州當任供億。」又曰：「敵將復會于此，盍避之？」定子曰：「我文官也，不畏死，汝將軍也，世世衣食縣官，乃欲避敵乎？我是守臣，死則死于此爾。有欲殺太守者，一槍足矣，軍器安用多爲？今諸軍大集，萬一敵至，能戮力出戰，是汝曹立功報國之機也，不猶愈於深入內郡爲罪滋大乎？」衆悅而去。乃遣吏給犒如令，闢寺觀祠宇以舍之。

亡幾何，敗將和彥威、陳邦佐、曹筦、張涓、姚承祖等皆集于彰明，剽掠尤甚。彥威遣邦佐入州，大言駭衆，謂定子曰：「知府何不去？和太尉兼兩戎司，威權甚重，麾下兵且二萬餘，欲來駐此，今至矣。」定子謂曰：「本州素非備禦之地，大將以兵入，欲何爲者？第來，吾固有以相待。」邦佐色沮，乃曰：「已遣幕府來議。」至則一遊士爾，繆爲恭敬，要索甚大。定子答曰：「軍將入吾境，當受吾節制，惟各守紀律，則給以錢糧。若敵至，爲國一死，作忠臣孝子，愈於病五日不汗死也。」幕府莫能對，出彥威符移，有云：「大府招戢散軍，人給錢米若干，今所部不下二萬人，願如數得之。」定子報曰：「本州已下此令，何敢食言；但所給者乃潰軍就招免罪之人，都統所部非潰也，若以此例相給，其肯受乎。」彥威得檄甚慚，乃乞別給錢糧以饟軍，定子即捐四十萬緡與之，仍趣其還戍。蓋定子身任兩司之責，極其勞勸，以收捕張鉞功，進三官，以防遏招收潰兵功，又進一官，進直寶章閣，再任。

頃之，召入奏事，吏民追送，莫不流涕；鄰郡聞定子至，焚香夾道，舉手加額曰：「微公，吾屬塗炭久矣。」定子之未去郡也，伯兄稼以權利路提刑上印而歸，了翁亦至自靖州，過定子於綿，定子爲築棣鄂堂，飲酒賦詩爲樂，一時以爲美談。入對，極言時敝。時史彌遠執國柄久，故有曰：「陛下優禮元勛，俾得以弛繁機而養靜壽，朝廷得以新百度而革因循，不亦善乎？」既對，人爲定子危之，定子曰：「乖逢得喪，是有命焉，吾得盡言，乃報君職分也。」越兩月，乃遷刑部郎中。彌遠沒，言之者紛然，識者謂定子先事有言，視諸人爲難。

尋以直寶謨閣、江南東路轉運判官。陛辭，帝曰：「淮師巡邊，卿知之乎？輔車之勢，漕運爲急，卿是行宜斟酌緩急，以相通融。」定子因上疏論邊事甚周悉，帝嘉納焉。踰年，召入奏事。會稼死事于沔州，上疏引疾，乞歸田里，不許。尋遷軍器監，又遷太府少卿，升計度轉運副使。有事于明堂，天大雷雨，詔求言，定子反覆論敬懼災異之意。復召入，遷司農卿兼玉牒所檢討官。

入對，言：「內治不修，外懼不謹，近親有預政之漸，近習有弄權之漸，小人有復用之漸，國柄有陵夷之漸，士氣有委靡之漸，主勢有孤立之漸，宗社有阽危之漸。天變日多，地形日蹙。昔有危脈，今有危形；昔有亡理，今有亡證。」又請明詔沿流帥守將吏，思出奇乘險，求爲水陸可進之策。

升兼樞密都承旨，又遷太常少卿兼國史院編脩官。累言邊事，遷起居舍人，尋兼中書舍人，參贊京湖、江西督視府事，定子親往周視新城，大犒諸軍，激厲守將。遷禮部侍郎，仍兼中書舍人，卽軍中賜金帶。詔以督府事入奏，既至，帝勞問甚渥，特進一官，尋兼崇政殿說書兼直學士院。未幾，改侍講，權禮部尙書，升兼侍讀。入奏，言：「國無仁賢，無禮義，無政事，有類叔世。」帝竦然。尋兼直學士，修孝宗寧宗日曆，書成上進，擢拜翰林學士、知制誥兼吏部尙書，升兼修國史、實錄院修撰，賜衣帶、鞍馬。乞召收李心傳卒成四朝志、傳。

時禮部尙書杜範、吏部侍郎李韶皆以伉直稱，或乞身求去，或臥家不出。定子言：「人主寄耳目者，臺諫也，補耳目之所不逮者，法從之論思，百官之輪對，則上必論君德之粹駁，次必言朝政之得失。舍是而使之但言常程，姑應故事，畏縮乎雷霆之威，阿徇乎宰執之好，遜避乎耳目之官，則凡論思等事，皆不必講矣。宜速返李韶以開不諱之門，勉起杜範以伸敢言之氣。」因乞歸田甚力。

進端明殿學士、簽書樞密院事，尋兼權參知政事。仍舊職，知福州、福建安撫，固辭，提舉洞霄宮。因請致仕，不許，改知潭州、湖南安撫大使，力辭，退居吳中，深衣大帶，日以著述自娛。以資政殿學士轉一官致仕，卒，贈少保。

定子作同人書院于夾江，修長興學〔一〕，創六先生祠，蓋以教化爲先務。所著存著齋文集、北門類稿、薇垣類稿、經說、紹熙講義、奏議、歷官表奏行世。

高斯得字不妄，利州路提點刑獄、知沔州稼之子也。少從李坤臣學，坤臣瞽，斯得左右扶持之。中成都路轉運司試，補入太學。紹定二年舉進士，授利州路觀察推官。越二年，辟差四川茶馬幹辦公事。李心傳以著作佐郎領史事，即成都修國朝會要，辟爲檢閱文字。端平二年九月，稼死事于沔，時大元兵屯沔，斯得日夜西嚮號泣。會其僮至自沔，知稼戰沒處，與斯得潛行至其地，遂得稼遺體，奉以歸，見者感泣。服除而哀傷不已，無意仕進。心傳方修四朝史，辟爲史館檢閱，秩同秘閣校勘，蓋創員也。斯得分修光、寧二帝紀。尋遷史館校勘，又遷軍器監主簿兼史館校勘。

時丞相史嵩之柄國，斯得遇對，空臆盡言。冬雷，斯得應詔上封事，乞擇才並相，由是迕嵩之意。遷太常寺主簿，仍兼史館校勘。時斯得叔父定子以禮部尚書領史事，時人以爲美談。會太學博士劉應起入對，詆嵩之，嵩之恚，使其黨言叔父兄子不可同朝，以斯得添差通判紹興府。淳祐二年，四朝帝紀書成，上之。嵩之妄加毀訾於理宗、濟王，改斯得所草寧宗紀末卷，斯得與史官杜範、王遂辨之。範報書亦有「姦人勦入邪說」之語，然書已登進矣。心傳藏斯得所草，題其末曰「前史官高某撰」而已。

踰年，添差通判台州。範既入相，召爲太常博士，遷秘書郎。六年正月朔，日有食之，斯得應詔上封事，言：「大姦嗜權，巧營奪服，陛下奮獨斷而罷退之，是矣。諫憲之臣，交疏其惡，或請投之荒裔，或請勒之休致。陛下苟行其言，亦足昭示意向，渙釋羣疑。乃一切寢而不宣，歷時既久，人言不置，然後黽勉傳諭，委曲誨姦，俾於襲經之時，妄致掛冠之請，因降祠命，苟塞人言，又有姦人陰爲之地。是以譌言並興，善類解體，謂聖意之難測，而大姦之必還，莽、卓、操、懿之禍，將有不忍言者。」時監察御史江萬里及它臺諫累疏論嵩之罪惡，竟不施行，第因嵩之致仕，予祠而已，故斯得封事首及之。

又言：「大臣貴乎以道事君，今乃獻替之義少而容悅之意多，知恥之念輕而患失之心重。內降當執奏，則不待下殿而已行；濫恩當裁抑，則不從中覆而遽命。嫉正而庇邪，喜同而惡異，任術而詭道，樂媮而憚勞。陛下虛心委寄，所責者何事，而其應乃爾。」時范鍾獨當國，過失日章，故斯得及之。又言：「便嬖側媚之人，尤足爲清明之累，腐夫巧讒而使傳幾

搖，妖嬖外通而魁邪密主，陰姦伏蠱，互煽交攻，陛下之心至是其存者幾希矣。陛下之心，大化之本也，洗濯磨淬，思所以更之，乃徒立爲虛言無實之名，而謂之更化，此天心之所以未當，大異之所以示儆也。」言尤切直，帝嘉納焉。

又言：「羣臣厖雜，宮禁奇衺，黷貨外交，豈可坐視而不之問！顧乃幷包兼容之意多，別邪辨正之慮淺，憂讒避謗之心重，直前邁往之志微，遂使衆臣爭衡，大權旁落，養成積輕之勢，以開窺覬之漸。設有不幸，變故乘之，上心一移，凶渠立至，使宗社有淪亡之憂，衣冠遭魚肉之禍，生靈罹塗炭之厄。當是時也，能潔身以去，其能逃萬世之淸議乎？」於是羣憸悚懼，或泣愬上前，或上章求去，合力排擯，斯得遂求補外。在告幾百餘日，於是差知嚴州，斯得三請乞祠，不許。嚴環山爲郡，雖豐歲猶仰它州。夏旱，斯得蠲租發廩，招糴勸分，請于朝，得米萬石以振濟。

遷浙東提點刑獄，遂劾知處州趙善瀚、知台州沈塈等七人倚勢厲民，疏上，不報。改江西轉運判官，斯得具辭免，上奏曰：「臣劾奏趙善瀚等七人，未聞報可，固疑必有黨與營救，惑誤聖聽，今奉恩除，乃知中臣所料。善瀚者，侍御史周坦之婦翁也，贓吏之魁，錮於聖世，鄭淸之與之有舊，復與州符。沈塈者，同簽書樞密院事史宅之妻黨也。祖宗以來，未有監司按吏一不施行者，壞法亂紀，未有甚此。臣身爲使者，劾吏不行，反叨易節，若貪榮冒拜，則與世之頑頓無恥者何異？乞併臣鐫罷，以戒奉使無狀者。」章既上，坦自謂己任臺諫而反見攻，徧懇同列論斯得，同列難之，計急，自上章劾罷斯得新任，未幾，坦亦罷，七人竟罷去。移湖南提點刑獄，薦通判潭州徐經孫等六人。攸縣富民陳衡老，以家丁糧食資彊賊，刼殺平民。斯得至，有愬其事者，首吏受賕而左右之，衡老造庭，首吏拱立。斯得發其姦，械首吏下獄，羣胥失色股栗。於是研鞫具得其狀，乃黥配首吏，具白朝省，追毀衡老官資，簿錄其家。會諸邑水災，衡老願出米五萬石振濟以贖罪。衡老壻吳自性，與衡老館客太學生馮煒等謀中傷斯得盜拆官櫝。斯得白于朝，復正其罪，出一篋書，具得自性等交通省部吏胥情狀。斯得并言於朝，下其事天府，索出賕銀六萬餘兩，黥配自性及省寺高鑄等二十餘人。初，自性厚賂宦者言於理宗曰：「斯得以緡錢百萬進，願易近地一節。」理宗曰：「高某硬漢，安得有是。」而斯得力求去，淸之以書留之。又薦李晞顏等五人。

加直祕閣、湖南轉運判官，改尙右郎官，未至，改禮部郎中。上疏極論時事，改權左司，力辭，內批兼侍立修注官。言水災曰：「願陛下立罷新寺土木，速反迕旨諸臣，遏絕衺說，主張善良，謹重刑辟，愛惜士類，抑遠佞臣，絕其干撓，則天意可回，和氣可召矣。」會斥左司徐霖，帝慮給事中趙汝騰爭逐霖事，乃徙汝騰翰林學士，汝騰聞命卽去國。斯得言：「汝騰一世之望，宗老之重，飄然引去，陛下遂亦棄之有如弁髦，中外驚怪，將見賢者力爭不勝而去，小人踊躍增氣而來。陛下改紀僅數月，初意遽變，臣深惜之。」

時上封事言得失者衆，或者惡其讙譊，遂謂「空言徒亂人聽，無補國事。」斯得因轉對，言：「諸臣之言，上則切劘聖主，下則砥礪大臣，內則摧壓姦衺，外則銷遏寇虐，顧以爲無補於實政乎？空言之譏，好名之說，欲一網君子而盡去之，其言易入，其禍難言，此君子去留之機，國家安危之候，不可不深留聖慮者也。」監察御史蕭泰來論罷。

踰年，以直寶文閣知泉州，力辭，遷福建路計度轉運副使。朝廷行自實田，斯得言：「按史記，秦始皇三十一年，令民自實田。主上臨御適三十一年，而異日書之史册，自實之名正與秦同。」丞相謝方叔大媿，卽爲之罷。董槐入相，召爲司農卿。程元鳳入相，改祕書監。丁大全入相，監察御史沈炎論斯得以閩漕交承錢物，下郡吏天府，榜死數人。先是，吳自性之獄，高鑄爲首惡黥配廣州，捐貲免行，至是爲相府監奴，嗾炎發其端。京尹顧岩傅會其獄，安吉守何夢然奉行其事，陵鑠甚至，斯得不少挫，竟無所得。大全旣謫，朝廷罪其委任非人，遂斬鑄。斯得旣拜浙西提點刑獄之命，炎，浙西人，泣於上前，乞更之，移浙東提舉常平。命下，給事中章鑑繳還。斯得杜門不出，著孝宗繫年要錄。

彗星見，應詔上封事，曰：「陛下專任一相，虛心委之，果得其人，宜天心克享，災害不生。而庚申、己未之歲，大水爲災，浙西之民死者數百千萬。連年旱暵，田野蕭條，物價翔躍，民命如綫。今妖星突出，其變不小。若非大失人心，何以致天怒如此之烈。」封事之上也，似道匿不以聞。

度宗即位，召爲祕書監，又論罷。復遷祕書監，屢辭不許，擢起居舍人兼國史院編脩官、實錄院檢討官兼侍講。進讀之際，每於天命去留之際，人心得失之因，前代治亂之故，祖宗基業之難，必反復陳之。兼權工部侍郎，遂兼同修國史、實錄院同修撰，仍兼侍講。進高宗繫年要錄綱目，帝善之。大元軍下襄陽，斯得疏論言事，最爲切要，帝嘉納，遷工部侍郎。屢求補外，以顯文閣待制、知建寧府。

度宗崩，陳宜中入相，以權兵部尙書召。斯得痛國事之阽危，疏言誅姦臣以謝天下，開言路以回天心，聚人才以濟國事，旌節義以厲懦夫，竭財力以收散亡。忠憤激烈，指陳當時之事無所遺。擢翰林學士、知制誥兼侍讀，進端明殿學士、簽書樞密院事兼參知政事，同提舉編脩敕令及經武要略。大元兵下饒州，江萬里赴水死，事聞，贈太傅。斯得言贈恤之典，所當度越故常，以風厲天下，遂加贈太師。又言賞通判池州趙卯發〔三〕死節太薄，乃加贈待制。

臺諫徐直方等四人論似道誤國之罪，乞安置嶺表，簿錄其家。丞相留夢炎庇護似道，止令散官居住，且謂簿錄擾及無辜。斯得謂「散官則安置，追降官分司則居住，祖宗制也」。

夢炎語塞。夢炎乘間直罷去平章事王爚、監察御史俞浙，併罷斯得，於是宋亡矣。所著有詩膚說、儀禮合抄、增損刊正杜佑通典、徽宗長編、孝宗繫年要錄、恥堂文集行世。

張忠恕字行父，右僕射浚之孫。以祖任，監樓店務。入府幕，時韓侂冑權勢熏灼，嘗奪民間已許嫁女，夫家以告，忠恕白尹歸其父母，尹不能難。再調廣西轉運司主管文字，改通判沅州，主管京湖宣撫司機宜文字，知澧州。開禧末，入爲籍田令。屬太廟鴟吻爲雷雨壞，神主遷御，忠恕因輪對，請廣言路，通下情，寧宗嘉納。

嘉定五年，遷軍器丞，進太府丞。出知湖州。遷司農丞、知寧國府。夏旱，請于朝，得賜僧牒五十，米十萬七千餘石。常平使者欲均濟而勿勸糶，忠恕慮後無以濟，遂核戶口、計歲月，嚴戒諸邑諭大家發蓋藏。所見寖異，以言去，主管沖佑觀。起知鄂州，改湖北轉運判官兼知鄂州。召爲屯田郎官，丁內艱。免喪，入爲戶部郎官。入對，極言邊事，其慮至遠。

理宗即位，忠恕移書史彌遠請取法孝宗，行三年喪，且曰：「孝宗始自踐祚，服勤子職凡二十有七年，今上自外邸入繼大統，未嘗躬一日定省之勞，欲報之德，視孝宗宜有加。」既而宰輔率百僚請太母同聽政，忠恕復貽書史彌遠，謂：「英宗以疾，仁、哲以幼，母后垂簾，有不容已，惟欽聖出於勉彊，務從抑損。今吾君長矣，若姑援以請，此亦中策爾。」詔羣臣集議廟制，忠恕謂：「九廟非古，若升先帝，則十世之廟昉于今日，於禮無稽。」

寶慶初，詔求直言，忠恕上封事，陳八事：

一曰天人之應，捷於影響。自冬徂春，雷雪非時，西霅、東淮，狂悖洊興。客星爲妖，太白見晝，正統所係，不宜諉之分野。

二曰人道莫先乎孝，送死尤爲大事。孝宗朝衣朝冠，皆以大布，迨寧考以適孫承重，光宗雖有疾，未嘗不服喪宮中也。洎光宗上賓，權姦方張，莫有言者。去秋禮寺受成胥吏，未嘗以義折衷。慶元間，再期而祥，百僚始純服吉。今若甫經練祭，雖朝臣一帶之微，不復有凶吉之別，則是三年之喪降而爲期，害理滋甚。況人主執喪于內，而羣工之服無異常日，是有父子而無君臣也。

三曰太母方卻垂簾之請，而慶壽前期，陛下吉服稱觴，播爲詩什，此世俗之見，非所以表儀於天下也。

四曰陛下斬然在疚，大昏之期，固未暇問，然非豫講夙定，恐俚說乘間而入。臣所望於今日者，亦曰嚴取舍而正法度，廣詢謀而協公議爾。

五曰陛下於濟王之恩，自謂彌縫曲盡矣。然不留京師，徙之外郡，不擇牧守，混之民居，一夫奮呼，闔城風靡，尋雖弭患，莫副初心。謂當此時，亟下哀詔，痛自引咎，優崇恤典，選立嗣子，則陛下所以身處者，庶幾無憾，而造訛騰謗者，靡所致力。自始至今，率誤於含糊，而猶不此之思，臣所不解也。

六曰近世憸佞之徒，凡直言正論，率指爲好名歸過；夫好名歸過，其自爲者非也，若首萌逆億厭惡之心，則自今言者望風見疑，此危國之鴆毒。

七曰當今名流雖已褒顯，而搜羅未廣，遺才尚多。經明行修如柴中行、陳孔碩、楊簡，識高氣直如陳宓、徐僑、傅伯成〔三〕，僉論所推；史筆如李心傳，何惜一官，不俾與聞。況邇來取人，以名節爲矯激，以忠讜爲迂疏，以介潔爲不通，以寬厚爲無用，以趣辦爲彊敏，以拱默爲靖共，以迎合爲適時，以操切爲任事。是以正士不遇，小人見親。

八曰士習日異，民生益艱。第宅之麗，聲伎之美，服用之侈，餽遺之珍，向來宗戚、閹官猶或間見，今縉紳士大夫殆過之。公家之財，視爲己物。薦舉、獄訟，軍伎、吏役、僧道、富民，凡可以得賄者，無不爲也。至其避譏媒進，往往分獻厥餘。欲基本之不搖，殆却行而求前也。

疏入，朝紳傳誦。始魏了翁嘗勉忠恕以「植立名節，無隤家聲」。及是嘆曰：「忠獻有後矣！」眞德秀聞之，更納交焉。

忠恕又因輪對，引以伯父栻告孝宗之語曰：「當求曉事之臣，不求辦事之臣；欲求伏節死義之臣，必求犯顏敢諫之臣。」語益剴切。忠恕自知不爲時所容，力請外補，遂以直祕閣、知贛州。抵郡才兩月，言者指爲朋比，落職，降兩官，罷。紹定三年，復元官，進秩一等，提舉沖佑觀。卒，遷一官致仕。魏了翁嘗許忠恕「拳拳體國似浚，撥繁劇似其父杓，斂華就實則有志義理之學，嘗有聞乎栻之教矣」。

唐璘字伯玉，古田人。遊太學。嘉定十年舉進士，時臺臣李安行奏次對官不許論邊事，璘對策極詆之，曰：「吾始進，可壞於天子之庭乎？」調吳縣尉，有殺人于貨挾其舟亡者，有司求賊急，屠者自告吾兒實殺之，兒亦自誣伏。璘問：「舟安在？錢何用？」其辭差，爲緩之，果得賊太湖，與舟俱至，舉縣感服。縣有勢家治圃，將鑿渠通舟，繆言古有渠，常平使者主之。璘視乾道故籍，則誠民田也，力爭，迕使者意，移監縣稅。璘遂以直聞。調瑞州學教授，用白鹿洞教法，崇禮讓，後文藝，士翕然知嚮。監行在榷貨務門。

辟淮東運司催轄綱運官。屬出師楚州，盡瘁焉。捷聞，以金人據淮陰，欲乘勢取之。璘言：「捷奏多誇，詎得信乎？須聚兵二十萬，日費米斛餘五千，緡錢餘二萬，調夫幾萬人，僅能使賊全師北去。今出沒漣、海，謀結北邊，政欲迭出撓我，憂方大爾。淮陰堅壘與楚城等，濠之廣又過之，我士疲丁困，可一拔得乎？恢復，美名也，而買實禍，僕竊危之。」不聽。制司恥楚城之捷自趙范與葵出，議贖淮陰二城爲功。洎聞金變，卽轉攻之，我師死傷者六萬，璘在兵間憤之，著讜論，直書其事上之。知晉陵縣，隣州田訟，至有泣愬諸使願送晉陵可否者。制置使陳韡留守建康，辟爲通判，舉府事以聽。

監六部門，擢監察御史，臺吏且至，璘皇駭趨避不敢詣闕。母曰：「人言此官好，汝何得憂乎？」璘曰：「此官須爲朝廷爭是非，一咈上意或迕權貴，恐重爲大人累，何得不憂？」母曰：「而第盡言，吾有而兄在，勿憂。」璘拜謝，入就職。

故事，御史惟常服拜下，有論奏繳進，至是獨召對緝熙殿，令服窄衫而讀。首疏奏：「天變而至於怒，民怨而幾於離，海宇將傾，天下有不可勝諱之慮。陛下謂此何時，縱欲累德，文過飾非，疏遠正人，狎暱戚宦，濁亂朝政，自取覆亡。宰相用時文之才爲經世之具，不顧民命，輕挑兵端，不度事宜，頓空國帑。委政厥子，內交商人，賄塗大開，小雅盡廢。瑣瑣姻婭，敢預邪謀，視國事如俳優，以神器爲奇貨，都人側目，朝士痛心。盍正無將之誅，以著不忠之戒。崔與之操行類楊綰，雖修途莫景，力不逮心，而命下之日，聞者興起。喬行簡頗識大體，朝望稍孚，而除授偏私，事多遺忘。宜擇家相，贊宗子，輔民物，以慰父母之望，毋使天變寖極，人心愈離也。」上爲改容。又請號召土豪，經理荆、襄，亟擇帥臣，安集淮西，帝嘉納；至問邊事甚悉。

璘感激知遇，自是彈擊無所避，再疏：「鄭清之妄庸誤國，乞褫職罷祠。其子士昌，招權納賄，拔庸將爲統帥，起贓吏爲守臣，乞削籍廢棄。鄭性之懦而多私，黨庇姦庸，臣受其改官舉狀，嘗蒙薦之陛下，國事至此，不敢顧私。李鳴復甘心諂鄭損，得薦入朝，適清之議張天綱之獄，迎合從輕，遂擢臺端。會趙桄夫遣史寅午囑清之父子，鳴復又結寅午得登政府。」會杜範亦論鳴復，不行，而範去，璘遂力丐外，疏七上，授廣西運判，改知嘉興府，尋改江東運判。

時邊事急，置四察訪使，就詔璘分建康、太平、池州、江西。璘揭榜馬前，咨所部以利害，又戒土豪團結漁業水手、茶鹽舟夫、蘆丁，悉備燎舟之具，人人思奮。即選將總二州兵舟以耀敵，檄當塗宿設戰具，防釆石，撥和糴續生劵，且奏損總領所錢二十萬緡助江防，軍聲大振。

尋升直華文閣、知廣州、廣東經略安撫使。梅州寇作，璘示以威信，寇尋息。江淮旱，議下廣右和糴，璘言：「公家赤立，糴本無所辦，終恐日取於民，非臣不敢撥本，召釁重朝廷多事之憂。」明年上章乞致仕，帝思見之，亟命入奏，擢太常少卿。尋丁內艱，璘居喪哀毀不食，久之疾革，卒。

璘立臺僅百日，世謂再見唐介，至切劘上躬，盡言無隱，帝益嚴憚之。居官大節，則母敎之助爲多。

論曰：觀高定子在西陲，政業著聞矣。斯得屢起而屢仆於權臣之手，及其再起，宋事已非。張忠恕論濟邸事，有父祖風焉。唐璘者，亦可謂古之遺直。

校勘記

〔一〕修長興學　按上文高定子曾知長寧軍，又魏了翁鶴山先生大全文集卷四八長寧軍六先生祠堂記所敍高定子事，與此處所謂「創六先生祠，蓋以敎化爲先務」語合，疑此處「長興」爲「長寧」之誤。

〔二〕趙卯發　本書卷四五〇忠義傳、宋史全文附宋季朝事實、昭忠錄同。粤雅堂叢書本宋季三朝政要、四部叢刊影印明刊本文山先生全集卷一六集杜詩趙倅昴發作「趙昴發」，守山閣叢書本宋季三朝政要卷五、清刊本文丞相全集卷一四、吳禮部文集卷一三忠節祠碑作「趙昂發」。

〔三〕傅伯成　原作「傅伯放」，據本書卷四一五本傳、鶴山先生大全文集卷七七張忠恕墓誌銘改。

宋史卷四百一十

列傳第一百六十九

樓機　沈煥舒璘附　曹彥約　范應鈴　徐經孫

樓機字彥發，嘉興人。乾道二年進士，授鹽官尉。丁母憂〔一〕，服除，調含山主簿。郡委治銅城圩八十有四，役夫三千有奇，設廬以處之，器用材植，一出於官，民樂勸趨，兩旬告畢。七攝鄰邑，率以治績聞。調於潛縣丞，輕賦稅，正版籍，簡獄訟，興學校。遭外艱，免喪，爲江東提舉司幹辦公事，易淮東，已而復舊，改知西安縣。巨室買地爲塋域，發地遇石，復索元價。機曰：「設得金，將誰歸？」通判饒州，平反寃獄。蜀帥袁說友辟參議幕中，不就，改幹辦諸司審計司〔二〕。轉對，請裁損經費，又論刑名疑慮之敝。遷宗正寺主簿，爲太常博士、祕書郎，請續編中興館閣書目，又請寬恤淮、浙被旱州縣。

時皇太子始就外傅，遴選學官，以機兼資善堂小學教授。機日陳正言正道，又以累朝事親、修身、治國、愛民四事，手書以獻，太子寘之坐右，朝夕觀省。隨事開明，多所裨益。遷太常丞，仍兼資善。旋遷右曹郎官、祕書省著作郎，改兼駕部。都城大火，機應詔上封事，力言朝臣務爲奉承，不能出己見以裨國論；外臣不稱職，至苛刻以困民財；將帥偏裨務爲交結，而不知訓閱以彊軍律。時年七十，丐閒，不許。太子得機所著廣干祿字一編，尤喜，命戴溪跋之。擢監察御史，講未退而除命頒，太子戀戀幾不忍舍，機亦爲之感涕。

論京官必兩任、有舉主、年三十以上，方許作縣。又論郡守輕濫太甚，貽害千里。蘇師旦怙勢妄作，蒙蔽自肆，語及者皆罪去，而獨憚機。韓侂冑議開邊，機極口沮之，謂：「恢復之名非不美，今士卒驕逸，遽驅於鋒鏑之下，人才難得，財力未裕，萬一兵連禍結，久而不解，奈何？」侂冑聞之不說，其議愈密，外廷罔測。又上疏極論：「雖密謀人莫得知，而羽書一馳，中外皇惑。」侍御史鄧友龍初不知兵，騰書投合，妄薦大將，既召還，專主此議。機語友龍曰：「今日孰可爲大將？孰可爲計臣？正使以殿巖當之，能保其可用乎？」

遷右正言兼侍講，首論廣蓄人才，乞詔侍從、臺諫、學士、待制、三牙管軍各舉將帥邊郡一二人，召問甄拔，優養以備緩急。進太常少卿兼權中書舍人，詔遣宣諭荆、襄，機昌言曰：「使往慰安人情則可，必欲開邊啓釁，有死而已，不能從也。」泗州捷聞，愈增憂危，且曰：「若自此成功，以攄列聖之宿憤，老臣雖死亦幸，謫官〔三〕，但恐進銳退速，禍愈深耳。」友龍至不能堪曰：「不逐此人，則異議無所回。」機遂以言去。

侂胄誅，召爲吏部侍郎兼太子左庶子，還朝，言：「至公始可以服天下，權臣以私意橫生，敗國殄民，今當行以至公。若曰私恩未報，首爲汲引，私讎未復，且爲沮抑，一涉於私，人心將無所觀感矣。」又言：「兩淮招集敢勇，不難於招而難於處。若非繩以紀律，課其勤情，必爲後害。」仍請檢校權臣、內侍等沒入家貲，專爲養兵之助。機里人有故官吏部，喪未舉而子赴調者，機謂彼既冒法禁，而部胥不之問，即撻數吏，使之治葬而後來。聞者韙之。

兼太子詹事，著歷代帝王總要以裨考訂。遷給事中。海巡八廂親從、都軍頭、指揮使年勞轉資，恩旨太濫，乞收寖未應年格之人，年已及者予之，帝稱善良久。飛蝗爲災，機應詔言：「和議甫成，先務安靜，葺罅漏以成紀綱，節財用以固邦本，練士卒以壯國威。」

遷禮部尚書兼給事中，擢同知樞密院事兼太子賓客，進參知政事。當干戈甫定，信使往來之始，瘡痍方深，斂蠹紛然，機彌縫裨贊甚多。尤惜名器，守法度，進退人物，直言可否，不市私恩，不避嫌怨。有舉員及格，當改秩作邑而必欲朝闕，機曰：「若是則有勞者何以勸？孤寒者何以伸？若至上前，自應執奏。」堂吏寄資未仕，而例以升朝官賞陳乞封贈，機曰：「進士非通籍不能及親，汝輩乃以白身得之耶？」嘉定二年八月，行皇太子册命，機攝中書令讀册。九月祀明堂，爲禮儀使。數上章告老，帝不許，皇太子遣官屬勉留之。以資政殿學士知福州，力辭。提舉洞霄宮以歸，遂卒，贈金紫光祿大夫，加贈特進。

機初登第，其父壽戒之曰：「得官誠可喜，然爲官正自未易爾！」機撫其弟模、棟，卒爲善士。居鄉以誠接物，是非枉直判於語下，不爲後言，人憚而服之。稱奬人才，不遺寸長，訪問賢能，疏列姓名及其可用之實，以備采取，其所薦進，亦不欲人之知也。所著復有班馬字類。機深於書學，尺牘人多藏弆云。

沈煥字叔晦，定海人。試入太學，始與臨川陸九齡爲友，從而學焉。乾道五年舉進士，授餘姚尉、揚州教授。召爲太學錄，以所躬行者淑諸人，蚤暮延見學者，孜孜誨誘，長貳同僚忌其立異。會充殿試考官，唱名日序立庭下，帝偉其儀觀，遣內侍問姓名，衆滋忌之。或勸其姑營職，道未可行也，煥曰：「道與職有二乎？」適私試發策，引孟子：「立乎人之本朝而道不行，恥也。」言路以爲訕己，請黜之，在職才八旬，調高郵軍教授而去。

後充幹辦浙東安撫司公事。高宗山陵，百司次舍供帳酒食之需，供給不暇，煥亟言於安撫使鄭汝諧曰：「國有大戚，而臣子宴樂自如，安乎？」汝諧屬煥條奏。充修奉官，移書御史，請明示喪紀本意，使貴近哀戚之心重，則茇舍非食自安，不煩彈劾而須索絕矣。於是治並緣爲姦者，追償率斂者，支費頓減。

歲旱，常平使分擇官屬振恤，得上虞、餘姚二縣，無復流殍。改知婺源，三省類薦書以聞，遂通判舒州。閒居雖病，猶不廢讀書，拳拳然以母老爲念、善類凋零爲憂。卒，丞相周必大聞之曰：「追思立朝不能推賢揚善，予愧叔晦，益者三友，叔晦不予愧也。」

煥人品高明，而其中未安，不苟自恕，常曰晝觀諸妻子，夜卜諸夢寐，兩者無愧，始可以言學。追贈直華文閣，特謚端憲。

煥之友舒璘字元質，一字元賓，奉化人。補入太學。張栻官中都，璘往從之，有所開警。又從陸九淵遊，曰：「吾惟朝於斯，夕於斯，刻苦磨厲，改過遷善，日有新功，亦可以弗畔矣乎。」朱熹、呂祖謙講學于婺，璘徒步往謁之，以書告其家曰：「敝床疏席，總是佳趣；櫛風沐雨，反爲美境。」

舉乾道八年進士，兩授郡教授，不赴。繼爲江西轉運司幹辦公事。或忌璘所學，望風心議，及與璘處，了無疑間。爲徽州教授，徽習頓異。詩、禮久不預貢士，學幾無傳，璘作詩禮講解，家傳人習，自是其學寖盛。丞相留正稱璘爲當今第一教官，司業汪逵首欲薦璘，或謂璘舉員已足，逵曰：「吾職當舉教官，舍斯人將誰先？」卒剡薦之。知平陽縣，郡政頗苛，及璘以民病告，辭嚴義正，守爲改容。秩滿，通判宜州，卒。

璘樂於教人，嘗曰：「師道尊嚴，璘不如叔晦，若啓迪後進，則璘不敢多遜。」袁燮謂璘篤實不欺，無豪髮矯僞。楊簡謂璘孝友忠實，道心融明。樓鑰謂璘之於人，如熙然之陽春。淳祐中，特謚文靖。

曹彥約字簡甫，都昌人。淳熙八年進士。嘗從朱熹講學，歷建平尉、桂陽司錄、辰溪令，知樂平縣，主管江西安撫司機宜文字。知澧州，未上，薛叔似宣撫京湖，辟主管機宜文字。漢陽闕守，檄攝軍事。時金人大入，郡兵素寡弱，彥約搜訪土豪，得許禼俾總民兵，趙觀俾防水道，党仲昇將宣撫司軍屯郡城。金重兵圍安陸，遊騎闖漢川，彥約授觀方略，結漁戶拒守南河，觀逆擊，斬其先鋒，且遣死士焚其戰艦，晝夜殊死戰，北渡追擊，金人大敗去。又遣仲昇劫金人砦，殺千餘人，仲昇中流矢死。奏觀補成忠郎、漢川簿尉，贈仲昇修武郎，官其後二人。彥約以守禦功進秩二等，就知漢陽。

嘉定元年，詔求言，彥約上封事，謂「敵豈不以歲幣爲利，惟其所向輒應，所求輒得，以我爲易與而縱其欲。莫若遲留小使，督責邊備，假以歲月，當知眞僞。設復大舉，則民固已怨矣，欲進而我已戒嚴，欲退而彼有扳兵，決勝可期矣。」尋提舉湖北常平，權知鄂州兼湖廣總領，改提點刑獄，遷湖南轉運判官。

時盜羅世傳、李元礪、李新等相繼竊發，桂陽、茶陵、安仁三縣皆破，環地千里，莽爲盜區。彥約至攸督運，人心始定。遷直祕閣、知潭州、湖南安撫。時江西言欲招安李元礪，朝命下湖南議招討之宜，彥約言：「今不行討捕，曲徇招安，失朝廷威重。若元礪設疑詞以款重兵，則兵不可撤戍，民不得安業。」元礪果不可降，彥約乃督諸將逼賊巢而屯，擊破李新於黝洣，新中創死，衆推李如松爲首，如松降，遂復桂陽。世傳素與元礪有隙，至是密請圖元礪以自效，彥約錄賞格報之，且告于朝，又予萬緡錢犒其師。世傳遂禽元礪。彥約還長沙，未幾，復出督戰，餘黨悉平。

世傳既自以爲功，遲留以邀重賂，彥約諭以不宜格外邀求。時池州副都統許俊駐兵吉之龍泉，厚賂以結世傳，超格許轉官資，世傳遂以元礪解江西。胡榘爲右司，欲以世傳盡統諸峒而爲之帥，悉徹江西、湖南戍兵，彥約固爭之，榘不悅，然世傳終桀驁不肯出峒。彥約密遣羅九遷爲間，誘胡友睦，許以重賞，友睦遂殺世傳。江西來爭功，不與校。擢侍右郎官，以右正言鄭昭先言，寢其命。

久之，以爲利路轉運判官兼知利州。關外乏食，彥約悉發本司所儲減價遺糶，勸分免役，通商鬻稅，民賴以濟。時沔州都統制王大才驕橫，制置使董居誼既不得其柄，反曲意奉之。彥約以蜀之邊面諸司並列，兵權不一，微有小警，紛然奏議，理財者歸怨於兵弱，握兵者歸咎於財寡，乃作病夫議，獻之廟堂，曰：

古之臨邊，求一賢者而盡付之兵權，兵權正則事體重，兵權專則號令一。今廟堂之上，患士大夫不奉行詔令，惡士大夫不恪守忠實。故雖信而用之，又以人參之；雖以事權付之，又從中御以繫維之。致使知事者不敢任事，畏事者常至失事，卒有緩急，各持己見，兵權財計，互相歸咎。

昔秦、隴之俗，以知兵善戰聞天下。自吳氏世襲以來，握兵者志在於怙勢，不在於尊上；用兵者志在於誅貨，不在於息民。本原一壞，百病間出，至有世將已叛而宣威不覺，四郡已割而諸將不知。更化之後，逆黨既誅，而士俗人心其實未改。任軍官而領州事者，易成藩鎮之權；起行伍而立微効者，漸無階級之分。由阜郊以至宕昌，即隴西天水之地，其忠義民兵利在戰鬥，緩急之際固易鼓率，若其恃勇貪利，犯上作亂，則又不止於大軍而已。苟不正其本原，磨之以歲月，漸之以禮義，未見其可也。

今日之領帥權者，必當近邊境，必當擁親兵；有兵權者，必當領經費，必當寬用度。至於忠義之兵，又須有德者以爲統率，擇知書者以爲敎導，如古人所謂敎民而後用之也。今議不出此，乃欲幸勝以爲功，苟安以求免，誤天下者必此人也。」時朝論未以爲然。

差知寧國府，又改知隆興府、江西安撫。居亡何，蜀邊被兵，內有張福、莫簡之變，彥約之言無一不驗。遷大理少卿，又權戶部侍郎，以寶謨閣待制知成都。彥約乞赴闕奏事，不允，又申省乞入對，不報。改知福州，又改知潭州，彥約力辭，提舉明道觀，尋以煥章閣待制提舉崇福宮。

理宗卽位，擢兵部侍郎兼國史院同修撰。寶慶元年入對，勸帝講學，防近習。次言：「當以慶曆、元祐聽言爲法，以紹聖、崇、觀諱言爲戒。比年以來，有以賣直好名之說見於奏對者，願陛下倚忠直如蓍龜，去邪佞若蟊賊，其有沮撓讜言者，必加斥逐。」

會下詔求言，彥約上封事曰：「陛下謹定省以事長樂，開王社以篤天倫，孝友之行，宜足以取信於天下。然兄弟至親，猶誤於狂妄小人之手，道路異說，猶襲於尺布不縫之謠。臣以爲守法者，人臣之職也，施恩者，人主之柄也。漢淮南王欲危社稷，張蒼、馮敬等請論如法，文帝既赦其罪廢徙，王不幸而死，封其二子於故地。此往事之明驗，本朝太宗皇帝之所已行也。今若徇文帝緣情之義，法太宗繼絕之意，明示好惡，無隙可指，雖不止謗而謗息矣。」又言：「陛下求言之詔，惟恐不逮，然外議致疑，以爲明言文武，似或止於搢紳，泛言小大，恐不及於韋布，引而伸之，特在一命令之間耳。」又薦隆州布衣李心傳素精史學，乞官以初品，寘之史館，從之。

尋兼侍讀，俄遷禮部侍郎。加寶謨閣直學士，提舉佑神觀兼侍讀。授兵部尚書，力辭不拜。改寶章閣學士、知常德府，陛辭，言下情未通，橫斂未革。帝曰：「其病安在？」對曰：「臺諫專言人主，不及時政，下情安得通？包苴公行於都城，則州郡橫斂，無可疑者。」提舉崇福宮，卒，以華文閣學士轉通議大夫致仕，贈宣奉大夫。嘉熙初，賜謚文簡。

范應鈴字旂叟，豐城人。方娠，大父夢雙日照庭，應鈴生。稍長，厲志于學，丞相周必大見其文，嘉賞之。開禧元年，舉進士，調永新尉。縣當龍泉、茶陵溪峒之衝，寇甫平，喜亂者詐爲驚擾，應鈴廉得主名，捽而治之。縣十三鄉，寇擾者不時，安撫使移司兼郡，初奏弛八鄉民租二年，詔下如章。既而復催以檢核之數，應鈴力爭，不從。卽詣郡自言，反覆數四，帥聲色俱厲，應鈴從容曰：「某非徒爲八鄉貧民，乃深爲州家耳！民貧迫之急，將以不肖之心應之，租不可得而禍未易弭也。」帥色動，令免下戶。既出令，復徵之，應鈴歎曰：「是使我重失信於民也。」又力爭之，訖得請，民大感悅。有大姓與轉運使有連，家僮恣橫厲民，應鈴笞而繫之獄。郡吏庭辱令，應鈴執吏囚之，以狀聞。調衡州錄事，總領聞應鈴名，辟爲屬。改知崇仁縣，始至，明約束，信期會，正紀綱，曉諭吏民，使知所趨避。然後罷鄉吏之供需，校版籍之欺敝，不數月省簿成，即以其簿及苗税則例上之總領所，自此賦役均矣。夙興，冠裳聽訟，發擿如神，故事無不依期結正，雖負者亦無不心服。眞德秀扁其堂曰「對越」。將代，整治如始至。歲杪，與百姓休息，閣債負，蠲租税，釋囚繫，恤生瘞死，崇孝勸睦，仁民厚俗之事，悉舉以行，形之榜揭，見者嗟歎。調提轄文思院，幹辦諸軍審計，添差通判撫州，以言者罷，與祠。丁内艱，服除，通判蘄州。時江右峒寇爲亂，吉州八邑，七被殘燬，差知吉州，應鈴慨然曰：「此豈臣子辭難時耶？」即奉親以行。下車，首以練兵、足食爲先務，然後去冗吏，覈軍籍，汰老弱，以次罷行。應鈴洞究財計本末，每鄙榷酤興利，蘄五邑悉改爲戶。吉，舟車之會，且屯大軍，六萬戶，人勸之榷，應鈴曰：「理財正辭，吾縱不能禁百姓羣飲，其可誘之利其贏耶？」永新禾山羣盜嘯聚，數日間應者以千數。應鈴察過客趙希邵有才略，檄之攝邑，調郡兵，結隅保，分道擣其巢穴，禽之，誅其爲首者七人，一鄉以定。贛叛卒朱先賊殺主帥，應鈴曰：「此非小變也。」密遣諜以厚賞捕之。部使者劾其輕發，鐫一官。閒居六年，養親讀書，泊如也。起廣西提點刑獄，力辭，踰年乃拜命。既至，多所平反，丁錢蠹民，力奏免之。

召爲金部郎官，入見，首言：「今以朝行暮改之規橅，欲變累年上翫下慢之積習；以悠悠內治之斂政，欲圖一旦赫赫外攘之大功。」又曰：「公論不出於君子，而參以逢君之小人；紀綱不正於朝廷，而牽於弄權之閹寺。」言皆讜直，識者韙之。遷尚左郎官，尋爲浙東提點刑獄，力丐便養，改直祕閣、江西提舉常平，併詭挾三萬戶，風采凜然。

丁外艱，服除，遷軍器監兼尚左郎官，召見，奏曰：「國事大且急者，儲貳爲先。陛下不斷自宸衷，徒眩惑於左右近習之言，轉移於宮庭嬪御之見，失今不圖，姦臣乘夜半，片紙或從中出，忠義之士束手無策矣。」帝爲之動容。屬鹽法屢變，商賈之贏，上奪於朝廷之自鬻，下奪於都郡之拘留；九江、豫章扼其襟喉，江右貧民終歲食淡，商與民俱困矣。應鈴力陳四害，願用祖宗入粟易鹽之法。

授直寶謨閣、湖南轉運判官兼安撫司。峒獠蔣、何三族聚千餘人，執縣令，殺王官，帥憲招捕，逾年不至，應鈴曰：「招之適以長寇，亟捕之可也。」卽調飛虎等軍會隅總討之，應鈴親臨誓師，號令明壯，士卒鼓勇以前，禽蔣時選父子及兇渠五人誅之，脅從者使之安業，未一月全師而歸。授直煥章閣，上疏謝事，不允；擢大理少卿，再請又不允。一旦籍府庫，核簿書，處決官事已，遂及家務，纖悉不遺。僚屬勸以淸心省事，曰：「生死，數也，平生學力，正在今日。」帥別之傑問疾，應鈴整冠肅入，言論如平常，之傑退，翛然而逝。

應鈴開明磊落，守正不阿，别白是非，見義必爲，不以得失利害動其心。書饋不交上官，薦舉不徇權門，當官而行，無敢撓以非義。所至無留訟，無滯獄，繩吏不少貸，亦未嘗沒其貲，曰：「彼之貨以悖入，官又從而悖入之，可乎？」進脩潔，案姦贓，振樹風聲，聞者興起。家居時，人有不平，不走官府，而走應鈴之門；爲不善者，輒相戒曰：「無使范公聞之。」讀書明大義，尤喜左氏春秋，所著有西堂雜著十卷，斷訟語曰對越集四十九卷。徐鹿卿曰：「應鈴經術似兒寬，決獄似雋不疑，治民似龔遂，風采似范滂，理財似劉晏，而正大過之。」人以爲名言。

徐經孫字中立，初名子柔。寶慶二年進士，授瀏陽主簿，潭守俾部牙契錢至州，有告者曰：「朝廷方下令頒行十七界會，令若此錢皆用會，小須，則幸而獲大利矣。」經孫曰：「此錢取諸保司，出諸公庫，吾納會而私取其錢，外欺其民，內欺其心，奚可哉！」詰旦，悉以所部錢上之，其人驚服有愧色。

辟永興令，知臨武縣，通判潭州。帥陳韡雅相知，事必咨而後行。秩滿，由豐儲倉提管進權轄，國子博士兼資善堂直講。爲監察御史，劾京尹厲文翁言僞而辨，疏入，留中。宣諭至再，即日出關，上遣使追之，不及。進直寶章閣、福建提點刑獄，號稱平允。歲餘升安撫使，召爲祕書監兼太子諭德。經孫爲安撫時，韡家居，門人故吏有撓法者不得逞，相與搖撼。至是韡起家判本郡，懷私逞忿，無復交承之禮，即日劾奏通判，語侵經孫，謂席卷府庫而去，於是罷通判，削其秩。經孫造朝，具白于政府。事上聞，帝大怒，諭宰執曰：「陳韡老繆至此，宜亟罷之。」於是經孫再詣政府，言：「某，韡門生也，前日之白，公事也，苟韡以是得罪，人謂我何？」請之不置，俾自乞閒，明通判無罪，識者韙之。

遷宗正少卿、起居舍人、起居郎，入奏：「君人者當守理欲之界限。」遷刑部侍郎兼給事中，升太子左庶子、太子詹事，輔導東宮者三年，敷陳經義，隨事啓迪。太子入侍，必以其所講聞悉奏之，帝未嘗不稱善。景定三年春雷，詔求直言，經孫對曰：「三數年來，言論者以靖共爲主，有懷者以譁訐爲戒，忠讜之氣，鬱不得行，上帝降監，假雷以鳴。」切中時病。

公田法行，經孫條其利害，忤丞相賈似道，拜翰林學士、知制誥，未踰月，諷御史舒有開奏免，罷歸。授湖南安撫使、知潭州，不拜。授端明殿大學士，閒居十年，卒，贈金紫光祿大夫。經孫所薦陳茂濂爲公田官，分司嘉興，聞經孫去國，曰：「我不可以負徐公。」遂以親老謝歸，終身不起。

論曰：嗚呼，寧宗之爲君，韓侂冑之爲相，豈用兵之時乎？故婁機力止之。小學之廢久矣，而機獨知致力於此。沈煥、舒璘學遠識明。曹彥約可與建立事功。范應鈴赫然政事如神明。徐經孫清慎有守，卒以爭公田迕賈似道去國，君子稱之。

校勘記

〔一〕丁母憂　「母」原作「父」。按樓鑰攻媿集卷九七婁機神道碑，機任鹽官尉時，丁其母成國夫人憂；下文任於潛縣丞時「遭外艱」，明「父」爲「母」之訛，據改。

〔二〕幹辦諸司審計司　攻媿集卷九七婁機神道碑作「幹辦諸軍審計司」。

〔三〕謫官　同上書同卷同篇作「謫官尚何言」。

宋史卷四百一十一

列傳第一百七十

湯璹 蔣重珍 牟子才 朱貔孫 歐陽守道

湯璹字君寶，瀏陽人。淳熙十四年進士，調德安府學教授，轉三省樞密院架閣，遷國子博士。時召朱熹爲侍講，未幾辭歸，朝廷從其請，予祠。璹上疏言：「熹以正學爲講官，四方顒望其有啓沃之益。曾未踰時，輒聽其去，必駭物論。宜追召熹還，仍授講職。」疏上，不報。由是浸忤權相意，而璹之直聲亦大聞于時。歷禮部、駕部二郎官，出知常州，入爲大理少卿，進直徽猷閣，卒。

璹負直槩，與韓侂胄、陳自強不合，故屢嗾言者中傷。璹生平奉祠閒居之日，多於揚歷，其在禮曹，例掌三省奏記。臨安大火，寧宗遇災避正殿，中書三表請復，不許。璹屬辭務持大體，不爲阿曲，言者摭其語涉訕上，而朝廷實知其無他，故起復制詞有「淸風峻節」之語。疇嘗擇壻得蔣重珍，後舉進士第一。

蔣重珍字良貴，無錫人。嘉定十六年進士第一，簽判建康軍，丁母憂，改昭慶軍，尋以公事與部使者異議，請祠，易簽判奉國軍。紹定二年，召入對，首以「自天子至於庶人所當先知者本心外物二者之界限」爲言：「界限明，則知有天下治亂而已，何樂其尊；知有生民休戚而已，何樂其奉。」且論：「苞苴有昔所未有之物，故吾民罹昔所未有之害；苞苴有不可勝窮之費，故吾民有不可勝窮之憂。」遷祕書省正字，屢乞祠，以伯父喪予告，遷校書郎，辭，不可。明年，待命霅川，移文閤門，請對，當路憚之，添差通判鎭江府，辭。會行都火，應詔曰：

臣頃進本心外物界限之說，蓋欲陛下親攬大柄，不退託於人，盡破恩私，求無愧於己。儻以富貴之私視之，一言一動，不忘其私，則是以天下生靈、社稷宗廟之事爲輕，而以一身富貴之所從來爲重，不惟上負天命，以先帝聖母至于公卿百執事之所以望陛下者，亦不如此也。昔周勃今日握璽授文帝，是夜卽以宋昌領南北軍；霍光今年定策立宣帝，而明年稽首歸政。今臨御八年，未聞有所作爲。進退人才，興廢政事，天下皆曰此丞相意，一時恩怨，雖歸廟堂，異日治亂，實在陛下。焉有爲天之子，爲人之主，而自朝廷達於天下，皆言相而不言君哉？天之所以火宗廟、火都城者殆以此。臣所以痛心者，九廟至重，事如生存，而徹小塗大，不防於火之未至；宰相之居，華屋廣袤，而焦頭爛額，獨全於火之未然，亦足以見人心陷溺，知有權勢，不知有君父矣。他有變故，何所倚仗，陛下自視，不亦孤乎？昔史浩兩入相，才五月或九月卽罷，孝宗之報功，寧有窮已，顧如此其亟，何哉？保全功臣之道，可厚以富貴，不可久以權也。

上讀之感動，授寶章閣，主管雲臺觀，則告吏部，不受貼職祿，不願貼職恩。

它日星變求言，復申前說。又慮柄臣或果去位，君心易縱，大權旁落，則進爲君難六箴。召爲祕書郎兼莊文府教授。端平初入對，上五事，且曰：「隱蔽君德，昔咎故相，故臣得以專詆權臣；昭明君德，今在陛下，故臣以責難君父。」乞召眞德秀、魏了翁用之，帝謂之曰：「人主之職無它，惟辨君子小人。」重珍對曰：「小人亦指君子爲小人，此爲難辨。人主當精擇人望，處之要津，正論日聞，則必知君子姓名、小人情狀矣。」兼崇政殿說書，戒家事勿以白，務積精誠以寤上意。每草奏，齋心盛服，有密啓則手書削稿，帝稱其平實。遷著作佐郎。

邊帥以八陵圖來上，詔百官集議，重珍言史嵩之既失相位，危於幕巢，猶欲邀功，自固其位。請擇賢帥如漢用充國，使之親至邊境，審度事勢，條上便宜。丞相主出師關、洛，重珍力爭。會邊帥議和戰不一，復召集議，重珍奏：「曩乞專意備守，不得已則用應兵，今不敢變前說。」不聽，遂自劾以密勿淸光，乃不能遏兵端，乞免說書職。遷著作郎兼權司封郎官、起居舍人，言：「近者當侍講席，旋命止之，或曰是日道流生朝。夫輟講偶以它故，則當知聖躬舉措之難；或所傳果得其實，則當知聖心持守之難。」帝曰：「非卿不聞此言。」關、洛師大衄，復進兵，重珍言：「若恥敗而欲勝之，則心不平而成忿，氣不平而成怒，生靈之命，豈可以忿怒用哉！」又言：「邇來用臺諫，頗主不必矯激之說，似畏剛方大過之士。竊窺選用之意，正謂其平易而省事耳。然數月之間，一失於某，再失於某，借曰愼重臺綱而憂其激，亦當以平正者居之。」又論禁旅貧弱，教習頻嚴，輒不能堪，不稍變通，非消變之道。

兼國史院編修官、實錄院檢討官，言：「更化以來，舊敝未去者五：徇私、調停、覆護、姑息、依違是也。今又益之以輕易。」遷起居郎，以疾求去。以集英殿修撰知安吉州，權刑部侍郎，三辭不許，自劾其不能取信朝廷之罪，乞鐫斥置閑散，促覲愈力而疾不可起。詔守刑部侍郎致仕，贈朝請大夫，謚忠文。

牟子才字存叟，井研人。八世祖允良生期歲，淳化間盜起，舉家殲焉，惟一姑未笄，以甕覆之，得免。子才少從其父客陳咸，咸張樂大宴，子才閉戶讀書，若不聞見者，咸異之。學于魏了翁、楊子謨、虞剛簡，又從李方子，方子，朱熹門人也。嘉定十六年舉進士，對策詆丞相史彌遠，調嘉定府洪雅縣尉，監成都府榷茶司賣引所，辟四川提舉茶馬司準備差遣，使者魏泌衆人遇之，子才拂衣竟去，泌以書幣謝，不受。改辟總領四川財賦所幹辦公事。詔李心傳即成都修四朝會要，辟兼檢閱文字。制置司遣之文州，視王宣軍饟，鄧艾緦兵處也。道遇宣曰：「敵且壓境，宣已退矣，君毋庸往。」子才不可，遂至州視軍庚而還。甫出境，文州陷。辟知成都府温江縣事，未上，連丁內外艱。時成都已破，遂盡室東下。免喪，心傳方修中興四朝國史，請子才自助，擢史館檢閱。

入對，首言大臣不公不和六事，次陳備邊三策。理宗顧問甚悉，將下殿，復召與語。翼日，帝諭宰相曰：「人才如此，可峻擢之。」左丞相李宗勉擬祕書郎，右丞相史嵩之怨子才言己，遽曰：「姑遷校勘。」俄宗勉卒，嵩之獨相，亟請外，通判吉州，轉通判衢州。日食，詔求言，上封事萬言，極陳時政得失，且乞蚤定立太子。入爲國子監主簿兼史館校勘，踰年，遷太常博士。

鄭淸之再相，子才兩上封事，言今日有徽、欽時十證，又請爲濟王立後，以回天怒。校書郎徐霖言諫議大夫鄭寀、臨安府尹趙與𥲅，不報，出關。子才言：「陛下行霖言則霖留，不然則不留也。二人之中，寀尤無恥，請先罷之。」寀去。至若嵩之謀復相，清之誤引嵩之之黨別之傑共政，皆歷歷爲上言之。作書以孔光、張禹切責清之，清之復書媿謝。謁告還安吉州寓舍，遷祕書郎，屢辭，主管崇道觀。踰年，遷著作佐郎，又辭。清之卒之明日，詔子才還朝，遷著作郎；左丞相謝方叔、右丞相吳潛交書道上意，趣行益急，乃至。兼崇政殿說書，子才隨事奏陳，舉朝誦子才奏疏，皆曰：「有德之言也。」兼國史院編修官、實錄院檢討官兼權禮部郎官。時修四朝史，乃復兼史館檢討。

信州守徐謂禮奉行經界苛急，又以脊杖比校催科，飢民嘯聚爲亂。子才言于上，立罷經界，謫謂禮。浙東、福建九郡同日大水，子才言：「今日納私謁，溺近習，勞土木，庇小人，失人心，五者皆蹈宣和之失。苟不恐懼修省，臣恐宣和京城之水將至矣。燮理陰陽，大臣之事，宜諭大臣息乖爭以召和氣，除壅蔽以通下情。今遣使訪問水災，德至渥也，願出內帑振之。」又言：「君子難聚而易散，今聚者將散，其幾有十。」又言：「謚以勸懲，當出自朝廷，毋待其家自請。」

左司徐霖言諫議大夫葉大有，帝大怒，逐霖，給事中趙汝騰繳之，徙它官。汝騰即出關，子才上疏留之，大有遂劾汝騰。子才上疏訟汝騰誣及大有之欺，未幾，罷大有言職。故事，早講講讀官皆在，晚講惟說書一員，宰相懼子才言己，并晚講於早，自是不得獨對矣。遷軍器少監。御史蕭泰來劾高斯得、徐霖，右司李伯玉言泰來所劾不當，上切責伯玉，降兩官，罷。子才言：「陛下更化，召用諸賢，今汝騰、斯得、霖相繼劾去，伯玉又重獲罪，善人盡矣。」除兼侍立修注官，力辭。

行都大火，子才應詔上封事，言甚切直，兼直舍人院。會泰來亦遷起居郎，恥與泰來同列，七疏力辭，上爲出泰來，而子才亦請去不已，曰：「泰來既去，臣豈得獨留。」上不允。又言：「蜀當以嘉、渝、夔三城爲要，欲保夔則巴、蓬之間不可無屯以控扼之，欲保渝則利、閬之間不可無屯以遏截之，欲守嘉則潼、遂之間不可無屯以掎角之，屯必萬人而後可。」升兼侍講。御史徐經孫劾府尹厲文翁，不報，出關，子才奏留之。文翁改知紹興府，又繳其命。伯玉降官已逾年，舍人院不敢行詞，子才曰：「故事，文書行不過百刻。」卽爲書行，以爲敍復地。帝曰：「謫詞皆褒語，可更之。」子才不奉詔，丞相又道帝意，子才曰：「腕可斷，詞不可改。丞相欲改則自改之。」乃已。

淮東制置使賈似道以海州之捷，子才草奬諭詔，第述軍容之盛，不言其功，且語多戒敕，似道不樂。又言：「全蜀盛時，官軍七八萬人，通忠義爲十四萬，今官軍不過五萬而已，宜招新軍三萬，并撫慰田、楊二家，使歲以兵來助。如此則蜀猶可保，不則不出三年，蜀必亡矣。」湯漢、黃蛻召試學士院，子才發策，蛻譽嵩之，罷蛻正字去。遷起居郎，言：「外郡以進奉易富貴，左右以土木蠱上心，小人以譁競朋比陷君子，此天災所以數見也。」

明堂禮成，帝將幸西太乙宮款謝，實欲遊西湖爾，子才力諫止。皇子冠，面諭作樂章，禮部言：「古者適子一醮無樂，庶子三醮有樂，用樂非是。」子才言：「嫡庶之分，特以所立之地不同，非適專用醴，庶專用醮也。樂章乃學士院故事，況面諭臣，不敢不作。」詔從之。又言：「首蜀尾吳，幾二萬里。今兩淮惟賈似道、荆蜀惟李曾伯二人而已，可爲寒心。」謂：「宜於合肥別立淮西制置司、江淮別立荆湖制置司，且於漣、楚、光、黃、均、房、巴、閬、緜、劍要害之郡，或築城、或增戍以守之。」似道聞之，怒曰：「是欲削吾地也。」正月望，召妓入禁中，子才言：「此皆董宋臣輩壞陛下素履。」權兵部侍郎，屢辭，帝不允。升同修國史、實錄院同修撰。

御史洪天錫劾宋臣、文翁及謝堂等，不報，出關。子才請行其言，文翁別與州郡，堂自請外補，宋臣自請解內轄職，而宋臣錄黃竟不至院，蓋子才復有言也。吳子聰之姑知古爲女冠得幸，子聰因之以進，得知閤門事。子才繳之曰：「子聰依憑城社，勢燄熏灼，以官爵爲市，搢紳之無恥者輻湊其門，公論素所切齒，不可用。」帝曰：「子聰之除，將一月矣，乃始繳駁，何也？可即爲書行。」子才曰：「文書不過百刻，此舊制也。今子聰錄黃二十餘日乃至後省，蓋欲使其供職，使臣不得繳之耳。給、舍紀綱之地，豈容此輩得以行私於其間。」於是子聰改知澧州，待次。子才力辭去，帝遣檢正姚希得挽留之，不可。以集英殿修撰知太平州，前是例兼提領江、淮茶鹽，子才以不諳財懇免。至郡，首教民孝弟，以前人慈竹、義木二詩刻而頒之，間詣學爲諸生講說經義。修采石戰艦百餘艘，造兵仗以千計。前政負上供綱及總所綱七十萬緡，悉爲補之。蠲黃、池酒息六十餘萬貫，三縣秋苗畸零萬五千餘石，夏稅畸零紬帛四千五百餘匹、絲七百餘兩、緜一萬三千餘兩、麥二千餘石。郡有平糴倉，以米五千石益之，又以緡錢二十六萬創抵庫，歲收其息以助糴本。召入對，權工部侍郎。

時丁大全與宋臣表裏濁亂朝政，子才累疏辭歸。初，子才在太平建李白祠，自爲記曰：「白之斥，實由高力士激怒妃子，以報脫鞾之憾也。力士方貴倨，豈甘以奴隸自處者。白非直以氣陵亢而已，蓋以爲掃除之職固當爾，所以反其極重之勢也。彼昏不知，顧爲逐其所忌，力士聲勢益張，宦官之盛，遂自是始。其後分提禁旅，蹀血宮庭，雖天子且不得奴隸之矣。」又寫力士脫鞾之狀，爲之贊而刻諸石。屬有拓本遺宋臣，宋臣大怒，持二碑泣愬于帝，乃與大全合謀，嗾御史交章誣劾子才在郡公燕及餽遺過客爲入己，降兩官，猶未已。帝疑之，密以槧問安吉守吳子明，子明奏曰：「臣嘗至子才家，四壁蕭然，人咸知其清貧，陛下毋信讒言。」帝語經筵官曰：「牟子才之事，吳子明乃謂無之，何也？」衆莫敢對，戴慶炣曰：「臣憶子才嘗繳子明之兄子聰。」帝曰：「然。」事遂解。蓋公論所在，雖仇讎不可廢也。未幾，大全敗，宋臣斥，誣劾子才者悉竄嶺海外，乃復子才官職，提舉玉隆萬壽宮。

帝卽欲召子才。會似道入相，素憚子才，又憾草詔事，僅進寶章閣待制、知溫州；又嗾御史造飛語目子才爲潛黨，將中以危禍。上意不可奪，遂以禮部侍郎召，屢辭，不許。乃賜御筆曰：「朕久思見卿，故有是命，卿其勿疑，爲我疆起。」故事，近臣自外召者，必先見帝乃供職；子才至北關，請內引奏事，宦者在旁沮之，帝特令見，大說，慰諭久之。

時似道自謂有再造功，四方無虞皆其力，故肆意逸樂，惡聞讜言。子才言：「開慶之時，天下岌岌殆矣，今幸復安。不知天將去疾，遂無復憂耶？抑順適吾意，而基異時不可測之禍也。奈何懷宴安以鴆毒，而不明閒暇之政刑乎！忠厚者，我朝之家法也。乃者小人枋國，始用一切以戕其脈，今當反其所爲，奈何愈益甚乎！」謂「宜悉取祖宗所以待士愛民、祈天永命者循而行之」，言：「議者國之元氣也。今言及乘輿，尙見優假，事關廊廟，忿怒斯形，朝政之闕失，臣下之蔽蒙，何由上達乎？」帝曰：「非卿不聞此言。」宣坐賜茶，問外事甚悉，子才具以田里疾苦對，帝矍然久之，卽兼侍讀，尋兼同修國史、實錄院同修撰。

宋臣有內侍省押班之命，舉朝爭之不能得。子才入疏，詰朝，帝出其疏示輔臣，皆曰：

「子才有憂君愛國之眞，無要譽沽名之巧。」擢權禮部尙書。祀明堂，子才爲執綏官，帝問漢、唐文物，占對詳贍。時士大夫小迕權臣，輒竄流，子才請重者量移，輕者放還。兼直學士院，前是儤直多以疾免，子才始復舊制，帝賜詩褒賞。每直，輒召對內殿，語至夜分，或就賜酒果。

兼給事中，彗星見，應詔上封事，請罷公田，更七司法。正爲尙書，力辭，不許。升修國史、實錄院修撰。徐敏子以星赦量移，似道惡其爲潛所用，諷後省繳之，子才不可。葉李、呂宙之等上書攻似道，似道怒，欲殺之，以它事下天府獄。子才請宥之，又遺書似道，似道復書辭甚忿，徑從天府斷遣，不復以聞，蓋懼子才再有所論駁也。

度宗在東宮，雅敬子才，言必稱先生。卽位，授翰林學士、知制誥，力辭不拜，請去不已。進端明殿學士，以資政殿學士致仕，卒，贈四官，官其後二人。

子才事親甚孝。弟子方客死公安，挾其柩葬安吉。女弟在眉山，拔其家于兵火，致之安吉。在吉州，文天祥以童子見，卽期以遠大。所薦士若李芾、趙卯發、劉黻、家鉉翁，後皆爲忠義士。平江守吳淵籍富民田以千餘畝遺子才，皆卻之。身後家無餘貲，賣金帶乃克葬。有存齋集、內制外制、四朝史稿、奏議、經筵講義口義、故事四尙、易編、春秋輪輻。子巘，大理少卿。

朱貔孫字興甫，浮梁人。淳祐四年進士，授臨江軍學教授。丞相史嵩之聞貔孫名，欲致之館下，以祿未及親辭。喪父，服除，授福州學教授，差充江東安撫司幹辦公事。制置使王埜、丘岳、馬光祖、趙與陋皆薦之。丁大全在臺，勢焰熏灼，天久陰雨，貔孫貽書政府，言回積陰之道，去姦邪，罷手實，蠲米稅。姦邪，指大全也。丞相董槐得書嘉歎。主管尚書刑、工部架閣文字。

宦者董宋臣寵幸用事，貔孫發策試胄子，極論宦寺專權之患，宋臣諷言者論罷之。光祖辟添差江東安撫司機宜文字，擢史館校勘。時大全執政，使其黨許以驟用，貔孫力拒之，且謁告歸省。遷太學博士，屬帝親擢監察御史兼崇政殿說書，首疏論大全權姦誤國之罪，倡言學校六士之冤。又以翕聚人才，凝固人心，精擇人言；增禁旅以壯帝畿，擇良守以牧內郡，選全才以守江面，嚴舟師以防海道；因地募兵，以應突至之敵，幷力合勢，以援必守之地。時有建議遷都四明者，貔孫亟上疏言：「鑾輿若動，則三邊之將士瓦解，而四方之盜賊蠭起，必不可。」遂止。貔孫在講筵，言及宋臣撓政事忤旨。遷大理少卿，又遷司農少卿兼太子右諭德，詔許乘馬赴講。貔孫諭導得體，衍說經義，有關於君道者必委曲敷暢，陰寓警戒，太子每爲之改容。兼國史院編修官、實錄院檢討官兼權直舍人院。

時大禮成，封命叢委，吏持詞頭下，每夕無慮數十，貔孫運筆如飛，夜未中已就，皆温潤典雅。遷宗正少卿。丁母憂，服除，授祕書監兼太子左諭德。改監察御史兼崇政殿說書，姓名已付外矣，尋復改命浙西行公田。吏並緣爲姦，貔孫疏其敝。推春秋尊王絀霸之旨，勸帝崇仁政，用吉士，行正論，賜賚甚渥。擢殿中侍御史兼侍講，請嚴京師淫聲奇服之禁。他所論苗耗役害及經理川蜀，皆當世急務。

宋臣覆出，朝論紛然，貔孫因對，力斥其姦，卒奪祠。升侍御史兼侍講。長星出東方，貔孫力詆外戚內臣及進奉羨餘失人心者，且曰：「回天心自回人心始。」辭旨懇切，帝爲之感動，升侍讀。貔孫之再入臺，屬疆埸多事，屢陳備禦之策。理宗春秋高，倚成賈似道，似道擅命，貔孫隨事進諫，不肯阿附，至若行公田之政，屢於經筵密以告帝，似道自是深忌之。貔孫累疏求去。

理宗崩，度宗即位，擢右諫議大夫，賜紫金魚袋兼賜章服犀帶，以疾乞辭言職，遷吏部尚書，不拜。帝以舊學故雅欲留貔孫，使者旁午於道，而貔孫辭益力，以華文閣學士知寧國府，似道諷言者論罷。久之，提舉太平興國宮，復華文閣學士、知袁州。至郡，宣布德意，以戢暴禁貪爲先務。郡倉受租，舊倚斛面取贏，吏加漁取。貔孫知其敝，悉榜除之，許民自概量。宿敝頓革，田里歡聲。興學校以勸士。升敷文閣學士，知福州、福建安撫使。未幾，卒于袁之郡治。贈四官，與恩澤二，令所在給喪事。有文集、奏議行世。

歐陽守道字公權，一字迂父，吉州人。初名巽，自以更名應舉非是，當祭必稱巽。少孤貧，無師，自力於學。里人聘爲子弟師，主人瞷其每食舍肉，密歸遺母，爲設二器馳送，乃肯肉食，鄰媪兒無不歎息感動。年未三十，翕然以德行爲鄉郡儒宗。江萬里守吉州，守道適貢于鄉，萬里獨異視之。

淳祐元年舉進士，廷對，言：「國事成敗在宰相，人才消長在臺諫。昔者當國惡箴規，言者疑觸迕，及其去位，共謂非才。或有迎合時宰，自效殷勤，亦有疾惡乖方，苟求玼纇，以致忠邪不辨，黜陟無章。」唱名，徐儼夫爲第一，儼夫握守道起曰：「吾愧出君上矣，君文未嘗不在我上也。」授雩都主簿。

丁母憂，服除，調贛州司戶，其次在十年，後萬里作白鷺洲書院，首致守道爲諸生講說。湖南轉運副使吳子良聘守道爲嶽麓書院副山長，守道初升講，發明孟氏正人心、承三聖之說，學者悅服。宗人新及子必泰先寓居長沙，聞守道至，往訪之，初猶未識也，晤語相契，守道卽請于子良，禮新爲嶽麓書院講書。新講禮記「天降時雨、山川出雲」一章，守道起曰：「長沙自有仲齊，吾何爲至此。」仲齊，新之字也。踰年，新卒，守道哭之慟，自銘其墓，又薦其子必泰於當道。子良代，守道復還吉州。

里有張某喪其父，小祥，而舅氏訟以事，繫之獄，使不得祭，邀其售己地以葬。守道聞之，歎曰：「吾惟痛斯子之不得一哭其父也，且其痛奈何？」明日告之邑令曰：「此非人心，濱祭而薄之，撓葬而奪之，舅如此，是自食其肉也。請任斯子出，祭而復獄。」令亟出之。其舅醜詆守道，守道亦不自辨。轉運使包恢爲請祠于朝。萬里入爲國子祭酒，薦爲史館檢閱，召試館職，授祕書省正字。

安南國王陳日照〔一〕傳位其子，求封太上國王，下省官議。守道謂：「太上者，漢高帝以尊其父，累朝未之有改，若賜詔書稱太上國王，非便。南越尉佗嘗自稱『蠻夷大長老』，正南夷事也。禮，方伯自稱曰『天子之老』，大夫致仕曰『老』，自稱亦曰『老』。自蠻夷言之則有尉佗之故事；自中國言之，亦方伯致仕者之常稱。漢亦有老上單于之號，易『太』以『老』無損。或去『上』字存其『太』字，太王則有古公，三太、三少，太宰、少宰，『太』所以別於『少』也。謂父爲太，則子爲少矣。太以尊言，則太后、太妃、太子、太孫；以卑言，則太史、太卜、太祝、樂太師太〔二〕，固上下所通用也。」時病足，不及與議。

遷校書郎兼景憲府教授，遷祕書郎，轉對，言：「欲家給人足，必使中外臣庶無復前日言利之風而後可。風化惟反諸身。化之以儉，而彼不爲儉，吾惟有卑宮室、菲飲食；化之以廉，而彼不興廉，吾惟有不貴難得之貨、不厚無益之藏。」以言罷。守道徒步出錢塘門，唯書兩篋而已。理宗遺詔聞，守道與其徒相嚮哭踊，僮奴孺子各爲悲哀。咸淳三年，特旨與祠。詔大臣舉賢才，少傅呂文德舉九十六人，守道預焉。添差通判建昌軍，以書謝廟堂曰：「史贊大將軍不薦士，今大將軍薦士矣，而某何以得此於大將軍哉。」幸嘗蒙召，擢備數三館，異時或者謂其放廢無聊，託身諸貴人，虧傷國體，則寧得而解，願仍賦祠祿足矣。」遷著作佐郎兼崇政殿說書兼權都官郎官。經筵所進，皆切於當世務，上爲動色。遷著作郎，卒，家無一錢。

守道之兄之妻蚤喪，其子演五歲餘，且多病，浚生甫數月，守道三十未有室，顧無能乳哺者，日夜抱二子泣，里巷憐之。演既長，出莫知所之，守道哭而求諸野，終不能得，三年不食肉，顦顇不釋者終身。吉有賢守而大家怨之厚誣以贓者，下其事常平使者。會旱甚，禱雲騰，守道曰：「無以禱也，雲騰之神，唐郡守吳侯也。冤莫甚於前守，冤不直而吳侯於禱，侯有辭矣。匹婦藏冤，旱或三年，冤在民牧，害豈其小。」反覆千餘言，或迂笑之，守道不改，告來者不倦，守卒以得直。所著有易故、文集。

論曰：湯璹立朝蹇諤。蔣重珍自擢巍科，既居盛名之下，而能樹立於當世，可謂難矣。牟子才、朱貔孫，直聲著于中外。歐陽守道，廬陵之醇儒也。

校勘記

〔一〕安南國王陳日照　「照」，宋史全文卷三四同。本書卷四五理宗紀作「煚」，續通鑑卷一七二作「晅」。

〔二〕太祝樂太師太　此處疑有舛誤。按本書卷一六四職官志：「大樂，掌大樂敎習樂舞鼓吹警場。」與「大祝」同隸太常寺。周禮春官：「大師，掌六律六同，以合陰陽之聲。」「樂太師太」，疑爲「太樂太師」之誤。

宋史卷四百一十二

列傳第一百七十一

孟珙　杜杲子庶　王登　楊掞　張惟孝　陳咸

孟珙字璞玉，隨州棗陽人。四世祖安，嘗從岳飛軍中有功。嘉定十年，金人犯襄陽，駐團山，父宗政時爲趙方將，以兵禦之。珙料其必闞樊城，獻策宗政由羅家渡濟河，宗政然之。越翼日，諸軍臨渡布陣，金人果至，半渡伏發，殲其半。宗政被檄援棗陽，臨陣嘗父子相失，珙望敵騎中有素袍白馬者，曰：「吾父也。」急麾騎軍突陣，遂脫宗政。以功補進勇副尉。

十二年，完顏訛可步騎二十萬分兩路攻棗陽，環集城下，珙登城射之，將士驚服。宗政命珙取它道劫金人，破砦十有八，斬首千餘級，大俘軍器以歸，金人遁，以功升下班祗應。十四年，入謁制置使趙方，一見奇之，辟光化尉，轉進武校尉。十六年，以功特授承信郎。丁父憂，制置使起復之，珙辭，訖葬趣就職，又辭，轉成忠郎。理宗卽位，特授忠翊郎，尋差峽州兵馬監押兼在城巡檢，京湖制置司差提督虎翼突騎軍馬，又辟京西第五副將，權管神勁左右軍統制。

初，宗政招唐、鄧、蔡壯士二萬餘人，號「忠順軍」，命江海總之，衆不安，制置司以珙代海，珙分其軍爲三，衆乃帖然。紹定元年，珙白制置司創平堰于棗陽，自城至軍西十八里，由八疊河經漸水側，水跨九阜，建通天槽八十有三丈，溉田十萬頃，立十莊三轄，使軍民分屯，是年收十五萬石。又命忠順軍家自畜馬，官給芻粟，馬益蕃息。二年，升京西第五正將、棗陽軍總轄，本軍屯駐忠順三軍。明年，差京西兵馬都監。丁母憂。又明年，起復京西兵馬鈐轄、棗陽軍駐劄，仍總三軍。

六年，大元將那顏倴盞追金主完顏守緒，逼蔡，檄珙戍鄂，討金唐、鄧行省武仙。仙時與武天錫及鄧守移剌瑗相掎角，爲金盡力，欲迎守緒入蜀，犯光化，鋒剽甚。天錫者，鄧之農夫，乘亂聚衆二十萬爲邊患。珙逼其壘，一鼓拔之，壯士張子良斬天錫首以獻。是役獲首五千級，俘其將士四百餘人，戶十二萬二十有奇，乃授江陵府副都統制，賜金帶。

制置司檄珙問邊事，珙曰：「金人若向呂堰，則八千人不爲少，然須木查、騰雲、呂堰等砦受節制乃可濟。」已而劉全、雷去危兩部與金人戰于夏家橋，小捷。有頃，金人犯呂堰，珙喜曰：「吾計得矣。」亟命諸軍追擊呂堰，進逼大河，退逼山險，砦軍四合，金人棄輜重走，獲甲士五十有二，斬首三千，馬牛橐駝以萬計，歸其民三萬二千有奇。瑷遣其部曲馬天章奉書請降，得縣五，鎮二十二，官吏一百九十三，馬軍千五百，步軍萬四千，戶三萬五千三百，口十二萬五千五百五十三。珙入城，瑷伏階下請死，珙爲之易衣冠，以賓禮見。

初，仙屯順陽，爲宋軍所撓，退屯馬蹬。金順陽令李英以縣降，申州安撫張林以州降，珙言：「歸附之人，宜因其鄉土而使之耕，因其人民而立之長，少壯籍爲軍，俾自耕自守，才能者分以土地，任以職使，各招其徒以殺其勢。」制置司是之。七月己酉，仙愛將劉儀領壯士二百降，珙問仙虛實，儀陳：「仙所據九砦，其大砦石穴山，以馬蹬、沙窩、岵山三砦蔽其前；三砦不破，石穴未易圖也。若先破離金砦，則王子山砦亦破，岵山、沙窩孤立，三帥成禽矣。」珙翼日遣兵向離金，盧秀執黑旗帥衆入砦，金人不疑爲宋軍，乃分據巷道，大呼縱火，掩殺幾盡。是夜，壯士楊青等擣王子山砦，護帳軍酣寢，王建入帳中，斬金將首囊佩之，平明視之，金小元帥也。

丙辰，出師馬蹬，遣樊文彬攻其前門，成明等邀截西路，一軍圍訖石烈，一軍圍小總帥砦，火燭天，殺僇山積，餘逸去者復爲成明伏軍所得，壯士老少萬二千三百來歸。師還，至沙窩西，與金人遇，大捷。是日，三戰三克。未幾，丁順等又破默候里砦。珙召儀曰：「此砦既破，板橋、石穴必震，汝能爲我招之乎？」儀曰：「晉德與花腿王顯、金鎭撫安威故舊，招之必來。」迺遣德行，儀又請選婦人三百僞逃歸，懷招軍榜以向，珙從之。威見德，敍情好甚歡，介德往見顯，顯卽日以書乞降。德復請珙遣劉儀俟之。顯軍約五千，猶未解甲，珙令作栲栳陣；入陣，周視良久，乃去，如素所撫循；饗以牛酒，皆醉飽歌舞。珙料武仙將上岵山絕頂窺伺，令樊文彬詰旦奪岵山，駐軍其下，前當設伏，後遮歸路。已而仙衆果登山，及半，文彬麾旗，伏兵四起，仙衆失措，枕藉厓谷，山爲之赬，殺其將兀沙惹，擒七百三十人，棄鎧甲如山。薄暮，珙進軍至小水河，儀還，具言仙不欲降，謀往商州依險以守，然老稚不願北去，珙曰：「進兵不可緩。」夜漏十刻，召文彬等受方略，明日攻石穴九砦。丙辰，蓐食啓行，晨至石穴。時積雨未霽，文彬患之，珙曰：「此雪夜擒吳元濟之時也。」策馬直至石穴，分兵進攻，而以文彬往來給事。自寅至巳力戰，九砦一時俱破，武仙走，追及於鮎魚砦，仙望見，易服而遁。復戰于銀葫蘆山，軍又敗，仙與五六騎奔。追之，隱不見，降其衆七萬人，獲甲兵無算。還軍襄陽，轉脩武郎、鄂州江陵府副都統制。

大元兵遣宣撫王檝約共攻蔡，制置使謀於珙，珙請以二萬人行，因命珙盡護諸將。金兵二萬騎繇眞陽橫山南來，珙鼓行而前，金人戰敗，卻走，追至高黃陂，斬首千二百級。倴盞遣兎花忒、沒荷過出、阿悉三人來迓，珙與射獵，割鮮而飮，馳入其帳。倴盞喜，約爲兄弟，酌馬湩飲之。金兵萬人自東門出戰，珙遮其歸路，掩入汝河，擒其偏裨八十有七人。得蔡降人，言城中飢，珙曰：「已窘矣，當盡死而守，以防突圍。」珙與倴盞約，南北軍毋相犯。決堰水，布虎落。倴盞遣萬戶張柔帥精兵五千人入城，金人鈎二卒以往，柔中流矢如蝟，珙麾先鋒救之，挾柔以出。撥發官宋榮不肅，將斬之，衆下馬羅拜以請，猶杖之。黎明，珙進逼石橋，鈎致生俘郭山，戰少却。金人突至，珙躍馬入陣，斬山以徇，軍氣復張，殊死戰，進逼柴潭立栅，俘金人百有二，斬首三百餘級。翼日，命諸將奪柴潭樓。金人爭樓，諸軍魚貫而上。金人又飾美婦人以相蠱，麾下張禧等殺之，遂拔柴潭樓，俘其將士五百三十有七人。蔡人恃潭爲固，外卽汝河，潭高於河五六丈，城上金字號樓伏巨弩，相傳下有龍，人不敢近，將士疑畏。珙召麾下飲，再行，曰：「柴潭非天造地設，樓伏弩能及遠而不可射近，彼所恃此水耳，決而注之，涸可立待。」皆曰：「隄堅未易鑿。」珙曰：「所謂堅者，止築兩隄首耳，鑿其兩翼可也。」潭果決，實以薪葦，遂濟師攻城，擒其兩將斬之，獲其殿前右副點檢溫端，磔之城下，進逼土門。金人驅其老稚熬爲油，號「人油砲」，人不堪其楚，珙遣道士說止之。

端平元年正月辛丑，黑氣壓城上，日無光，降者言：「城中絕糧已三月，鞍韉敗鼓皆糜煑，且聽以老弱互食，諸軍日以人畜骨和芹泥食之，又往往斬敗軍全隊，拘其肉以食，故欲降者衆。」珙下令諸軍銜枚，分運雲梯布城下。己酉，珙帥師向南門，至金字樓，列雲梯，令諸將聞鼓則進，馬義先登，趙榮繼之，萬衆競登，大戰城上，降其丞相烏古論栲栳，殺其元帥兀林達及偏裨二百人。門西開，招倴盞入，江海執其參政張天綱以歸。珙問守緒所在，天綱曰：「城危時即取寶玉置小室，環以草，號泣自經，曰『死便火我』，煙燄未絕。」珙與倴盞分守緒骨，得金諡寶、玉帶、金銀印牌有差。還軍襄陽，特授武功郎、主管侍衞馬軍行司公事。擢建康府都統制兼權侍衞馬軍行司職事。

太常寺簿朱楊祖、看班祗候林拓朝八陵〔一〕，諜云大元兵傳宋來爭河南府，哨已及盟津，陝府、潼關、河南皆增屯設伏，又聞淮閫刻日進師，衆畏不前。珙曰：「淮東之師，由淮、泗遡汴，非旬餘不達，吾選精騎疾馳，不十日可竣事；逮師至東京，吾已歸矣。」於是晝夜兼行，與二使至陵下，奉宣御表，成禮而歸。制置司奏留珙襄陽兼鎭北軍都統制。鎭北軍者，珙所招中原精銳百戰之士萬五千餘人，分屯漅北〔二〕、樊城、新野、唐、鄧間。俄令赴樞密院稟議，授帶御器械。二年，授主管侍衞馬軍司公事，時暫黃州駐劄，朝辭，上曰：「卿名將之子，忠勤體國，破蔡滅金，功績昭著。」珙對曰：「此宗社威靈，陛下聖德，與三軍將士之勞，臣何力之有？」帝問恢復，對曰：「願陛下寬民力，蓄人材，以俟機會。」帝問和議，對曰：「臣介冑之士，當言戰，不當言和。」賜賚甚厚。兼知光州，又兼知黃州。

三年，珙至黃，增埤浚隍，蒐訪軍實，邊民來歸者日以千數，爲屋三萬間居之，厚加賑貸。又慮兵民雜處，因高阜爲齊安、鎭淮二砦，以居諸軍。創章家山、毋家山兩堡爲先鋒、虎翼、飛虎營。兼主管管內安撫司公事，節制黃蘄光、信陽四郡軍馬。大元兵攻蘄州，珙遣兵解其圍；又攻襄陽，隨守張龜壽、荆門守朱楊祖、郢守喬士安皆委郡去，復州施子仁死之，江陵危急。詔沿江、淮西遣援，衆謂無踰珙者，乃先遣張順渡江，珙以全師繼之。大元兵分兩路：一攻復州，一在枝江監利縣編筏窺江。珙變易旌旗服色，循環往來，夜則列炬照江，數十里相接。又遣外弟趙武等共戰，躬往節度，破砦二十有四，還民二萬。嘉熙元年，封隨縣男，擢高州刺史，忠州團練使兼知江陵府、京西湖北安撫副使。未幾，授鄂州諸軍都統制。

大元大將忒沒䚟入漢陽境，大將口温不花入淮甸，蘄守張可大、舒州李士達委郡去，光守董堯臣以州降。合三郡人馬糧械攻黃守王鑑，江帥萬文勝戰不利。珙入城，軍民喜曰：「吾父來矣。」駐帳城樓，指畫戰守，卒全其城，斬逗留者四十有九人以徇。御筆以戰功賞將士，特賜珙金盌，珙益以白金五十兩賜之諸將。將士彌月苦戰，病傷者相屬，珙遣醫視療，士皆感泣。

二年春，授寧遠軍承宣使、帶御器械、鄂州江陵府諸軍都統制。珙以三軍賞典未頒，表辭。詔曰：「有功不賞，人謂朕何？三軍勳勞，趣其來上。封爵之序，自將帥始，卿奚辭焉？」

未幾，授樞密副都承旨、京西湖北路安撫制置副使兼督視行府參謀官。未幾，升制置使兼知岳州。迺檄江陵節制司擣襄、郢，於是張俊復郢州，賀順復荆門軍。十二月壬子，劉全戰于冢頭，戰于樊城，戰于郎神山，屢以捷聞。三年春正月，曹文鏞復信陽軍，劉全復樊城，遂復襄陽。授樞密都承旨、制置使兼知鄂州。全遣譚深復光化軍，息、蔡降，珙命以兵逆之，得壯士百餘，籍爲忠衞軍。

初，詔珙收復京、襄，珙謂必得郢然後可以通餽饟，得荆門然後可以出奇兵，由是指授方略，發兵深入，所至以捷聞。珙奏略曰：「取襄不難而守爲難，非將士不勇也，非車馬器械不精也，實在乎事力之不給爾。襄、樊爲朝廷根本，今百戰而得之，當加經理，如護元氣，非甲兵十萬，不足分守。與其抽兵於敵來之後，孰若保此全勝？上兵伐謀，此不爭之爭也。」乃置先鋒軍，以襄、郢歸順人隸焉。

庚寅，諜報大元兵欲大舉臨江，珙策必道施、黔以透湖湘，請粟十萬石以給軍餉，以二千人屯峽州，千人屯歸州。忠衞舊將晉德自光化來歸，珙奬用之。珙弟瑛以精兵五千駐松滋爲夔聲援，遣于德興增兵守歸州隘口萬戶谷。大元兵自隨闖江，珙密遣劉全拒敵，遣伍思智以千人屯施州。大元大將塔海并禿雪帥師入蜀，號八十萬，珙增置營砦，分布戰艦，遣張舉提兵間道抵均州防遏。大元兵度萬州湖灘，施、夔震動，珙兄璟時爲湖北安撫副使、知峽州，急以書謀備禦。珙請于督府，帥師西上。璟調金鐸一軍迎拒于歸州大埡砦。劉義捷于巴東縣之清平村。珙弟璋選精兵二千駐澧州防施、黔路。四年，進封子。

珙條上流備禦宜爲藩籬三層：乞創制副司及移關外都統一軍於夔，任涪南以下江面之責〔三〕，爲第一層；備鼎、澧爲第二層；備辰、沅、靖、桂爲第三層。峽州、松滋須各屯萬人，舟師隸焉，歸州屯三千人，鼎、澧、辰、沅、靖各五千人，郴、桂各千人，如是則江西可保。又遣楊鼎、張謙往辰、沅、靖三州，同守倅曉諭熟蠻，講求思、播、施、黔支徑，以圖來上。

會諜知大元兵於襄樊隨、信陽招集軍民布種，積船材于鄧之順陽，乃遣張漢英出隨，任義出信陽，焦進出襄，分路撓其勢。遣王堅潛兵燒所積船材，又度師必因糧於蔡，遣張德、劉整分兵入蔡，火其積聚。制拜寧武軍節度使、四川宣撫使兼知夔州。招集麻城縣、巴河、安樂磯、管公店淮民三百五十有九人，皆沿邊經戰之士，號「寧武軍」，令璋領之。進封漢東郡侯兼京湖安撫制置使。

回鶻愛里八都魯帥壯士百餘、老稚百一十五人、馬二百六十匹來降，創「飛鶻軍」，改愛里名艾忠孝，充總轄，乞補以官。四川制置使陳隆之與副使彭大雅不協，交章于朝。珙曰：「國事如此，合智并謀，猶懼弗克，而兩司方勇於私門，豈不愧廉、藺之風乎。」馳書責之，隆之、大雅得書大慚。

蠹蜀政之弊，爲條班諸郡縣，曰差除計屬，曰功賞不明，曰減尅軍糧，曰官吏貪黷，曰上下欺罔。又曰：「不擇險要立砦栅，則難責兵以衞民；不集流離安耕種，則難責民以養兵。」乃立賞罰以課殿最，俾諸司奉行之。黎守閻師古言大理國請道黎、雅入貢，珙報大理自通邕、廣，不宜取道川蜀，卻之。兼夔路制置大使兼屯田大使。軍無宿儲，珙大興屯田，調夫築堰，募農給種，首秭歸，尾漢口，爲屯二十，爲莊百七十，爲頃十八萬八千二百八十，上屯田始末與所減券食之數，降詔獎諭。靖州猺林賽良爲亂，遣王瑀平之。

淳祐二年，珙以京、襄死節死事之臣請于朝，建祠岳陽，歲時致祭，有旨賜名閔忠廟。淮東受兵，樞密俾珙應援，遣李得帥精兵四千赴之，珙子之經監軍。諜知京兆府也可那延以騎兵三千經商州取鶻嶺關，出房州竹山，遣王令屯江陵，壽進屯郢州，劉全屯沙市，焦進提千人自江陵、荆門出襄。檄劉全齎十日糧，取道南漳入襄，與諸軍合。

大元兵至三川，珙下令應出戍主兵官，不許失棄寸土。權開州梁棟乏糧，請還司，珙曰：「是棄城也。」棟至夔州，使高達斬其首以徇。由是諸將稟令惟謹。大元兵至瀘，珙命重慶分司發兵應援，遣張祥屯涪州。拜檢校少保，進封漢東郡公。珙言：「沅之險不如辰，靖之險不如沅，三州皆當措置而靖尤急。今三州粒米寸兵無所從出，此京湖之憂一。江防上自秭歸，下至壽昌，亘二千里，自公安至峽州灘磧凡十餘處，隆冬水涸，節節當防，兵諱備多，此京湖之憂二。今尺籍數虧，既守灘磧，又守關隘，此京湖之憂三。陸抗有言：『荊州國之藩表，如其有虞，非但失一郡，當傾國爭之。若非增兵八萬併力備禦，雖韓、白復生，無所展巧。』今日事勢大略相似，利害至重。」余玠宣諭四川，道過珙，珙以重慶積粟少，餉屯田米十萬石，遣晉德帥師六千援蜀，之經爲策應司都統制。四年，兼知江陵府。珙謂其佐曰：「政府未之思耳，彼若以兵綴我，上下流急，將若之何？珙往則彼擣吾虛，不往則誰實捍患。」識者是之。

詔京湖調兵五千戍安豐，援壽春。珙遣劉全將以往。繼有命分兵三千備齊安，珙言：「黃州與壽昌三江口隔一水耳，須兵卽度，何必預遣？先一日則有一日之費，無益有損，萬一上游有警，我軍已疲，非計之得也。」不從。五年，御筆以職事脩舉，轉行兩官，許令回授。珙至江陵，登城歎曰：「江陵所恃三海，不知沮洳有變爲桑田者，敵一鳴鞭，卽至城外。蓋自城以東，古嶺先鋒直至三汊，無所限隔。」迺脩復內隘十有一，別作十隘於外，有距城數十里者。沮、漳之水，舊自城西入江，因障而東之，俾遶城北入于漢，而三海遂通爲一。隨其高下，爲匱蓄泄，三百里間，渺然巨浸。土木之工百七十萬，民不知役，繪圖上之。

珙以身鎭江陵，而兄璟帥武昌，故事，無兄弟同處一路者，乞歸田，不允。詔以兵五千援淮，珙使張漢英帥之。樞密調兵五千赴廣西，珙移書執政曰：「大理至邕，數千里部落隔絕，今當擇人分布數郡，使之分治生夷，險要形勢，隨宜措置，創關屯兵，積糧聚芻於何地，聲勢既張，國威自振。計不出此而聞風調遣，空費錢糧，無補於事。」不聽。大元大將大納至江陵，遣楊全伏兵荆門以戰，珙先期諜知，達于樞密，檄兩淮爲備，兩淮不知也，後果如所報。珙奏：「襄、蜀蕩析，士無所歸，蜀士聚於公安，襄士聚於郢渚。臣作公安、南陽兩書院，以没入田廬隸之，使有所教養。」請帝題其榜賜焉。

初，珙招鎭北軍駐襄陽，李虎、王旻軍亂，鎭北亦潰，乃厚招之，降者不絕。行省范用吉密通降款，以所受告爲質，珙白于朝，不從。珙歎曰：「三十年收拾中原人〔四〕，今志不克伸矣。」病遂革，乞休致，授檢校少師、寧武軍節度使致仕，終于江陵府治，時九月戊午也。是月朔，大星隕于境內，聲如雷。薨之夕，大風發屋折木。訃至，帝震悼輟朝，賻銀絹各千，特贈少師，三贈至太師，封吉國公，謚忠襄，廟曰威愛。

珙忠君體國之念，可貫金石。在軍中與參佐部曲論事，言人人異，珙徐以片語折衷，衆志皆愜。謁士遊客，老校退卒，壹以恩意撫接。名位雖重，惟建鼓旗、臨將吏而色凜然，無敢涕唾者。退則焚香掃地，隱几危坐，若蕭然事外。遠貨色，絕滋味。其學邃於易，六十四卦各繫四句，名警心易贊。亦通佛學，自號「無庵居士」。

杜杲字子昕，邵武人。父穎，仕至江西提點刑獄，故杲以任授海門買納鹽場，未上，福建提點刑獄陳彭壽檄攝閩尉。民有甲之子死，誣乙殺之，驗髮中得沙，而甲舍旁有池沙類髮中者，鞫問，子果溺死。

江、淮制置使李珏羅致幕下。滁州受兵，檄杲提偏師往援，甫至，民蔽野求入避，滁守固拒，杲啓鑰納之。金人圍城數重，杲登陴中矢，益自奮厲，卒全其城。

調江山丞，兩浙轉運使朱在辟監崇明鎭，崇明改隸淮東總領，與總領岳珂議不合，慨然引去。珂出文書一卷，曰：「舉狀也。」杲曰：「比而得禽獸，雖若丘陵，弗爲。」珂怒，杲曰：「可劾者文林，不可強者杜杲。」珂竟以負蘆錢劾，朝廷察蘆無虧，三劾皆寢。

淮西制置曾式中辟廬州節度推官。浮光兵變，杲單騎往誅其渠魁，守將爭餉金幣，悉封貯一室，將行，屬通判鄭準反之。安豐守告戍將扇搖軍情，且爲變，帥欲討之，杲曰：「是激使叛也。」請與兩卒往，呼將諭之曰：「而果無他，可持吾書詣制府。」將卽日行，一軍帖然。

知六安縣，民有嬖其妾者，治命與二子均分。二子謂妾無分法，杲書其牘云：「傳云『子從父令』，律曰『違父教令』，是父之言爲令也，父令子違，不可以訓。然妾守志則可，或去或終，當歸一子。」部使者季衍覽之，擊節曰：「九州三十三縣令之最也。」

知定遠縣，會李全犯邊，衍時爲淮帥，辟通判濠州，朝廷以杲久習邊事，擢知濠州。制置大使趙善湘謀復盱眙，密訪杲，杲曰：「賊恃外援，當斷盱眙橋梁以困之。」卒用其策成功。金衆數萬駐楡林阜請降，輜重甚富，或請誘而圖之。杲曰：「殺降不仁，奪貨不義，納之則有後患。」諭而遣之。召奏事，差主管官告院，知安豐軍。善湘與趙范、范弟葵出師，遷淮西轉運判官。詔問守禦策，杲上封曰：「沿淮旱蝗，不任征役；中原赤立，無糧可因。若虛內事外，移南實北，腹心之地，必有可慮。」時在外諫出師者惟杲一人。及兵敗洛陽，人始服其先見。奉崇道祠，再知濠州，未行，改安豐。大元兵圍城，與杲大戰。明年，大兵復大至，又大戰。擢將作監，御書慰諭之。丞相李宗勉、參知政事徐榮叟曰：「帥淮西無逾杜杲者。」詔以安撫兼廬州，進太府卿〔五〕、淮西制置副使兼轉運使。復與大元兵戰。累疏請老，不許。權刑部尙書。

淳祐元年，乞去愈力，擢工部尙書，遂以直學士奉祠。帝欲起之帥廣西，以言者罷。帝曰：「杜杲兩有守功，若脫兵權，使有後禍，朕何以使人？」乃起知太平州。俄擢華文閣學士、沿江制置使、知建康府、行宮留守，節制安慶、和、無爲三郡。

杲罷楊林堡，以其費備歷陽，淮民寓沙上者護以師。首謁程顥祠。總領所卽張栻宦遊處，陳像設祀焉。置貢士莊，蠲民租二萬八千石。復與大元兵戰于眞州。進敷文閣學士，遷刑部尙書，引見，帝加奬勞。乞歸不許，兼吏部尙書。杲隨資格通其礙，銓綜爲精。梁成大子賂當國者求銓試，杲曰：「昔沈繼祖論朱文公，成大亦論眞文忠公，皆得罪名敎者，子孫宜廢錮，安得仕？」進徽猷閣，奉祀。請老，升寶文閣致仕。帝思前功，進龍圖閣而杲卒，遺表上，贈開府。

杲淹貫多能，爲文麗密淸嚴，善行草急就章。晚歲專意理學，嘗言吾兵間無悖謀左畫，得於四書。子庶。

庶字康侯，幼倜儻有大志，性剛勁，通宋典故，善爲文。從父兵間，習邊事，未入仕已立戰功，明堂恩補官。大元兵圍安豐，兵將不相下，庶調護咸得其歡心，卒協力捍禦。杲帥淮西，辟書寫機宜文字。廬州圍解，庶白事廟堂，諸將餽金助上功費，皆受之，賞典行，歸悉反所餽。遷籍田令兼制機督幹。監呂文德、聶斌軍，與大元兵戰朱皐、白家，遷將作監簿。杲在建康，庶通判和州，權知眞州。郡素缺備，庶大修守禦，具積排杉木殆十萬株。差知興化軍，奉祀鴻禧觀。起知邕州，改潮州，以言者寢命。赴淮東制司議幕，過闕，遷將作監丞。遷司農丞、知和州，陛辭，言：「今天時不可幸，地利不可恃，人和不可保，苟恃天幸，恃長江，恃淸野，而付邊事於素不諳歷之人，未見其可。」帝嘉納。尋兼淮西提點刑獄，浚城濠，增守備，脩學宮。知眞州兼淮東提點刑獄，踰年，進直祕閣，移淮西兼廬州安撫副使，人歡迎如見慈父，治績甚多。就任加刑部郎中，升寶文閣，與大元兵戰於望仙、白沙城。升華文閣。開慶元年冬，進大理少卿、淮東轉運副使、兩淮制置司參謀官，特授兩淮制置使、知揚州。射陽湖饑民嘯聚，庶曰：「吾赤子也。」遣將招刺，得丁壯萬餘，戮止首惡數人。明年四月，火，抗章自劾，召赴行在。尋直寶文閣、知隆興府、江西轉運副使，卒。

王登字景宋，德安人。少讀書，喜古兵法，慷慨有大志，不事生產。出制置使孟珙幕府，久之，權知巴東縣。獻俘制置司，登念奮自書生，不拜，吏曰：「不拜則不敢上。」難之，竟棄功去。淳祐四年，舉進士，調興山主簿。總領賈似道檄修江陵城，條畫有法。明年，制置使李曾伯經理襄陽，登在行，以積功升，尋以母憂去。

及吳淵爲制置使，邊事甚亟，因憶弟潛盛言王登才略，具書幣招之。登方與客奕，發書，衣冠拜家廟，長揖出門，問牛幾何，可盡發犒師。淵慨然曰：「事亟矣，奈何？」登曰：「亟呼諸將共議。」衆至，驩躍曰：「景宋在此。」淵曰：「汝輩欲西門出，景宋欲從方城，如何？」衆曰：「惟命！」登曰：「用兵患不一，登書生，不過馮軾觀戰，請五大帥中擇一人爲節制。」淵曰：「請監丞出，正謂此也。」卽書銀牌曰：「監丞代某親行，將士用命不用命，賞罰畢具申。」登至沙市，椎牛釃酒，得七千人，誓曰：「登與諸將義同骨肉，今日之事，登不用命，諸將殺登以獻主帥；諸將有一不用命，登有制劄在，不敢私也。」衆股慄聽命，竟立奇功於沮河。趙葵爲制置使，見登握手曰：「景宋一身膽，惜相見晚也。」俾參宣撫司兼京西兩節。馬光祖爲制置使，辟充參謀官，遷軍器少監、京西提點刑獄。

登威聲日振。有余思忠及徐制幾讒於光祖曰：「京湖知有王景宋，不知有馬制置，非久易位矣。」光祖疑焉，出登屯郢州，後以幹辦鍾蜚英調護，情好如初。侍御史戴慶炣劾思忠，其黨過元龍、沈翥在幕中，又傾之，以是議論不合，才略不能施，識者惜焉。

開慶元年，登提兵援蜀，約日合戰，夜分，登經理軍事，忽絕倒，五藏出血。幕客唐舜申至，登尚瞪目視几上文書，俄而卒。它日，舜申舟經漢陽，有蜀聲呼唐舜申者三，左右曰：「景宋聲也。」是夕，舜申暴卒。

楊掞字純父，撫州臨川人。少能詞賦，里陳氏館之教子，數月拂衣去。遊襄、漢，旣而代陳中選，陳謝之萬緡，輦以入倡樓，篋垂盡，夜忽自呼曰：「純父來此何爲？」明日遂行。用故人薦，出淮閫杜杲幕，杲曰：「風神如許，它日不在我下。」由是治法征謀多咨於掞。遂年，安豐被兵，掞慨然曰：「事亟矣，掞請行。」乃以奇策解圍，奏補七官。

掞念置身行伍間，騎射所當工，夜以青布籍地，乘生馬以躍，初過三尺，次五尺至一丈，數閃跌不顧。制置使孟珙辟于幕，嘗用其策爲「小子房」，與之茶局，周其資用。掞以本領錢數萬費之，總領賈似道稽數責償，珙以白金六百令掞償之，掞又散之賓客，酣歌不顧。似道欲殺之，掞曰：「漢高祖以黃金四萬斤付陳平，不問出入，公乃顧此區區，不以結豪傑之心邪？」似道始置之。珙嘗燕客，有將校語不遜，命斬之，掞從容曰：「斬之誠是，第方會客廣謀議，非其時非其地也。」珙大服。未幾，有大將立功，珙坐受其拜，掞爲動色，因歎曰：「大將立功，庭參納拜，信兜鍪不如毛錐子也。」於是謝絕賓客，治進士業，遂登第，調龐城尉。向士壁守黃州，檄入幕，尋以戰功升三官。無何，得心疾，曰：「我不可用矣。」遂調潭州節度推官。趙葵爲京湖制置使，掞與偕行，王登迓於沙市，極談至夜分，掞退曰：「王景宋滿身是膽，惜欠沉細者，如掞副之，何事不可爲也，但恐終以勇敗。」後登死，人以爲知言。遂時，士壁守峽州，招之，病不果行而卒，贈架閣。

張惟孝字仲友，襄陽人。長六尺，通春秋，下第，乃工騎射。城中亂，爭出闕，惟孝拔劍殺數人，趨白河，見一舟壯鉅甚，急登之，舟人不可，惟孝曰：「今日之事，非汝卽我，能殺我者得此舟。」衆披靡，遂以舟達郢州。兵亂，奔沙洋，別之傑爲帥，盡隘諸湖不泄水，惟孝令二人賈服前行，密窺隘兵，曰：「易與耳。」乃與十騎，衣黑袍，假爲敵兵，曰：「後隊亟至。」守隘四五百人悉潰，舟趨藕池。

開慶元年，卜居江陵，至沙市，衆舟大集，不可涉。頃有峩冠張蓋，從者數十，則宣撫姚希得之弟也，令曰：「敢有爭岸者投水中。」惟孝睥睨良久，提劍驅左右而出，舉白旗以麾，令衆船登岸，毋敢亂次。幹官鍾蜚英見而異之，以告唐舜申，舜申曰：「吾故人也。」具言惟孝平生。蜚英謂曰：「今日正我輩趨事赴功之秋。」惟孝不答；又叩之，則曰：「朝廷負人。」明日，蜚英導希得羅致之，宴仲宣樓，蜚英酒酣曰：「有國而後有家，天下如此，將安歸乎？」惟孝躍然曰：「從公所命。」乃請空名帖三十以還。逾旬，與三十騎俱擁甲士五千至，旗幟鮮明，部伍嚴肅，上至公安，下及墨山，游踏相繼。希得大喜，請所統姓名，惟孝曰：「朝廷負人，福難禍易，聊爲君侯紓一時之難耳，姓名不可得也。」時鼎、澧五州危甚，於是擊鼓耀兵，不數日，衆至萬人，數戰俱捷，江上平。制使呂文德招之，不就而遁，物色之不可得，或云已趨淮甸，後不知所終。

陳咸字逢儒，監察御史升卿次子，爲叔父巨卿後。登淳熙二年進士第，調內江縣尉。

縣吏受賄，賦民不均，咸以聞于部使者，爲下令聽民自陳利病，而委咸均其賦。改知果州南充縣，轉運司辟主管文字。歲旱，稅司免下戶兩稅，轉運使安節以爲虧漕計，咸白安節曰：「苟利於民，違之不可。」因言：「今楮幣行於四川者幾虧三百萬，苟增印百萬，足以補放免之數。」安節從之。軍多濫請，咸每裁損，帥屬以爲言，咸曰：「咸首可斷，濫請不可得。」蜀歲收激賞權輸絹錢，民以爲病，咸白安節，覈入節出，奏歲減二十餘萬緡。擢知資州，時久旱，咸被命卽請帥臣發粟二千餘石以振。明年，東、西川皆旱，總制二司議蠲民賦而慮虧國課，咸請增印未補發引百有九萬以償所蠲，議遂決。大修學宮，政以最聞，改知普州。

開禧元年，邊事興，四川宣撫使程松奇其才，辟主管機宜文字。咸首貽書論兵不可輕動，勸松搜人才，練軍實；考圖籍以疏財用之源，視險要以決攻守之計；約大將面會，以免疑忌之嫌；捐金帛募死士，以明間探之遠；出虛擣奇之策，審於當用；倖勝趨利之謀，寢而勿行。松復書深納，然實不能用。副使吳曦蔑視松，易置將兵，不關白正使。松務爲簡貴，咸憂之，復說松收梁、洋以北義士爲緩急用；據險阨，立關堡，杜支徑以備不虞。松又不能用。遷利路轉運判官。

曦叛臣於金，關外四州繼沒，人情大駭。咸留大安軍督軍糧，檄其守楊震仲振流民，備姦盜，衆稍安。安丙密以曦反謀告咸，咸卽遣人告松，松不之察。曦以咸蜀名士，欲首脅之以令其餘，檄咸議事。咸不往，遂之利州。抵城外，僞都運使徐景望已挾兵入居臺治。英宗諱日，景望大合樂以享，咸力拒之。

初，咸自大安東下，遇僞將褚青與語，青有悔意。至是，以主管文字王釜、福艾可與共事，欲結二人誅景望，燒棧閣，絕曦援兵。既而釜棄官歸，咸以青不可保，謀遂沮。李道傳問咸：「計將安出？」咸曰：「事極不過一死耳，必不爲吾蜀累也。」語家子欽曰：「咸受國厚恩，義當擊賊，恨無兵權，獨有下策，削髮以全臣節。」會曦以書招之急，咸答書勸其稟命，既而欲親諭之，遂行，遇僞統領孟可道，知曦已僭亂，曰：「吾書不可用矣。」還至后鐓，入帳中以刀自斷其結，披緇而出。景望遣兵拘咸于岸，曦聞怒甚。吳晛勸曦召咸主武興寺〔六〕，因殺之，安丙力爲救解，乃得釋歸。曦既誅，咸語諸子曰：「吾不能討賊而棄官守，罪也。」上表自劾，安丙、楊輔等皆勉其出。丙尋奏以咸總蜀賦，從之。

時僭亂後，帑藏赤立。咸至武興，與丙商榷利病，兵政財計，合爲一家，請丙奏于朝。覈諸司羨餘，移支常平廣惠米，鑄當五錢，榜賣官，幷權截四路上供，汰弱兵二萬餘，規畫備至，故軍興增支之數八千七百五十餘萬，皆不取於民。咸總賦之始，贍軍帑廩緡不過一千四十五萬餘，糧不過九十一萬餘，料不過二萬餘。咸晝夜精勤，調度有方，不二歲，益昌大軍庫有楮引百八十萬，成都免引場樁撥二百一十餘萬，城下三倉軍糧四十餘萬石，預借米本一百一十餘萬，又別貯軍糧百四十九萬石，料七萬餘，而布帛絲綿、銅鐵錢與祠牒不預焉。劍外民久苦役調，或建議調東、西兩路及夔路丁壯共其勞。令始下，民憚行，馳愬于安丙，乞計直輸錢以免行，久而不克輸者十五餘萬，咸蠲之。蜀錢引舊約兩界五千餘萬，半藏於官，自軍興引皆散於民，宣、總二司增創三界通行八千餘萬，價日益落。咸捐一千二百餘萬緡以收十九界之半，又與丙議合茶馬司之力，再收九十一界，續造九十三界以兌之，於是引價復昂，糴價頓減。

嘉陵江流忽淺，或云金人截上流，咸不動，疏而導之，自益昌至于魚梁，饋運無阻。金州地險，咸增饋米以實之，人皆曰：「金州之險，金人不可向，何益之爲？」咸曰：「敵至而慮，無及矣。」未幾，金人犯上津，守賴以固。召爲司農少卿，卒。丙列奏其功，賜謚勤節。初，宣諭使吳獵嘗表其節，詔進二秩，咸乞回贈所生父母焉。

論曰：宋之辱於金久矣，值我國家興師討罪，聲震河朔，乃遣孟珙帥師夾攻，遂滅其國，以雪百年之恥。而珙說禮樂，敦詩書，誠寡與二。杜杲、王登、楊掞、張惟孝，思以功名自見，雖所立有小大，皆奇才也。陳咸不從逆曦，雖不能死，然理財於喪亂之餘，蜀賴以固守，豈不賢於匹夫之自經溝瀆者哉！

校勘記

〔一〕八陵　原作「入陵」，據本書卷四一理宗紀、宋史全文卷三二、宋季三朝政要卷一改。

〔二〕瀼北　按宋代無瀼北地名，樊城、新野、唐、鄧均在漢水以北，劉克莊後村先生大全集卷一四三孟珙神道碑作「漢北」，疑是。

〔三〕任涪南以下江面之責　「南」，後村先生大全集卷一四三孟珙神道碑作「萬」。按宋涪州治在長江南岸，夔州在涪、萬東北，作「涪萬以下」近是。

〔四〕收拾中原人　句下疑脫「心」字，後村先生大全集卷一四三孟珙神道碑作「收拾中原人心」。

〔五〕太府卿　「太」原作「大」。按本書卷一六五職官志「太府寺」條：「元豐官制行，始正職掌，置卿、少卿各一人。」本書卷一六八職官志、後村先生大全集卷一四一杜杲神道碑都作「太府卿」，是，據改。

〔六〕吳睍　原作「吳晛」，據本書卷四七五吳曦傳改。

宋史卷四百一十三

列傳第一百七十二

趙汝談　趙汝讜　趙希錧　趙彥吶　趙善湘　趙與懽
趙必愿

趙汝談字履常，生而穎悟，年十五，以大父恩補將仕郎。登淳熙十一年進士第。丞相周必大得其文異之，語參知政事施師點曰：「是子他日有大名于世。」調汀州教授，改廣德軍，添差江西安撫司幹辦公事。嘗從朱熹訂疑義十數條，熹嗟異之。

佐丞相趙汝愚定大策，汝愚欲驟以詞掖處之，力辭去。持祖母服。汝愚去國，其弟汝讜力上疏乞留汝愚、斬侂胄，聞者吐舌。兄弟罹黨禍斥去。尋調安慶府教授，添差浙東安撫司幹辦公事。丁母憂，免喪，召爲太社令。

時侂胄用事熾甚，汝談痛憤，登壇讀祝，大呼侂胄及陳自強名。自強不能堪，它日指汝談曰：「未坐白晳者何人？」汝談不爲動。以參知政事李壁〔一〕薦，召試館職，擢正字。是時吳曦叛，上下束手，或請就以曦爲王，其人造汝談，汝談詰之曰：「孰欲王曦者，可斬！」其人面發赤不能對，遂以言去，主管崇道觀。添差通判嘉興府，與郡守王介志合。改知無爲軍，與光州守柴中行、安豐守陸峻俱稱循吏。

時金人內變，有旨令獻料敵、備邊二策。其料敵之策曰：「禍亂猶在河北，未遽至河南，蓋豪雄擇形勢，大盜窺貨寶，金帛重器俱聚河北，河南無大川爲之險，欲起安所憑？且金素以河南近我，置守多完顏氏親黨，其下亦令蕃漢錯居，所以防慮備盡。縱彼喪亂，守將欲畔則自畔，何至相率盡反。然有天下者，自不容易一日廢備，豈以金人存亡之候爲吾緩急哉！」其備邊之策曰：「今邊州大抵無城，缺兵少糧，鎧仗不足。若使自辦，何所取資？勾諸朝廷，安得力給？若倣古藩封，拔用英傑守郡，則併租稅市榷之利盡與之，免其共貢，上不置監臨，下悉聽選辟，民得自賦，兵得自募，凡百悉聽所爲。其有功者亦不遽徙，就峻爵秩，增異車服，給美田宅，官其子孫，凡可優寵，無不極至，使內爲公卿，雖貴曾不如守邊之樂。如此則有才者爭自奮勵，緩急必能出死力報上。」于後河南二十餘年猶爲金守，宋沿邊諸郡權大削，兵事無肯任責者，汝談之言若蓍龜然。

改湖北提舉常平，振饑盡力。知溫州，改知外宗正，作詩勉其族屬，皆望風而化。遷江西提舉常平。寧宗崩，以哀痛得疾。賀理宗表，力寓勸戒。陳碩曰：「此諫書也。」數匃祠，授江西轉運判官，辭不獲命，之官一月，以言者罷。

先是，汝談因疾去官，言者謂其傲睨軒冕，不樂爲世用。至是彌遠不與祠，乃杜門著述。端平初，以禮部郎官召，入對言：「倚用老成，廣集忠智，訪求衆歛之原，辟取可行之策，以飭積蠹之蟲，而成終泰之功者，願加聖心焉。」又言：「大佞似忠，大姦似聖，未免信向而擢任之。始未見甚失，久乃寖至差訛，則綱維之臣將不能不執，議論之士將不得不言。執之堅，寧不疑其侵權？言之數，寧不意其賣直？至是則不特是非邪正易位，而黜陟予奪失中多矣。」又曰：「外之得以窒吾聽、雜吾目、擾吾天君者，以吾未得虛一而靜之理也。苟得之，導我聲色而不能入，投我寶貨而不能中，扇我以功名而不能動，凝然湛然，孰得干之哉。」改秘書少監兼權直學士院。時集議出師，汝談反覆言不可輕戰，而和尤非計。既而三京收復，雖前言用兵不便者亦喜，汝談獨有憂色。未幾，洛師敗，朝論始服其先見。

遷宗正少卿，兼權直，兼編修國史、檢討實錄，兼崇政殿說書。因講論語而言漢元帝恭儉無過，惟以剛不克改，明不能繹，優柔不斷，而漢業遂衰。權吏部侍郎，升侍讀，兼直學士院，兼同修國史院同修撰，以所註易進講。時朝議履畝稱楮，汝談言非便，迕時宰意。京師軍變，宰相乞貶秩，上已允，汝談奏恐失體，持不可。草答詔，以爲貶秩易，審舉措難，宰相滋不悅。以言去國，提舉崇禧觀。起知婺州，四辭不允。至郡，力匄祠。召赴行在，四辭。

權禮部侍郎兼學士院，力辭兼直。時金兵新破，三閫增秩，稱提官楮，四郡獲賞。汝談獨蹙頞，登對，首疏言：「邊面無可倚仗，乞超越拘攣，簡拔俊傑，如吳用周瑜、魯肅，晉任祖逖、陶侃故事，使之各分方面，連數十城，推轂授權，盡歸賜履。巴蜀一人，荆襄一人，兩淮各一人，一切便宜行事，不復更從中御，庶幾伸縮由己，機用出心。」蓋推廣鄉者備邊之策。且曰：「臣之此策，行於開禧未用兵之前，決不至罹今日之患。」其論楮法，尤中時敝，上稱歎久之，且謂：「卿文學高世，宜代予言，力辭何爲？」卒以老祈免，章四上，免兼直，改侍講。數日，仍兼直學士院，五辭。權給事中，權刑部尚書，及卒，轉兩官。遺表上，又轉四官。

汝談天資絕人，沈思高識，自少至老，無一日去書册。其論易，以爲爲占者作；書堯、舜二典宜合爲一，禹功只施於河洛，洪範非箕子之作；詩不以小序爲信；禮記雜出諸生之手；周禮宜傅會女主之書。要亦卓絕特立之見。爲文章有天巧。篤於倫誼而忘仇怨，御史王益祥嘗劾之，後汝談官其鄉，益祥愧不敢見，汝談乃數過之，相得歡甚。嘗論議韓非、李斯皆有荀卿之才，惟其富貴利欲之心重，故世得而賤之，惟卿獨能守其身，不苟希合，士何可不自重哉。所著有易、書、詩、論語、孟子、周禮、禮記、荀子、莊子、通鑑、杜詩注。

趙汝讜字蹈中，少倜儻有軼材，智略出人上。龍泉葉適嘗過其家，汝讜年少，衣短後衣，不得避。適勸之曰：「名門子安可不學。」汝讜慚，自是終身不衣短後衣。折節讀書，與兄汝談齊名，天下稱爲「二趙」。以祖遺恩補承務郎，歷泉州市舶務、利州大軍倉屬。從臣薦宗室之賢者，監行在右藏西庫。

韓侂胄謀逐趙汝愚，汝讜兄弟昌言非是，且上言訟汝愚寃。侂胄懼其詞直，使其黨胡紘再攻汝愚，以汝讜兄弟受汝愚厚恩，私屬爲之畫策，惑亂天聽爲言，斥使去國。坐廢十年，調華亭浦東鹽場，棄職去。辟浙西安撫司幕官，調簽書昭慶軍節度判官，皆不赴。以前官改鎮東軍。登嘉定元年進士第，爲太社令，遷將作監簿、大理司農丞。與史彌遠不合，請外，改湖南提舉常平，易江西，尋提點刑獄。瑞州大姓幸氏貪徐氏田不可得，強取其禾，終不與，誣以殺婢，置徐獄。徐訴其寃，汝讜以反坐法黥竄幸氏，籍其家。幸氏走，告急于中宮，徙汝讜湖南。既至，則表直臣龔夬墓。瀏陽有豪民羅氏奪民田，汝讜復懲以法。遷知温州，卒。

汝讜常言：「宗子不忘君，孝子不辱身，臨難則功業當如朱虛，立身當如子政。」

趙希錧字君錫，舊名希喆，登慶元二年進士第，改賜今名。少扶父喪歸，道遇寇，左右駭散，希錧拊棺慟哭不懾，寇義而去。學于陳傅良、徐誼，既擧進士，調汀州司戶。峒寇李元礪方起，汀人震懼，郡會僚佐議守城，希錧下坐無一語，守異之曰：「不言得無有所見乎？」希錧曰：「守城非策也，距城三十里有關曰古城，若悉精鋭以扼其衝，賊不足慮矣。」守以付希錧，人爲危之。希錧至關，審形明閒，中令謹候，分畫粗定，賊已遣諜窺關。希錧得諜詰之，縱其擧火相示，而羸師以誤之。夜半，賊數百銜枚突至，希錧嚴兵以待。賊且至，始命矢石俱下，賊無一免，餘黨聞風而遁。希錧引還，老稚羅拜相屬，希錧繇他道以避之。事聞，詔升州推官，治疑獄，决滯訟，攝下邑，弭亂卒。去之日，軍民遮道泣送者數十里。調主管夔州路轉運司帳司，疏大寧鹽井利病，使者上諸朝，民便之。改知玉山縣，未行。召對，希錧首言民力困於貪吏，軍力困於債帥，國家之力則外困於歸附之卒，內困於浮冗之費；次論四蜀銓科擧之弊；次論大寧鹽井本末。寧宗嘉納之。

授大理寺丞，遷大宗正丞，權工部郎官。宗姓多貧，而始生有訓名，爲人後有過禮，吏受賕亡藝，莫敢自陳，希錧白其長推行之。會朝議，燕邸近屬赴朝參者少，命希錧易班，希錧力辭，弗克。特換授吉州刺史、提擧佑神觀。未幾，廷臣言宗姓換班人嘗擧進士，請視朝士，聽輪對。於是希錧次對時首論：「今日多事之際，而未有辦事之人。朝紳，淸選也，以緘默爲淸重，以刻薄爲舉職，以無所可否爲識體。閫寄，重任也，以大言爲有志，以使過爲知恩。臣非敢厚誣天下以爲無人，患在選擇未得其道、器使未當其才爾。」授成州團練使，賜金帶，令服繫。以寶璽推恩，進和州防禦使。

理宗卽位，進潭州觀察使，以公族近邸，恩特加厚。又進安德軍承宣使。希錧引對，言：「初政急務，莫先於明道，總治統，收人心。」上爲動容。越明年，論祠祭不蠲，禁衞不肅。慈明宮上壽，升節度，封信安郡公。卒，遺奏聞，上震悼輟視朝，賜含斂，贈以金幣。

希錧風資凝重，胸抱魁壘，揚人之善，不記人之過，急人之難，不忘人之恩。居官，祁寒盛暑未嘗謁告，衣食取裁足而已。追封信安郡王。

趙彥吶字敏若，彭州人。登四川類試第。少以材稱。吳曦叛，以祿禧僞守夔，彥吶結義士殺之，遂顯名。

嘉定十二年，關外西和州新被兵，制使安丙檄使經理，金人再至，戰却之。因請修州北水關，募民耕戰以守；又勸丙盡捐關外四州租，結民兵使各自爲守。皆不行。在州五年，得軍民心，轉提點刑獄，尋帥沔，時譽甚都。及崔與之代丙，始察其大言無實，謂他日誤事者必此人，請廟堂毋付以邊藩。尋奪其節制。

寶慶元年，乃移帥興元。三年，會鄭損棄四州，退保三關，彥吶力爭不勝，罷歸家者五年。紹定四年，桂如淵代損，起彥吶於副使，更李𡌴、黃伯固，皆彥吶副之。端平元年，遂升正使，丞相鄭清之趣其出兵，以應入洛之役，不從。秦、鞏之豪汪世顯久求內附，至是彥吶爲力請數四，清之亦訖不從。三年，金人大入至三泉，彥吶大敗，貶衡州，其子洸夫用事亦竄嶺南，史嵩之留之江陵兩年，卒。

趙善湘字清臣，濮安懿王五世孫。父武翼郎不陋，從高宗渡江，聞明州多名儒，徙居焉。

善湘以恩補保義郎，轉成忠郎、監潭州南嶽廟，轉忠翊郎，又轉忠訓郎。慶元二年舉進士，以近屬轉秉義郎，換承事郎，調金壇縣丞。五年，知餘姚縣。開禧元年，添差通判婺州。嘉定元年，以招茶寇功，赴都堂審察，提轄文思院。出判無爲軍兼淮南轉運判官、淮西提點刑獄。四年，改知常州。八年，主管武夷山沖佑觀。十年，知湖州。十一年，丁內艱，明年起復，知和州，三辭不獲命。遷知大宗正丞兼權戶部郎官，改知秘閣、淮南轉運判官，兼淮西提舉常平，兼知無爲軍。進直徽猷閣、主管淮南制置司公事，兼知廬州，兼本路安撫，仍兼轉運判官、提舉常平。

十三年，進直寶文閣。以平固始寇功，賜金帶，許令服繫。十四年，進直龍圖閣、知鎮江府。十七年，拜大理少卿，進右文殿修撰、知鎮江府，封祥符縣男，賜食邑。寶慶二年，進集英殿修撰，拜大理卿兼權刑部侍郎，進寶章閣待制、沿海制置使兼知建康府、江東安撫使兼主管行宮留守司公事。賜御僊花金帶，進封子，加食邑。

紹定元年，以創防江軍、寧淮軍及平楚州畔寇劉慶福等功，皆升其官，進龍圖閣待制，仍任，兼江東轉運副使。三年，進煥章閣直學士，仍任，進封伯，加食邑。以李全犯淮東，進煥文閣學士、江淮制置使，乃命專討，許便宜從事。四年，進封侯，加食邑。及戮全，善湘遣使以露布上，乃進兵部尙書，仍兼任。

時善湘見范、葵進取，慰藉殷勤，餽問接踵，有請必應。遣諸子屯寶應以從，范、葵亦讓功督府，凡得捷，皆汝櫄等握筆草報。善湘季子汝楳，丞相史彌遠壻也，故奏報無不達。以平閫寇功，轉江淮安撫制置使。五年，復泰州淮安州、鹽城淮陰縣四城，及策應京湖功，進端明殿學士，與執政恩例，仍任，升留守，加食邑。以受金樞密副使納合買住降，復盱眙軍、泗壽二州功，進資政殿學士，加食邑，遣使賜手詔、金器等物。九疏匄歸，皆不許。請愈力，進大學士、提舉洞霄宮，封天水郡公，加食邑。監察御史劾奏善湘，御筆以善湘有討逆復城之功，寢其奏。

嘉熙二年，授四川宣撫使兼知成都府，未拜，改沿海制置使兼知慶元府。卽匄祠，改知紹興府兼浙東安撫使。三年，冈請休致，四乞歸田，復提舉洞霄宮。淳祐二年，帝手詔求所解春秋，進觀文殿學士，守本官致仕，卒。遺表聞，帝震悼輟視朝，贈少師，賻贈加等。所著有周易約說八卷，周易或問四卷，周易續問八卷，周易指要四卷，學易補過六卷，洪範統論一卷，中庸約說一卷，大學解十卷，論語大意十卷，孟子解十四卷，老子解十卷，春秋三傳通議三十卷，詩詞雜著三十五卷。

趙與懽字悅道，燕懿王八世孫。嘉定七年進士，調會稽尉，改建寧司戶參軍。中明法科，攝浦城縣。丁父憂，作善慶五規示子孫。免喪，授大理評事。轉對，言天變、民情、國威三事，又言：「死囚以取會駁勘，動涉歲時，類瘐死，而干證者多斃逆旅，宜精擇憲臣，悉使詳覆，果可疑則親往鞫正，必情法輕重可閔，始許審奏。」

遷籍田令。久之，拜宗正寺簿，歷軍器監、司農寺丞，遷宗正丞兼權都官郎官，改倉部，權度支，以直寶章閣知安吉州。郡計仰榷醋，禁網峻密，與懽首捐以予民。設銅鉦縣門，欲愬者擊之，寃無不直。有富民愬幼子，察之非其本心，姑逮其子付獄，徐廉之，乃二兄強其父析業。與懽曉以法，開以天理，皆忻然感悟。又嫠媪僅一子，亦以不孝告，留之郡聽，日給饌，俾親饋，晨昏以禮，未周月，母子如初。二家皆畫像事之。喪母，朝廷屢起之，不可，議使守邊，授淮西提點刑獄，弗能奪。再期，以刑部郎官召，乞終禫，奉祠，復半載，乃趍朝。

自恢復退師，又議納使，與懽言：「在朝迎合，政出多門，必得智識氣節之士，布列中外可也。」兼權檢正，遷宗正少卿兼權戶部侍郎，尋兼知臨安府、浙西安撫使，同詳定，剖決明暢，罪者咸服。郊祀之夕，大風雷，與懽言國本未定，又陳弭盜固本之策。有以刑罰術數言於帝者，與懽言：「導民有本。如臣待罪天府，豈遽能及民，惟其眞實相孚，待以不擾，數月而庭訟彌寡。人心本善，有感必從。或謂厲以威、待以術者，非知本之論。」且言：「朝令夕改，非以示作新；旁蹊曲徑，非以肅紀綱。」帝爲悚然。又建言：「秦刻頌有『端平法度』語。」

明年改元嘉熙，襄、蜀殘破，或望風棄地，召見便殿，言：「韓琦當仁宗朝，猶晝夜泣血。

今主憂臣辱矣。」因具言防邊之道，其後多見施行。與懽招刺三千人爲忠毅軍，又言：「禁衛虛籍及京口諸郡，悉宜募兵，統以郡將，財先贍軍，餘始上供，乞省不急之費。」薦文武士四十人。遷戶部侍郎兼權兵部尚書，論邊事至爲深切。

星變，上章請罷。大火，力言災變之烈，謂：「臣罪擢髮莫數，猶欲以去國爲言，少悟上聽。願祗畏天威，思以實德及民，始自上躬，痛加節約，廣推振恤。」五請竄。於是中書方大琮言：「與懽素自潔修，疏財輕爵，人所共知，不幸遇此，觀其待罪之章，懇切至到，未嘗不歎其知義也。乞俞所請，使小大之臣，皆知引咎。」乃收一階。尋復之。與懽請先敍復同降官屬，又言：「艱難不可爲之時，當慷慨厲志，深爲人才兵力思。」遷戶部尚書兼權吏部，累匃祠，不許。

論楮幣自嘉定以一易二，失信天下，嘗出內帑收換，屢稱提而折閱益甚。嘗請兩界並展十年勿議造新，責州縣毋以損污抑沮，至是遂請不立界限以絕其疑，所以區畫者甚備。其後詔宰相徧詢侍從，與懽又以前說陳之。有欲以端平錢當五行使，與懽謂：「開禧嘗以二當三，何救於楮。」且曰：「士大夫不清白奉法，恪意扶持，雖日易一法，無救於楮，而國非其國矣。法削國弱，能獨享富貴乎？」每言「端平以來，竄贓吏，禁包苴，戒奔競，戢橫斂，而風俗沈痼自若。或口仁義而身市井，率以欺君爲常，肥家爲樂，遂臨事乏使，而小人得從旁乘間竊取官爵矣。」疏乞：「別邪正，警媮惰，奬用恬退質直之士，以絕躁競浮靡之習。內廷有關於除授者必斥，暗室有涉於謗議者必思，清心寡欲，以革酣歌黷貨之風，其機皆自陛下始。」又言：「軍政弛而尺籍不明，總兵者或緣功賞開嫌隙，內則班行惟求速化，守牧類多貪庸，楮事日非，浮冗不節，指陳無虛日。」

大風震雷數見，因具陳邊事，且言：「人才國用，民力兵威，願乘此機，加意根本，勿徒困精神於除授，老歲月於行移，委公道於私情，付事功於無可奈何也。」遷吏部尚書。講筵言：「膏雨不降，星變頻仍。在京物價騰踊，民譌士譟；在外兵權渙散，流民充斥。登崇元老，並建宰輔，謂宜風采振揚，而事勢猶若此，士大夫未必任天下之責，天下未必知陛下之志。」力求歸田，會潮汐齧隄，執政道帝意留治之，手詔云：「忠正廉勤，無如卿者。」授端明殿學士、知臨安府、浙西安撫使。江隄竣事，獄空，力匄罷。依舊端明殿學士，提舉萬壽觀。提領戶部財用兼侍讀兼修國史、實錄院修撰。奉朝請，出關，遣使趣還。

會饑民相攜溺死，帝仍付臨安府事，恩例視執政。與懽涕泣奉詔，亟榜諭曰：「今申奏振救，宜忍死須臾各全性命，佇沐聖恩。」都人相謂毋死。與懽上則祈哀公朝，下則推誠勸分，甘雨隨至，米商來集，流移至者有以濟之。力求納祿，授資政殿學士、提舉萬壽觀兼侍讀、監修國史、實錄院修撰。奉朝請，與懽至浙江，上召還，即日絕江去，帝爲悵然。與懽三爲府尹，盡力民事，都人稱「趙端明」，必以手加額曰「趙佛子」也。

久之，以舊職知温州，政事必親，吏不敢欺，創水砦，修貢院。以侍讀召，辭，不許。入對，言爵祿之濫，因及國本事。五匄歸，又不許。進春秋解，升大學士，薦士六十人。史嵩之將復入相，而人言不已，帝以問與懽。言：「嵩之老師費財，私暱貪富，過立名譽，必不宜復用。」時嵩之猶子璟卿誦言其過忽斃，而杜範、劉漢弼、徐元杰三賢暴死，人皆疑嵩之致毒。與懽請優恤漢弼、元杰家，帝從之，而優恤手詔，則與懽所擬入也。

又請以兵財分任輔臣。在講筵言：「以壞證付庸醫，僅支殘息，徒運巧心，天下事尚堪再誤耶？」時相忌之。尋授安德軍節度使、開府儀同三司、萬壽觀使。日食，應詔言事益切。月賜內帑，與懽辭不取。帝書「安貧樂道，植節秉忠」字賜之。建儲未定，乃申言之，又言：「人才乏使，贓吏不悛，民昔流而南，今流而北，盜昔伏於遠，今伏於近，體認不眞，賢否無別，國將誰與立邪？願富一代之儲，使小人無間可投，以絕隱伏之禍。」帝爲改容。

袁士宋斌少從黃榦、李燔登朱熹之門，學禁方嚴，羈旅困沮，年且八十，與懽延之，事以父行，奏乞用旌禮布衣故事，死葬西湖上，歲一祭焉。帝逐二諫臣，與懽力爭之。五乞免朝請，三乞致仕，俱不允，賜泰卦詩、忠邪辨。自是，國事皆縷縷言之，有不勝書，蓋其愛君憂國，本諸天性。拜少傅，卒，遺表猶不忘規正。帝震悼輟朝，賻贈有加，詔有司治葬，贈少師，追封奉化郡王，謚清敏，累贈太師。

手注六經及仁皇訓典詳釋，又有高宗寶訓要釋、奏議、詩文百卷。與權嘗謂：「士大夫有貪聲，則雖奇才奥學，徒以蠹國害民爾。」故斂之夕，而金帶猶質錢民家云。

趙必愿字立夫，廣西經略安撫崇憲之子也。未弱冠，丁大母憂，哀毁骨立。服闋，以大父汝愚遺表，補承務郎。開禧元年，銓監平江府糧料院，調常熟丞。嘉定七年舉進士，知崇安縣，剖判如流，吏不能困。修學政，立催科法，列戶名爲三等，以三期爲約，足者旌之，未足者寬以趣之，踰期不納者里胥程督之，民皆感懌願輸。革胥吏鬻鹽之獘。擅發光化社倉活饑民，帥怒，逮吏欲懲之，必愿曰：「芻牧職也，吏何罪。」束檐俟讁，帥無以詰而止。舊有均惠倉，無所儲，必愿捐緡錢增糴，至二千石。力主義役之法，鄉選善士，任以推排，入資買田助役，則勉有產之家，有感化者，出己田以倡，遂遍行一邑，上下便之。臺府以聞，下其式八郡四十八縣。秩滿，民共立祠刻石。

授湖、廣總所幹辦公事。丁父憂，居喪盡禮，貽書問學于黃榦。服除，差充兩浙運司主管文字。再考，特差充提領安邊所主管文字。差知全州，陛辭，奏乞下道、江二州訪周惇頤之後。知常州，改知處州，陳折帛納銀之害，皆得請。移泉州，罷白土課及免差吏榷鐵，諷諸邑行義役。秋旱，力講行荒政，乞撥永儲、廣儲二倉米振救。差主管官告院。越五日，詔依舊主管官告院兼知台州，一循大父之政，察民疾苦，撫摩凋瘵，修養濟院，建陳瓘祠，政教兼舉。

端平元年，以直祕閣知婺州。至郡，免催紹定六年分小戶綾羅錢三萬緡有奇。立淳良、頑慢二籍，勸懲人戶。措置廣惠倉及諸倉積穀。奏乞寬減內帑綾羅，申省免用舊例，預解諸色窠名錢，罷開化稅場。遷太府寺丞，尋遷度支郎中。詔以汝愚配享寧宗，從必愿請也。兼右司郎中，引見，疏言：

陛下英明密運，斷出於獨，固欲一切轉移之。然而大權若在我，或者猶有下移之疑；衆正若已開，或者猶有旁徑之疑。策免二相，銷天變也，去者固難以復留，留者恐終於引去。虛鼎席以待故老，疑者或意其未必來，而況在數千里之外；責次補以任大政，疑者或意其不敢專，而況於不安其位。中書，政之本也，今果何時，尚可含糊意向以啓天下之疑乎？親擢臺諫，開言路也，用之未久者，何爲輕於易去？去之未幾，何爲使之復來？召於外服者，不知果能用之而必堅；除目周行者，不知果能聽之而無諱乎？

朝廷除授，軍國賞罰，本至公也，今有姓名未達於廟堂，而遷擢忽由於中出，斥逐三衙，竟不指名罪狀，而人始得以疑陛下矣。一除目之頒，一號令之出，雖未必由於閹宦，而人或疑於閹宦；雖未必由於私謁，而人或疑於私謁；雖未必由於戚畹宗邸，而人或疑於戚畹宗邸。夫天下者，祖宗之天下也，非陛下所私有也，陛下雖有去畝之心，而動涉可疑之迹，陛下亦何樂於此。

時論偉之。

三京兵敗，邊事甚亟，詔條上守禦計，必愿言十事：下哀痛之詔，合江淮之兵，捄江陵之急，節財用之宜，槩議和之使，撫無歸之民，處北來之衆，置鎮撫之使，擇帥閫之代，拔未用之將，皆切於邊要。政府議楮幣日輕，欲令諸州再用印及他爲稱提之法，必愿力爭不可。嘉熙元年，貽書政府，論邊防事宜，授右司郎中。

火災，必愿應詔上封事，曰：「開邊稔禍之刑，牽制而未行；激變棄城之戮，姑息而未舉。京、襄淪沒，祖宗之基業莫能保；淮、蜀蹂躪，赤子之寃魂無所依。履畝之令下而加以抑配，稱提之法嚴而重以告訐。民無蓋藏，每有轉壑之憂；士不宿飽，常有思亂之志。」又曰：「臺諫、給舍骨鯁之論莫容；左右便嬖浸潤之言易入。春夏常享，闊略於原廟之尊；節鉞隆恩，殷勤於邸第之貴。」又曰：「必也正故相專國之罪，嚴貪夫徇國之誅，思室鬼高明之瞰。先編氓，後親貴，去木妖競治之釁；尙堅固，革奢華，戒宴殿無度之讌酣，節內庭不急之營繕。」又論濟王及國本事。

遷左司郎中，又遷司農少卿兼左司。轉對，言：「正氣日消月沮，馴至今日，非惟搢紳不肯論事，下至草茅之士，皆結舌矣。端平初年，沉痾方去，新病未作，陛下猶勤於咨訪，如恐不及。今疾攻心腹，決裂將潰，乃不求瞑眩之劑以起其殆，甚可惑也。」又曰：「毋使人臣以指斥懷疑，毋致陛下以厭言得謗。」時直士相繼去，故必愿及之。兼敕令所删修官，拜司農卿，兼職如故。翼日，改宗正少卿，仍兼删修敕令兼國史編修實錄檢討，尋兼左司，遷太府卿，仍兼編修、檢討，遷宗正少卿。詔依舊太府卿，仍兼職，且兼中書門下檢正諸房公事。轉對，言：「中才庸主，惟其無所知覺，故言不可入，而敗亡隨之。陛下作敬天之圖，朝夕對越，謂宜天意可回，而熒惑失度，鬱攸煽災，迫近禁門，幾燬左藏。煙埃方息，白晝隕星，貫日之虹，脅陽之雹，疊見層出。陛下觀時察變，何由致此？今日之事，動無良策，惟在側身修行，祈天永命而已。」遷起居舍人，兼職仍舊。

大水，上封事曰：「海潮毀隘，侵迫禁城，災異之來，理不虛發，必上畏天戒，下修人事，易沴召和，轉移於陛下方寸間耳。」又曰：「周官國有大事，則舉大詢之理。今日之事迫矣，謂宜合衆謀，屈羣策，上而搢紳，下而芻蕘，各陳所見，擇其可用之策，以授任事之臣，庶幾千慮一得，以成天下人不因之意。」暫兼權右郎官。言：「財非天雨鬼輸，豈可輕施妄用。長此不已，必至顚覆，異時或得罪。今之大夫不能爲國生財，程昇、皇甫鑄之徒乘間捷出，推敲剋剝，以術相勝，鑿空取辦，以計巧取，事掊斂，獻羨餘，間架緡錢之令下，而唐祚愈促矣。願陛下精思熟慮，約己愛民，必如勾踐之臥薪嘗膽，必如衞文公之帛衣布冠，可也。」權吏部右侍郎，乞免兼檢正，從之。兼國史修撰。

時邊事急，必愿應詔言：「宜敕彭大雅自重慶領王青之兵東下以復夔，責李安民及歸、峽二守以自效，調一將督中流之師，以伐其順流之謀，調一將自間道出鼎、澧之後，以折其擣虛之鋒，調一將助芮興之勢，以備江陵之急。又宜下湖南遣飛軍及團結民兵之類守沅江、益陽江，以防衝突長沙，盡收江上民船，毋資敵用。」區畫皆中事機。暫兼權侍左侍郎，李宗勉每稱其平允。暫兼權戶部侍郎，兼同詳定敕令。請立國本，請親禱雨。遷戶部侍郎，暫兼給事中。

先是，錢相嘗繳陳洵益贈節使不行，必愿復繳奏曰：「李韶向爲殿中侍御史，疏論洵益，乞予外祠，以絕窺伺，陛下不行其言，復奪其職，韶不能自安，徑求外補。今召之不至，正以此故。若超贈洵益，又繳駁不行，韶愈無來期矣。陛下忍於去一賢從官，而不忍於沮一已死之內侍，則何以興起治功，振揚國勢？欲望寢洵益節鉞，趣詔供職。」於是必愿三以疾乞祠，不許。

權戶部尚書，疏言：「端平元年，洛師輕出。明年，德安失，襄陽失。又明年，固始失，定遠失，六安失，郢、復、荊門失，蜀道蹂，成都破。又明年，夔、峽徙，浮光降。又明年，滁陽殲。越二年，壽春棄。明年，眞陽擾，安豐危，成都遺燼，靡有孑遺。」又曰：「去冬安豐危而復安，特天幸爾。君臣動色，太平自賀。雷作於雪宴之先期，蜀警於大宴之盼命，戒心一弛，赫鑒已隨之矣。」又乞「諭太府丞，覈戶部收支數目，庶見多寡盈虛之實，有餘則儲之以待朝廷之取撥，闕則助之以示宮府之一體」。二疏迕丞相史嵩之，乞免官、乞祠，皆不許。以司諫鄭起潛論列，以寶謨閣直學士奉祠；辭職名，不許。淳祐五年，以華文閣直學士知福州、福建安撫使，三辭，不許。閩人聞必愿至，欣然歎羨。

必愿平易以近民，忠信以厚俗，惻怛以勤政，行鄉飲酒，旌退士，獎高年，裁僧寺實封之數。尤留意武事，甫入境，卽以軍禮見戎帥，申明左翼軍節制事宜，措置海道修水，教士卒知勸。居官四年，累乞歸，及命召，又三辭，皆不許。卒，遺表上，贈銀青光祿大夫。

必愿才周器博，心平量廣，而又蚤聞家庭忠孝之訓、師友正大之言，故所立卓然可稱云。

論曰：宋之公族，往往亦由科第顯用，各能以術業自見，汝談、汝讜、希錧是已。彥吶帥邊而墮功，亦由廟算之短。善湘父子克平大盜。與權以長者稱。必愿世濟其美，可謂信厚之公子矣。

校勘記

〔一〕李璧　原作「李璧」，見本書卷四〇五校勘記〔三〕。

宋史卷四百一十四

列傳第一百七十三

史彌遠 鄭清之 史嵩之 董槐 葉夢鼎 馬廷鸞

史彌遠字同叔，浩之子也。淳熙六年，補承事郎。八年，轉宣義郎，銓試第一，調建康府糧料院，改沿海制置司幹辦公事。十四年，舉進士。紹熙元年，授大理司直。二年，遷太社令。三年，遷太常寺主簿，以親老請祠，主管沖佑觀。丁父憂。慶元二年，復爲大理司直，尋改諸王宮大小學教授。輪對，乞旌廉潔之士，推舉薦之賞；濬溝洫，固隄防，實倉廩，均賦役，課農桑，禁末作，爲水旱之備；葺城郭，修器械，選將帥，練士卒，儲粟穀，明烽燧，爲邊鄙之防。丞相京鏜屏左右曰：「君他日功名事業過鏜遠甚，願以子孫爲託。」四年，授樞密院編修官，遷太常丞，尋兼工部郎官，改刑部。六年，改宗正丞。丐外，知池州。嘉泰四年，提舉浙西常平。開禧元年，授司封郎官兼國史編修、實錄檢討，遷秘書少監，遷起居郎。二年，兼資善堂直講。

韓侂冑建開邊之議，以堅寵固位，已而邊兵大衄，詔在位者言事，彌遠上疏曰：「今之議者，以爲先發者制人，後發者制於人，此爲將之事，施於一勝一負之間，則可以爭雄而捷出。若夫事關國體、宗廟社稷，所係甚重，詎可舉數千萬人之命輕於一擲乎？京師根本之地，今出戍既多，留衞者寡，萬一盜賊竊發，誰其禦之？若夫沿江屯駐之兵，各當一面，皆所以拱護行都，尤當整備，繼今勿輕調發，則內外表裏俱有足恃，而無可伺之隙矣。所遣撫諭之臣，止令按歷邊陲，招集逋寇，戒飭將士，固守封圻。毋惑浮言以撓吾之規，毋貪小利以滋敵之釁，使民力愈寬，國勢愈壯，遲之歲月，以俟大舉，實宗社無疆之福。」

奏方具，客曰：「侂冑必以奏議占人情，太夫人年高，能無貽親憂乎？」彌遠曰：「時事如此，言入而益於國，利於人，吾得罪甘心焉。」封鄞縣男兼權刑部侍郎。三年，改禮部兼同修國史、實錄院同修撰，仍兼刑部。

兵端既開，敗衄相屬，累使求和，金人不聽。都城震搖，宮闈疑懼，常若禍在朝暮，然皆畏侂冑莫敢言。彌遠力陳危迫之勢，皇子詢聞之，亟具奏，乃罷侂冑幷陳自強右丞相。既而臺諫、給舍交章論駁，侂冑乃就誅。召彌遠對延和殿，帝欲命爲簽書樞密院事，力辭，乃遷禮部尙書兼國史實錄院修撰。

詢立爲太子，兼詹事，遣使詣金求和，金人以大散隔牙二關、濠州來歸，疏奏：「今兩淮、襄、漢沿邊之地，瘡痍未瘳，軍實未充。當勉厲將帥，盡吾委寄之誠；簡閱士卒，嚴其尺籍之闕。繕城堡，葺器械，儲糗糧。當聘使既通之後，常如干戈未定之日，推擇帥守以壯藩屏之勢，獎拔智勇以備緩急之求。」拜同知樞密院事兼太子賓客，進封伯。

嘉定元年，遷知樞密院事，進奉化郡侯兼參知政事，拜右丞相兼樞密使兼太子少傅，進開國公。丁母憂，歸治葬，太子請賜第行在，令就第持服，以便咨訪。二年，以使者趣行急，乃就道，起復右丞相兼樞密使兼太子少師。四年，落起復。雪趙汝愚之冤，乞褒贈賜謚，釐正誣史，一時僞學黨人朱熹、彭龜年、楊萬里、呂祖儉雖已歿，或褒贈易名，或錄用其後，召還正人故老于外。十四年，賜家廟祭器。

寧宗崩，擁立理宗，於是拜太師，依前右丞相兼樞密使，進封魏國公，六辭不拜，因乞解機政，歸田里，亟出關，帝從之。寶慶二年，拜少師，賜玉帶。勸上傾心順承以事太后，力學修德以答皇天眷祐，以副四海歸戴。紹定元年，上太后尊號，拜太傅，八辭不拜。夏，得疾，累疏丐歸，不許。都城災，五疏乞罷斥，乃降封奉化郡公。五年春，復爵。六年，將拜太師，三具奏辭，乞免出命，不許。乃拜太師，依前右丞相兼樞密使、魯國公，又三具奏辭。紹定五年，上疏乞謝事，拜太傅。未幾，拜太師、左丞相兼樞密使。上疏乞解機政，依前太師特授保寧、昭信軍節度使，充醴泉觀使，進封會稽郡王。卒，遺表聞，帝震悼，輟朝三日，特贈中書令，追封衞王，謚忠獻。戶部支賻贈銀絹以千計，內帑特頒五千匹兩，遣使祭奠。及其喪還，遣禮官致路祭于都門外，賜纛、佩玉、黝纁。

初，誅李全，復淮安，克盱眙，第功行賞，諸將皆望不次拔擢。或言於彌遠，彌遠曰：「御將之道，譬如養鷹，飢則依人，飽則颺去。曹彬下江南，太祖未肯以使相與之。況今邊戍未撤，警報時聞，若諸將一一遂其所求，志得意滿，猝有緩急，孰肯效死？」趙善湘以從官開閫，指授之功居多，日夜望執政。彌遠曰：「天族於國有嫌，高宗有詔止許任從官，不許爲執政。紹熙末，慶元初，因汝愚、彥逾有定策功，是以權宜行之。某與善湘姻家，則又豈敢。」彌遠親密友周鑄、兄彌茂、甥夏周篆皆寄以腹心，人皆謂三人者必顯貴，然鑄老於布衣，彌茂以執政恩入流，周篆以捧香恩補官，俱止訓武郎而已。

初，彌遠既誅韓侂胄，相寧宗十有七年。迨寧宗崩，廢濟王，非寧宗意。立理宗，又獨相九年，擅權用事，專任憸壬。理宗德其立己之功，不思社稷大計，雖臺諫言其姦惡，弗恤也。彌遠死，寵渥猶優其子孫，厥後爲製碑銘，以「公忠翊運，定策元勳」題其首。濟王不得其死，識者羣起而論之，而彌遠反用李知孝、梁成大等以爲鷹犬，於是一時之君子貶竄斥逐，不遺餘力云。

鄭清之字德源，慶元之鄞人。初名燮，字文叔。少從樓昉學，能文，樓鑰亟加稱賞。嘉泰二年，入太學。十年，登進士第，調峽州教授。帥趙方嚴重，靳許可，清之往白事，爲置酒，命其子范、葵出拜，方掖清之無答拜，且曰：「他日願以二子相累。」湖北茶商羣聚暴橫，清之白總領何炳曰：「此輩精悍，宜籍爲兵，緩急可用。」炳亟下召募之令，趨者雲集，號曰「茶商軍」，後多賴其用。調湖、廣總所準備差遣、國子監書庫官。十六年，遷國子學錄。丞相史彌遠與清之謀廢濟國公，事見皇子竑傳。俄以清之兼魏惠憲王府教授，遷宗學諭，遷太學博士，皆仍兼教授。寧宗崩，丞相入定策，詔旨皆清之所定。

理宗卽帝位，授諸王宮大小學教授，遷宗學博士、宗正寺丞兼權工部郎、兼崇政殿說書。帝問外人因閤子庫進絲履有謗議，清之言：「禁中服用頗事新潔者。」帝曰：「故事，月進䌷數兩，朕非斂不易，何由致謗？」清之奏：「孝宗繼高宗，故儉德易章，陛下繼寧考，故儉德難著。寧考自奉如寒士，衣領重澣，革舃屢補，今欲儉德著聞，須過於寧考方可。」帝嘉納。

寶慶元年，改兼兵部兼國史院編修官、實錄院檢討官，遷起居郎，仍兼史官、說書、樞密院編修官。二年，權工部侍郎，暫權給事中，進給事中，升兼同修國史、實錄院同修撰。紹定元年，遷翰林學士、知制誥兼侍讀，升兼修國史實錄院修撰、端明殿學士、簽書樞密院事。三年，授參知政事兼簽書樞密院事。四年，兼同知樞密院事。六年，彌遠卒，命清之爲右丞相兼樞密使。

端平元年，上既親總庶政，赫然獨斷，而清之亦慨然以天下爲己任，召還眞德秀、魏了翁、崔與之、李𡌴、徐僑、趙汝談、尤焴、游似、洪咨夔、王遂、李宗勉、杜範、徐淸叟、袁甫、李韶，時號「小元祐」。大者相繼爲宰輔，惟與之終始辭不至，遺逸如劉宰、趙蕃皆見旌異。是時金雖亡而入洛之師大潰。二年，上疏乞罷，不可，拜特進、左丞相兼樞密使。三年八月，霖雨大風，四疏丐去。九月，禋祀雷變，請益力。乃授觀文殿大學士、醴泉觀使兼侍讀，四疏控辭，依舊大學士、提舉洞霄宮。及聞邊警，密疏：「恐陛下憂悔太過，以汩淸明之躬，累剛大之志。」嘉熙三年，封申國公。四年，遣中使賜御書「輔德明謨之閣」，賜楮十萬緡爲築室，乃日與賓客門生相羊山水間。

淳祐四年，依前觀文殿大學士、醴泉觀使兼侍讀，屢辭不允，拜少保、觀文殿大學士、醴泉觀使兼侍讀，進封衞國公。趣入見，有旨賜第。五年正月，上壽畢，亦疏丐歸，不允。拜少傅，依前觀文殿大學士、醴泉觀使兼侍讀，進封越國公。居無何，喪其子士昌，决意東還，又不許。拜少師、奉國軍節度使，依前醴泉觀使兼侍讀、越國公，賜玉帶，更賜第于西湖之漁莊。進讀仁皇訓典，謂：「仁祖之仁厚，發爲英明，故能修明紀綱，而無寬弛不振之患；孝宗之英明，本於仁厚，故能涵養士氣，而無矯勵峭刻之習。蓋仁厚、英明二者相須，此仁祖、孝宗所以爲盛也。」帝褒諭之。

六年，拜太保，力辭。故事，許回授子孫，清之請追封高祖洽，帝從之，蓋異恩也。七年，拜太傅、右丞相兼樞密使、越國公。中使及門，清之方放浪湖山，寓僧刹，竟夕不歸。詰旦內引，叩頭辭免，帝勉諭有外間所不及知者。甫退，則中使接踵而至。或請更化改元，清之曰：「改元，天子之始事，更化，朝廷之大端，漢事已非古，然不因易相而爲之。」

帝以邊事爲憂，詔趙葵以樞使視師，陳韡以知樞密院事帥湖、廣，二人方辭遜，會清之再相，力主之，科降辟置無所留難，葵、韡遂往。於是戰于泗水、渦口、木庫，皆以捷聞。九年，拜太師、左丞相兼樞密使，辭太師不拜，依前太傅。每謂天下之財困於養兵，兵費困於生券，思所以變通之，遇調戍防邊，命樞屬量遠近以便其道塗，時緩急以次其遣發。又議移歲調兵屯以戍淮面，併軍分頭目以節廩稍，先移鎮江策勝一軍屯泗水，公私便之。

諸路虧鹽，執其事者破家以償，清之覈其犯科者追理，罣誤者悉蠲之，全活甚衆。沿江算舟之賦素重，清之次第停罷，如池之鴈汊有大法場之目，其錢分隸諸司，清之奏罷其並緣漁取者，蓋數倍公家之入，合分隸者從朝廷償之。報下，清之方與客飲，舉杯曰：「今日飲此酒殊快！」四上謝事之章。

十年，進十龜元吉箴，一持敬，二典學，三崇儉，四力行，五能定，六明善，七謹微，八察言，九惜時，十務實。疏奏：「敬天之怒易，敬天之休難，天怒可憂而以爲易，天休可喜而以爲難，何哉？蓋憂則懼心生，懼則怒可轉而爲休；喜則玩心生，玩則休或轉而爲怒。」帝大喜，命史官書之，賜詔獎諭。十一年，十疏乞罷政，皆不許。拜太師，力辭。有事于明堂，有旨閤門給扶掖二人，再賜玉帶，令服以朝。十一月丁酉，退朝感寒疾，危甚，猶以未得雪爲憂。俄大雪，起曰：「百官賀雪，上必甚喜。」命掬雪床前觀之。累奏乞罷政，不允，奏不已，拜太傅、保寧軍節度使充醴泉觀使，進封齊國公致仕。卒，遺表聞，帝震悼，輟朝三日，特贈尚書令，追封魏郡王，賜謚忠定。

清之不好立異，湯巾嘗論事侵清之，及清之再相，巾求去，清之曰：「己欲作君子，使誰爲小人。」力挽留之。徐清叟嘗論列清之，乃引之共政。趙葵視師年餘，乞罷，上未有以處之，清之曰：「非使作相不足以酬勞，陛下豈以臣故耶？臣必不因葵來遽引退，臣願爲左，使葵居右。」上訖從之，然葵竟不果來。

清之代言奏對，多不存稿，有安晚集六十卷。清之自與彌遠議廢濟王竑，立理宗，駸駸至宰輔，然端平之間召用正人，清之之力也。至再相，則年齒衰暮，政歸妻子，而閑廢之人或因緣以賄進，爲世所少云。

史嵩之字子由〔一〕，慶元府鄞人。嘉定十三年進士，調光化軍司戶參軍。十六年，差充京西、湖北路制置司準備差遣。十七年，升幹辦公事。寶慶三年，主管機宜文字，通判襄陽府。紹定元年，以經理屯田，襄陽積穀六十八萬，加其官，權知棗陽軍。二年，遷軍器監丞兼權知棗陽軍，尋兼制置司參議官。三年，棗陽屯田成，轉兩官。以明堂恩，封鄞縣男，賜食邑。以直秘閣、京西轉運判官兼提舉常平兼安撫制置司參議官。四年，遷大理少卿兼京西、湖北制置副使。五年，加大理卿兼權刑部侍郎，升制置使兼知襄陽府，賜便宜指揮。六年，遷刑部侍郎，仍舊職。

端平元年，破蔡滅金，獻俘上露布，降詔獎諭，進封子，加食邑。移書廟堂，乞經理三邊，不合，匄祠歸侍，手詔勉留之。會出師，與淮閫協謀掎角，嵩之力陳非計，疏爲六條上之。詔令嵩之籌畫糧餉，嵩之奏言：

臣熟慮根本，周思利害，甘受遲鈍之譏，思出萬全之計。荆襄連年水潦螟蝗之災，饑饉流亡之患，極力振救，尚不聊生，征調既繁，夫豈堪命？其勢必至於主戶棄業以逃亡，役夫中道而竄逸，無歸之民，聚而爲盜，饑饉之卒，未戰先潰。當此之際，正恐重貽宵旰之慮矣。兵民，陛下之兵民也，片紙調發，東西惟命。然事關根本，願計其成，必計其敗，既慮其始，必慮其終，謹而審之，與二三大臣深計而熟圖之。

若夫和好之與進取，決不兩立。臣受任守邊，適當事會交至之衝，議論紛紜之際。雷同和附，以致誤國，其罪當誅；確守不移之愚，上迕丁寧之旨，罪亦當誅。迕旨則止於一身，誤國則及天下。

丞相鄭清之亦以書言勿爲異同，嵩之力求去。

朝陵之使未還，而諸軍數道並進，復上疏乞黜罷，權兵部尚書，不拜。乞祠，進寶章閣直學士，提舉太平宮，歸養田里。尋以華文閣直學士知隆興府兼江西安撫使。帝自師潰，且始悔不用嵩之言，召見，力辭，權刑部尚書。引見，疏言結人心、作士氣、覈實理財等事。且言：「今日之事，當先自治，不可專恃和議。」乞祠，以前職知平江府，以母病乞侍醫藥，不俟報可而歸。進寶章閣學士、淮西制置使兼沿江制置副使兼知鄂州。既內引，賜便宜指揮，兼湖、廣總領兼淮西安撫使。嘉熙元年，進華文閣學士、京西荆湖安撫制置使，依舊沿江制置副使〔三〕兼節制光、黄、蘄、舒。乞免兼總領，從之。

廬州圍解，詔獎諭之。以明堂恩，進封伯，加食邑。條奏江、淮各三事，又陳十難，又言江陵非孟珙不可守，乞勉諭之。漢陽受攻，嵩之帥師發江陵，奏誅張可大，竄盧普、李士達，以其棄城也。二年，黄州圍解，降詔獎諭，拜端明殿學士，職任依舊，恩數視執政，進封奉化郡侯，加食邑。詔入覲，拜參知政事，督視京西、荆湖南北、江西路軍馬，鄂州置司，兼督視淮南西路軍馬兼督視光、蘄、黄、夔、施州軍馬，加食邑。城黄州。十一月，復光州。十二月，復滁州。三年，授宣奉大夫、右丞相兼樞密、都督兩淮四川京西湖北軍馬，進封公，加食邑，兼督江西、湖南軍馬，改都督江、淮、京、湖、四川軍馬。薦士三十有二人，其後董槐、吳潛皆號賢相。

復信陽，以督府米拯淮民之饑。六月，復襄陽，嵩之言：「襄陽雖復，未易守。」自是邊境多以捷門，降詔獎諭。四年，乞祠，趣召奏事，轉三官，依前右丞相兼樞密使，眷顧特隆，賜賚無虚日。久旱，乞解機政。地震，屢疏乞罷免，皆不許。淳祐元年，進玉斧箴。安南入貢，不用正朔，嵩之議用范仲淹卻西夏書例，以不敢聞于朝還之。二年，進高、孝、光、寧帝紀，孝宗經武要略，寧宗實錄、日曆，會要、玉牒，進金紫光祿大夫，加食邑。是冬，封永國公，加食邑。四年，遭父喪，起復右丞相兼樞密使。累賜手詔，遣中使趣行。於是太學生黃愷伯、金九萬、孫翼鳳等百四十四人，武學生翁日善等六十七人，京學生劉時舉、王元野、黃道等九十四人，宗學生與寰等三十四人，建昌軍學教授盧鉞，皆上書論嵩之不當起復，不報。將作監徐元杰奏對及劉鎮上封事，帝意頗悟。

初，嵩之從子璟卿嘗以書諫曰：

伯父秉天下之大政，必辦天下之大事；膺天下之大任，必能成天下之大功。比所行寖不克終，用人之法，不待舉削而改官者有之，譴責未幾而旋蒙叙理者有之，丁難未幾而遽被起復者有之。借曰有非常之才，有不次之除，醲恩異賞，所以收拾人才，而不知斯人者果能運籌帷幄、獻六奇之策而得之乎？抑亦獻賂幕賓而得之乎？果能馳身鞍馬，效一戰之勇而得之乎？抑亦效颦奴僕而得之乎？徒聞包苴公行，政出多門，便嬖私昵，狠狽萬狀，祖宗格法，壞於今日也。

自開督府，東南民力，困於供需，州縣倉卒，匱於應辦。輦金帛，輓芻粟，絡繹道路，曰一則督府，二則督府，不知所幹者何事，所成者何功！近聞蜀川不守，議者多歸退師於鄂之失。何者？分戍列屯，備邊禦戎，首尾相援，如常山之蛇。維揚則有趙葵，廬江則有杜伯虎，金陵則有別之傑。爲督府者，宜據鄂渚形勢之地，西可以援蜀，東可以援淮，北可以鎮荊湖。不此之圖，盡損藩籬，深入堂奧，伯父謀身自固之計則安，其如天下蒼生何！

是以饑民叛將，乘虛擣危，侵軼於沅、湘，搖蕩於鼎、澧。爲江陵之勢苟孤，則武昌之勢未易守；荆湖之路稍警，則江、浙之諸郡焉得高枕而臥？況殺降失信，則前日徹疆之計不可復用矣；內地失護，則前日淸野之策不可復施矣。此隙一開，東南生靈特几上之肉耳。則宋室南渡之疆土，惡能保其金甌之無闕也。盍早爲之圖，上以寬九重宵旰之憂，下以慰雙親朝夕之望。不然，師老財殫，績用不成，主憂臣辱，公論不容。萬一不畏強禦之士，繩以春秋之法，聲其討罪不效之咎，當此之時，雖優游菽水之養，其可得乎？異日國史載之，不得齒於趙普開國勳臣之列，而乃厠於蔡京誤國亂臣之後，遺臭萬年，果何面目見我祖於地下乎？人謂禍起蕭牆，危如朝露，此愚所痛心疾首爲伯父苦口極言。

爲今之計，莫若盡去在幕之羣小，悉召在野之君子，相與改弦易轍，戮力王事，庶幾失之東隅，收之桑榆矣。如其視失而不知救，視非而不知革，薰蕕同器，駑驥同櫪，天下大勢，駸駸日趨於危亡之域矣。伯父與璟卿，親猶父子也，伯父無以少年而忽之，則吾族幸甚！天下生靈幸甚！我祖宗社稷幸甚！

居無何，璟卿暴卒，相傳嵩之致毒云。嵩之爲公論所不容，居閑十有三年。寶祐四年春，授觀文殿大學士，加食邑。八月癸巳卒，遺表上，帝輟朝，贈少師、安德軍節度使，進封魯國公，謚忠簡，以家諱改謚莊肅。德祐初，以右正言徐直方言奪謚。

董槐字庭植，濠州定遠人。少喜言兵，陰讀孫武、曹操之書，而曰：「使吾得用，將汛掃中土以還天子。」槐貌甚偉，廣顙而豐頤，又美髯，論事慷慨，自方諸葛亮、周瑜。父永，遇槐嚴，聞其自方，怒而嘻曰：「不力學，又自喜大言，此狂生耳，吾弗願也。」槐心愧，乃益自摧折，學於永嘉葉師雍。聞輔廣者，朱熹之門人，復往從廣，廣歎其善學。嘉定六年，登進士第，調靖安主簿。丁父憂去官。

十四年，起爲廣德軍錄事參軍，民有誣富人李桷私鑄兵結豪傑以應李全者，郡捕繫之獄，槐察其枉，以白守，守曰：「爲反者解說，族矣。」槐曰：「吏明知獄有枉，而擠諸死地以傅於法，顧法豈謂諸被告者無論枉不枉，皆可殺乎？」不聽。頃之，守以憂去，槐攝通判州事，歎曰：「桷誠枉，今不爲出之，生無繇矣。」乃爲翻其辭，明其不反，書上，卒脫桷獄。紹定二年，遷鎭江觀察推官。明年春，入爲主管刑部架閣文字。秋，兼權禮、兵部架閣，遷籍田令，特差權通判鎭江府。至州，會全叛，涉淮臨大江，大府急發州兵。槐即日將兵濟江而西，全遁去，乃還。五年，丁母憂。端平三年，差通判蘄州，辭。

嘉熙元年，召赴都堂，遷宗正寺簿、出知常州。後三日，提點湖北刑獄。常德軍亂，夜縱火而譟，守尉闔不出。槐騎從數人於火所，且問亂故。亂者曰：「將軍馬彥直奪吾歲請，吾屬將責之償，不爲亂也。」槐坐馬上，召彥直斬馬前，亂者還入伍中，明日，乃捕首亂者七人戮諸市，而賻彥直之家。差充歸、峽、岳察訪使。二年，兼權知常德府，尋兼軍器少監，依舊提點刑獄。

三年，以直寶謨閣知江州兼都督府參謀。秋，流民渡江而來歸者十餘萬，議者皆謂：「方軍興，郡國急儲粟，不暇食民也。」槐曰：「民，吾民也，發吾粟振之，胡不可？」至者如歸焉。當是時，宋與金爲鄰國，而襄、漢、揚、楚之間，豪傑皆自相結以保其族，無賴者往往去爲羣盜。浮光人翟全寓黃陂，有衆三千餘，稍出鹵掠。槐令客說下全，徙之陽烏洲，使雜耕蘄春間，又享賜之，用爲裨將。於是曹聰、劉清之屬皆來自歸。

四年，進直華文閣、知潭州、主管湖南安撫司公事。方三邊急於守禦，督府日夜徵發，民且困，槐爲畫策應之，令民不傷而軍須亦不匱。淳祐二年，遷左司郎官，進直龍圖閣、沿江制置副使兼知江州、主管江西安撫司公事。視其賦則吏侵甚，下敎曰：「吾涖州而吏猶爲盜不自悔，吾且誅之！」吏乃震恐，願自新。槐因除民患害，凡利有宜，弛以利民，惟恐不盡弛。大計軍實，常若敵且至。裨將盧淵凶猾不受命，斬以徇師，軍中肅然。

三年，進秘閣修撰。四年，召入奏事，遷權戶部侍郎，賜紫，進集英殿修撰、沿江制置使、江東安撫使兼知建康府兼行宮留守。軍政弛弗治，乃爲賞三等以教射，春秋教肄士卒坐作進退擊刺之技，歲餘盡爲精兵。六年，召至闕，辭。出知靜江府兼廣西經略安撫使，又辭。權廣西運判兼提點刑獄。宰相移書槐曰：「國家方用兵，人臣不辭急難，公幸毋固辭。」槐卽日就道，至邕州，上守禦七策。邕州之地西通諸蠻夷，南引交阯及符奴、月烏、流鱗之屬，數寇邊，槐與約無相侵，推赤心遇之，皆伏不動。又與交阯約五事：一無犯邊，二歸我侵地，三還鹵掠生口，四奉正朔，五通貿易。於是遣使來獻方物、大象，南方悉定。

七年，進寶章閣待制。八年，遷工部侍郎，職事依舊，兼轉運使。九年，召赴闕，封定遠縣男。遷兵部侍郎兼權給事中兼侍讀，升給事中，上疏請抑損戚里恩澤以慰天下士大夫。羣臣奏事少與法違，憚槐不敢上。兼侍讀，進寶章閣直學士、知福州福建安撫使，辭。進封子。是年冬，拜端明殿學士、簽書樞密院事，進封侯。十二年，爲同知樞密院事。寶祐元年，權參知政事。二年，進參知政事。四川制置使余晦以戰敗奪官，詔荆襄制置使李曾伯往視師，曾伯辭，槐曰：「事如此，尙可坐而睨乎？」上疏請行，頓重兵夔門以固荆、蜀輔車之勢，詔報曰：「腹心之臣，所與共理天下者也，宜在朝廷，不宜在四方。」復上疏曰：「天下之事，不進則退，人臣無敢爲岐意者，苟以臣爲可任，宜少聽臣自效，卽臣不足與軍旅之事，願上官爵。」不許，進封濠梁郡公。

帝日鄉用槐，槐言事無所隱，意在於格君心之非而不爲容悅。帝問糴民粟積邊，則對曰：「吳民困甚，有司急糴不復省。夫民惟邦本，願先垂意根本。」帝問修太乙祠，則對曰：「土工洊起，民罷於徵發，非所以事天也。」帝問邊事，對曰：「外有敵國，則其計先自強。自強者人畏我，我不畏人。」又言：「敵國在前，宜拔材能用之。士大夫有過失，爲執法吏所刺劾，終身擯弗用，深爲朝廷惜此。苟非姦宄，皆願爲昭洗，勿廢其他善。又遷謫之臣，久墮遐方，稍稍內徙，今得生還，願弗用可矣。」槐每奏，帝輒稱善。

三年，拜右丞相兼樞密使。槐自以爲人主所振拔，苟可以利安國家無不爲，然務先大體，任人先取故舊之在疏遠者，在官者率滿歲而遷。嗜進者始不說矣。槐又言於帝曰：「臣爲政而有害政者三。」帝曰：「胡爲害政者三？」對曰：「戚里不奉法，一矣；執法大吏久於其官而擅威福，二矣；皇城司不檢士，三矣。將率不檢下故士卒橫，士卒橫則變生於無時；執法威福擅故賢不肖混淆，賢不肖混淆則姦宄肆，賢人伏而不出；親戚不奉法故法令輕，法令輕故朝廷卑。三者弗去，政且廢，願自上除之。」於是嫉之者滋甚。

帝年寖高，操柄獨斷，羣臣無當意者，漸喜狎佞人。丁大全善爲佞，帝躐貴之，竊弄威權而帝弗覺悟。大全已爲侍御史，遣客私自結於槐，槐曰：「吾聞人臣無私交，吾惟事上，不敢私結約，幸爲謝丁君。」大全度槐弗善己，銜甚，乃日夜刻求槐短。槐入見，極言大全姦佞不可近。帝曰：「大全未嘗短卿，卿勿疑。」槐曰：「臣與大全何怨？顧陛下拔臣至此，臣知大全姦邪而噤不言，是負陛下也。且陛下謂大全忠而臣以爲姦，不可與俱事陛下矣。」既罷出，卽上書乞骸骨，不報。四年，策免丞相，以觀文殿大學士提舉洞霄宮。時大全亦論劾槐，書未下，自發省兵迫遣之。於是太學諸生陳宜中等上書爭之，語見大全傳。

五年及景定元年，俱用祀明堂恩加食邑。二年，特授判福州、福建路安撫大使，固辭。進封吉國，又進封許國公。三年五月二十八日旣夕，天大雨，烈風雷電，槐起衣冠而坐，麾婦人出，爲諸生說兌、謙二卦，問夜如何？諸生以夜中對，遂薨。遺表上，贈太子少師，謚文清。帝使使致金六十斤、帛千匹以賻。

葉夢鼎字鎮之，台之寧海人。本陳待聘之子，七歲後於母族。少從直龍圖閣鄭霖、宗正少卿趙逢龍學，以太學上舍試入優等，兩優釋褐出身，授信州軍事推官，攝教事，講荒政。

遷太學錄。

淳祐二年，雷變，上封事，言召人才，戒嬖近。明年，輪對，言君子、直言、軍制、楮幣、任官、分閫六事。同番易湯巾召試館職，授秘書省正字。四年，升校書郎兼莊文府教授。五年，遷秘書郎，轉對，言定國本，求哲輔，專閫帥，獎用介直。雷變上言，援唐康澄「五可畏」之說，遷著作佐郎。六年，拜軍器少監兼兵部郎官，轉對，言國計、邊事、國體三事。又言：「外有窺邊之大敵，內有伺隙之巨姦；奇衺蠱媚於宮闈，熏腐依憑於城社；強藩悍將，牙蘖易搖，草竊姦宄，肘腋階變。」

權知袁州，轉運司和糴米三萬斛，夢鼎言：「袁山多而田少，朝廷免和糴已百年，自今開之，百姓子孫受無窮之害，則無窮之怨從之。」民湯頎獻田學官，妻子離散，夢鼎遂還之。毁萬載旗箒村淫祠，塞其妖井。召赴行在。丁本生母憂。十一年，免喪，拜司封員外郎。輪對，言：「陛下惑於左右之讒說，例視言者爲好名，中傷既深，膠固莫解。近歲以來，言稍犯人主之所難者，不顯罷則陰黜，不久外則設間，去者屢召而不還，來者一鳴而輒斥。」兼玉牒檢討官，以直秘閣、江西提舉常平兼知吉州。節制悍將，置社倉、義倉，平反李義山受贓之冤，以國子司業召。

寶祐元年陛對，言國論主平江西義倉，不可待申省而後發。考試集英殿，授崇政殿說書，進講尙書。兼國史編修、實錄檢討，遷國子祭酒。二年，兼權禮部侍郞，諫幸西太乙宮。三年，權禮部侍郞，仍兼祭酒，升兼同修國史、實錄院同修撰，尋兼侍講。丁母憂。五年，以集英殿修撰差知贛州。丁大全柄國，欲挽夢鼎登朝，卒辭謝之。六年，改知建寧府，又改知隆興府。開慶元年，復知建寧府，作橋梁，置驛舍，建大安關，決疑獄。

景定元年，召爲太子詹事，上疏以「法天」爲言。遷吏部侍郞，賜寧海縣食邑。二年，權兵部尙書兼權吏部尙書。三年，遷兵部尙書兼修國史兼實錄修撰。遷吏部尙書，五辭免，請祠，不允。拜端明殿學士、同簽書樞密院事，屢辭不許。同提舉編修經武要略兼太子賓客，進封寧海伯。四年〔三〕，簽書樞密院事，進封臨海郡侯，以明堂恩進封臨海郡公。丞相賈似道欲造關子，罷十七、十八兩界會子，夢鼎以爲厲民，乃止罷十七界。公田法行，夢鼎又以爲厲民，故行之浙右而止。五年，三辭，不許，進同知樞密院事、權參知政事。以彗星出，夢鼎言政上下恐懼交修之日，乞解機政，又不許。奏免浙西經界。

理宗崩，議太子卽位，太后垂簾聽政，夢鼎曰：「母后垂簾，豈是美事！」進參知政事，加食邑。夢鼎力辭，似道懇留之，不可。帝勉諭再三，詔閤門封還奏疏。似道奏：「參政去則江萬里、王爚必不來。」理宗復土，攝少傅，竣事，引疾歸里，累詔，力辭，授資政殿學士、知慶元府、沿海制置使。肅淸海寇，罪止首惡，羨餘之費，悉卻不受。建濟民倉以備饑歲，造驛舍以待賓旅。

咸淳三年，再召爲參知政事，加食邑，六辭，不許。詔著作佐郎盧鉞與台州守項公采趣行，拜特進、右丞相兼樞密使，累辭，不許，乃與似道分任。利州轉運使王价嘗以言去官，非其罪也，四川制置司已辟參議，及死，其子愬求遺澤。至是，夢鼎明其無罪，似道以爲恩不己出，罷省部吏數人，榜其姓名于朝。夢鼎怒曰：「我斷不爲陳自強。」卽求去。似道之母讓似道曰：「葉丞相安於家食，未嘗希進，汝強與以相印，今乃牽制至此，若不從吾言，吾不食矣。」似道曰：「爲官不得不如此。」會太學諸生亦上書言似道專權固位，乃悔悟，屬府尹洪燾求解，而夢鼎屢上章乞閑。多雷，引咎求去愈力。

四年，策楊妃，宰相無拜禮，吏贊拜，夢鼎以笏揮之，趨出。明日，乞還田里，詔勉留之。詔免諸州守臣上殿奏事，夢鼎言：「祖宗謹重牧守之寄，將赴官，必令奏事，蓋欲察其人品，及面諭以廉律己，愛育百姓。其至郡延見吏民，具宣上意，庶幾求無負臨遣之意。今不遠數千里而來，咫尺天顏而不得見，甚非立法之本意。」又乞容受直言。進少保。五年，引杜衍致仕單車宵遁故事累辭，乃授觀文殿學士、判福州、福建安撫大使，進封信國公，不拜；充醴泉觀使，又不拜。七年，再充醴泉使。

九年，授少傅、右丞相兼樞密使，引疾力辭，宰、掾、郎、曹沓至趣行，扶病至嵊縣，請辭不獲，乞還山林。疏奏：「願上厲精寡欲，規當國者收人心，固邦本，勵將帥，飭州縣，重振恤。」扁舟徑歸。使者以禍福告，夢鼎語之曰：「廉恥事大，死生事小，萬無可回之理。」似道大怒，臺臣奏從歸田之請，詔仍少保、觀文殿大學士、醴泉觀使，不請祠祿。

瀛國公初卽位，咨訪故老，夢鼎上封事，曰：敦教道，訓廉德，厲臣節，拯民瘼，重士選，勸吏廉，懲吏姦，補軍籍。授判慶元府、沿海制置大使，力辭，依前醴泉觀使兼侍讀，不拜。二年，益王卽位于閩，召爲少師、太乙宮使。航海遂行，道梗不能進，南向慟哭失聲而還。後二年卒。子應及，太府寺丞、知建德府軍器少監、駐戍軍馬；應有，朝請郎、太社令。

馬廷鸞字翔仲，饒州樂平人。本灼之子，繼灼兄光後。甘貧力學，既冠，里人聘爲童子師，遇有酒食饌，則念母藜藿不給，爲之食不下咽。登淳祐七年進士第，調池州教授，需次六年。

寶祐元年，召赴都堂審察，辭。至池以禮帥諸生。二年，調主管戶部架閣。三年，遷太學錄，召試館職。時外戚謝堂厲文翁、內侍盧允升董宋臣用事，廷鸞試策言彊君德，重相權，收直臣，防近習。大與時迕，遷秘書省正字。四年，尤焴提舉史事，辟爲史館校勘。

初，丁大全令浮梁，雅慕廷鸞，彌欲鈎致之，廷鸞不爲動。試策稍及大全，及廷鸞當輪對，大全私謂王持扆往瞯焉。廷鸞素厚持扆，且同館，不虞其諜也，密露大意。持扆紿曰：「君猶未改秩，姑託疾爲後圖乎？」廷鸞曰：「此微臣千一之遭，其何敢不力。」持扆以告大全，及候對殿門，格不得見。翼日，以監察御史朱熠劾罷。宋臣遣八廂貌士索奏稿，稿雖焚，聞者寖廣，忌者愈深，而廷鸞之名重天下。開慶元年，吳潛入相，召爲校書郎。

景定元年，兼沂靖惠王府教授。時大全黨多斥，宋臣尙居中，言路無肯言者，諸學官抗疏，疏上卽行。會日食，與秘書省同守局，因相與草疏。潛以書告廷鸞曰：「諸公言事紛紛，皆疑潛所嗾，聞館中又將論列，校書宜無與，以重吾過。」廷鸞對曰：「公論也，不敢避私嫌。」越數日，宋臣竟坐謫，徙安吉州。兼權樞密院編修官。時賈似道自江上還，位望赫奕，廷鸞未嘗親之。輪對，言：「國於東南者，楚、越霸而有餘，東晉王而不足。乞遏惡揚善以順天，舉直錯枉以服民。」遷樞密院編修官兼權倉部郎官。

二年，進著作佐郎兼右司，遷將作少監。三年，一再乞外補，不許。廷鸞論貢舉三事：嚴鄉里之舉，重臺省之覆試，訪山林之遺逸。又言荒政，宜蠲除被災州縣租賦之不可得者。擢軍器監兼左司，兼太子右諭德，升左諭德，行國子司業，乞免兼左司。輪對，言：「集和平之福者自陛下之身始，養和平之德者自陛下之心始。」兼翰林權直，擢秘書少監，升權直學士院。四年，擢起居舍人兼太子右庶子兼國史院編修官、實錄院檢討官。入奏言：「太史必當謹書災異。願陛下翕受敷施，以壯人才之精神；虛心容納，以植人言之骨幹。念邦本而以公滅私，嚴邊備而思患豫防。」時再召用宋臣，廷鸞引何郯之說進，極言宋臣不可用，帝從之。薦士二十人，進中書舍人。程奎汚穢詭秘，不當補將仕郎；王之淵爲大全黨，不當通判江州；朱熠不當知慶元府及爲制置使；林爽、趙必遴、張稱孫不當與郡：皆繳還詞頭。兼國史實錄院。五年，彗出，上疏極言天人之際。遷禮部侍郎。理宗遺詔、度宗登極詔，皆廷鸞所草。兼侍讀，辭，不許。疏列孝宗之政以告。升直學士院。

咸淳元年，進端明殿學士、簽書樞密院事兼同提舉編修經武要略。丁母憂。三年，同知樞密院事兼同提舉編修經武要略。入奏言培命脈，植根本，崇寬大，行仁厚。又言：「恢大度以優容，虛聖心而延佇，推內恕以假借，忍難行而聽納，則情無不達，理無不盡，姦人破膽，直士吐氣，天下事尚可爲也。」兼權參知政事。五年，進參知政事兼同知樞密院事，進右丞相兼樞密使。八年，九疏乞罷政。九年，依舊觀文殿大學士、知紹興府、浙東安撫大使。上疏辭免，依舊職提舉臨安府洞霄宮。

度宗初年，詔詢故老，專以修攘大計叩之趙葵。葵極意指陳曰：「老臣出入兵間，備諳此事，願朝廷謹之重之。」似道作色曰：「此三京敗事者，詞臣失言。」廷鸞每見文法密，功賞稽遲，將校不出死力，於邊閫升辟，稍越拘攣。似道頗疑異己，黥堂吏以泄其憤。及辭相位，帝惻怛久之曰：「丞相勉爲朕留。」廷鸞言：「臣死亡無日，恐不得再見君父。然國事方殷，疆圉孔棘。天下安危，人主不知；國家利害，羣臣不知；軍前勝負，列閫不知。陛下與元老大臣惟懷永圖，臣死且瞑目。」頓首涕泣而退。

瀛國公卽位，召不至。自罷相歸，又十七年而薨。所著六經集傳、語孟會編、楚辭補記、洙泗斋編、讀莊筆記、張氏祝氏皇極觀物外篇諸書。

論曰：史彌遠廢親立疏，諱聞直言。鄭淸之墮名於再相之日。彌遠之罪旣著，故當時不樂嵩之之繼也，因喪起復，羣起攻之，然固將才也。董槐毋得而議之矣。葉夢鼎、馬廷鸞之所遭逢，其不幸也夫。

校勘記

〔一〕史嵩之字子由　「子由」，南宋館閣續錄卷七、袁桷延祐四明志卷五本傳都作「子申」。周密齊東野語卷一八二「忠獻當國日，待族黨加嚴，猶子嵩之子申」。疑作「子申」是。

〔二〕依舊沿江制置副使　「沿江」原作「沿海」，據上文及本書卷二一四宰輔表、卷四〇五李宗勉傳改。

〔三〕四年　原作「七年」，據本書卷四五理宗紀、卷二一四宰輔表改。